NEW

한국사능력검정

전면개편

한국사 능력검정시험

윤민혁 · 정정 공편저

한국사의 모든 내용을 한큐에 다 잡는
한국사능력검정시험 대비 교재

PMG 박문각

Preface

머리말

2020년 5월 시행되는 47회 시험부터 한국사능력검정시험이 초·중·고급 세 종류의 시험에서 기본·심화 두 종류로 개편되었습니다. 이 중 심화 과정의 경우 기존의 고급과 중급을 통합한 성격으로, 기존의 고급 시험보다 다소 평이하게 만들어진 문항들로 구성됩니다.

한국사능력검정시험은 '한 나라의 국민으로서 가져야 하는 기본적인 역사적 소양을 측정하고, 역사에 대한 전 국민적 공감대를 형성하기 위한 시험'을 표방하고 있기 때문에, 기본적으로는 고등학교 한국사 교과서에서 다루는 내용 정도의 깊이 내에서 출제됩니다. 각 문항의 난이도는 고등학교 정기 고사(내신 시험)보다는 쉽지만 전 범위를 다루기 때문에 전체적인 이해가 필요하고, 쉬운 수능을 표방하며 2017학년도부터 시행된 필수 한국사보다는 어려운 수준입니다.

따라서 급수 취득을 위해서는 기본적인 용어 암기 및 숙지부터 각 사건·인물에 대한 이해, 사건들의 유기적인 관계 파악, 자료 분석 연습을 통한 한국사 전반에 걸친 이해가 필요합니다. 이 책에서는 이를 달성하기 위해 선사 시대부터 현대에 이르기까지, 한국사 전반의 주요 내용들을 시간의 흐름이라는 큰 틀 속에 정치·경제·사회·문화로 세분하여 91개의 주제로 구성하였고, 각 주제는 본문/자료+대표 문제의 2페이지로 구성하여 한눈에 보기 좋게 정리하였습니다. 내용 학습을 마치신 뒤에는 꼼꼼하고 상세한 해설이 제공되는 '다큐 한국사능력검정시험 기출문제집'을 통해 문제 풀이 연습을 하시면 더욱 좋습니다.

이 책과 함께 공부하시는 모든 분들의 수월한 합격을 기원하며, 앞으로도 우리 역사에 많은 관심을 가져주시기를 바랍니다.

윤민혁, 정정 드림

시험정보

체제 개편

기존			변경	
고급	70점 이상 1급 60점 이상 2급	▶	심화	80점 이상 1급 70점 이상 2급 60점 이상 3급
중급	70점 이상 3급 60점 이상 4급			
초급	70점 이상 5급 60점 이상 6급		기본	80점 이상 4급 70점 이상 5급 60점 이상 6급

활용 및 특전

- 2급 이상 합격자(기존)에 한해 인사 혁신처에서 시행하는 5급 국가 공무원 공개경쟁 채용 시험 및 외교관 후보자 선발 시험에 응시 자격 부여
- 한국사 능력 검정 시험 3급 이상 합격자(기존)에 한해 교원 임용 시험 응시 자격 부여
- 국비 유학생, 해외 파견 공무원, 이공계 전문 연구 요원(병역) 선발 시 국사 시험을 한국사 능력 검정 시험(기존 체제 3급 이상)으로 대체
- 일부 공기업 및 민간 기업의 사원 채용이나 승진 시 반영
- 2급 이상 합격자(기존)에 한해 인사 혁신처에서 시행하는 지역 인재 7급 수습 직원 선발 시험에 추천 자격 요건 부여
- 일부 대학의 수시 모집 및 육군·해군·공군·국군 간호 사관 학교 입시 가산점 부여
- 공무원 경력 경쟁 채용 시험에 가산점 부여
- 군무원 공개경쟁 채용 시험에서 국사 과목을 한국사 능력 검정 시험으로 대체
- 국가·지방 공무원 7급 공개경쟁 채용 시험에서 한국사 과목을 한국사 능력 검정 시험으로 대체

Contents

목차

Ⅰ 우리 역사의 형성과 고대 국가의 발전

Ⅱ 고려 귀족 사회의 형성과 변천

Ⅲ 조선 유교 사회의 성립과 변화

Ⅳ 근대 국민 국가 수립 운동

Ⅴ 일제 식민지 지배와 민족 운동의 전개

Ⅵ 대한민국의 발전

Ⅶ 부록

B.C. 2333 고조선 건국

427 고구려, 평양 천도

475 백제, 웅진 천도

562 대가야 멸망

612 살수 대첩

우리 역사의 형성과 고대 국가의 발전

682	698	889	918	935
신문왕 · 국학 설치	발해 건국	원종 · 애노의 난	고려 건국	신라 멸망

인류가 도구를 이용하고 농경을 시작하다

70만년 전 · 구석기 · 1만년 전 · 신석기 · B.C. 20~15C · 청동기 · B.C. 4C · 철기

석기 시대

핵심 톡톡

주먹 도끼
빗살무늬 토기
농경, 목축

1 구석기 시대

1. 시기: 약 70만 년 전~
2. 유물: 돌을 깨뜨려 도구를 제작(뗀석기)

전기	하나의 석기를 다양한 용도로 사용함. 주먹 도끼, 찍개 등
중기	하나의 석기가 하나의 쓰임새를 갖게 됨. 긁개, 밀개, 자르개 등
후기	돌조각이나 돌날 등으로 작고 날카로운 도구를 만듦. 슴베찌르개 등

3. 생활·문화

경제	사냥·어로·채집에 의존, 농경 ×
주거	•무리를 지어 이동하는 생활 •동굴이나 바위 그늘, 강가의 막집에서 생활
사회	연장자나 경험 많은 사람이 지도자 역할, 구성원들 모두 평등한 관계

4. 유적
   (1) 충북 단양 금굴: 우리나라에서 가장 오래된 유적지
   (2) 경기 연천 전곡리: 아시아 최초 아슐리안형 주먹 도끼 출토
   (3) 충북 청원 두루봉 동굴: 어린이 인골 발견(흥수아이)
   (4) 충남 공주 석장리
   (5) 충북 제천 점말 동굴

2 신석기 시대

1. 시기: 약 1만 년 전~
2. 유물
   (1) 간석기: 돌을 갈아서 다양한 도구 제작 예 돌괭이, 돌삽, 돌보습, 돌낫 등
   (2) 토기: 식량 저장·조리 예 이른 민무늬 토기, 덧무늬 토기, 빗살무늬 토기 등
3. 생활·문화

경제	• 농경과 목축 시작(신석기 혁명): 보리·수수 등 잡곡 경작 • 여전히 사냥과 고기잡이가 경제 생활의 큰 비중 차지 • 가락바퀴와 뼈바늘을 이용하여 의복·그물을 제작
주거	• 정착 생활: 주로 강가에 원형 바닥의 반지하 움집을 짓고 생활 • 중앙에 화덕을 설치하고 화덕 옆 또는 출입문 근처에 저장 구덩 설치
사회	• 씨족을 기본으로 하는 부족 사회, 평등 사회 • 원시 신앙 등장
예술·신앙	• 애니미즘: 자연물에 정령이 깃들어 있다고 믿음. 태양·물 숭배 • 샤머니즘: 인간과 신을 연결하는 무당이나 주술에 대한 믿음 • 토테미즘: 특정 동식물을 부족의 조상 또는 수호신으로 숭배

4. 유적
   (1) 제주 한경 고산리: 가장 오래된 신석기 유적
   (2) 황해 봉산 지탑리: 탄화된 좁쌀 발견
   (3) 서울 암사동

움집

신석기~청동기 시대의 주거 형태로, 땅을 파서 바닥을 다진 뒤 기둥을 세우고 풀이나 갈대, 짚 등을 덮어 만든 집으로 신석기 시대의 움집은 주로 바닥이 원형이거나 모서리가 둥근 사각형에 화덕이 중앙에 위치한 형태를 띠고 있다.

자료 돋보기

구석기 시대의 유물

△ 주먹 도끼

△ 슴베찌르개

신석기 시대의 유물

△ 빗살무늬 토기

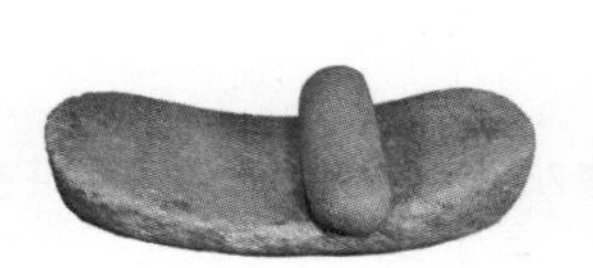
△ 갈돌, 갈판

△ 가락바퀴

△ 조개껍데기 가면

기출 맛보기

(가) 시대의 생활 모습으로 옳은 것은? 45회 중급 1번 [1점]

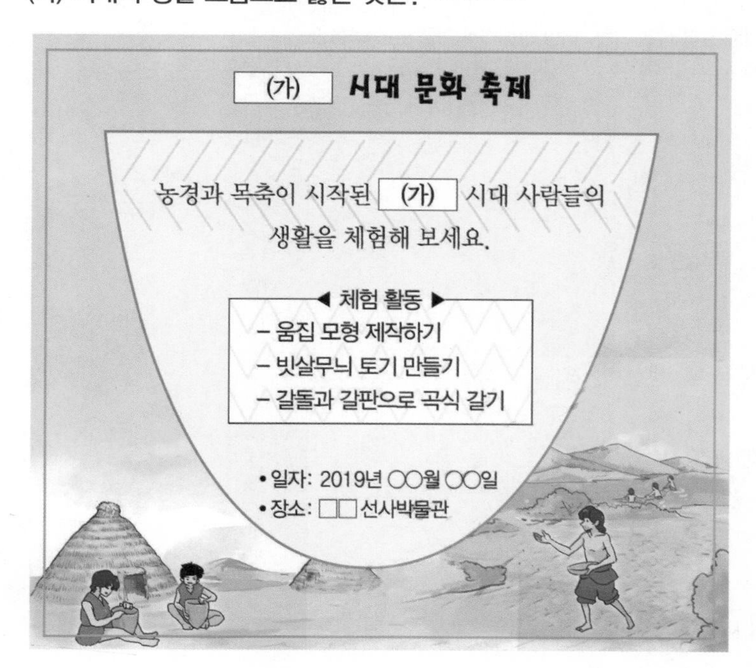

(가) 시대 문화 축제
농경과 목축이 시작된 (가) 시대 사람들의
생활을 체험해 보세요.
◀ 체험 활동 ▶
– 움집 모형 제작하기
– 빗살무늬 토기 만들기
– 갈돌과 갈판으로 곡식 갈기
• 일자: 2019년 ○○월 ○○일
• 장소: □□선사박물관

① 우경이 널리 보급되었다.
② 철제 농기구를 이용하였다.
③ 거친무늬 거울을 사용하였다.
④ 가락바퀴를 사용하여 실을 뽑았다.
⑤ 거푸집을 이용하여 동검을 제작하였다.

정답 ④

정답 분석

농경과 목축이 시작되었다는 것과 '움집', '빗살무늬 토기'를 통해 (가)는 신석기 시대임을 알 수 있다. 신석기 시대에는 농경과 목축이 시작되어 강가나 바닷가 등에 정착해 움집을 짓고 살았다. 또한 빗살무늬 토기를 비롯한 토기를 만들어 사용하면서 음식을 저장하고 조리할 수 있게 되었으며, 동물 뼈를 이용하여 낚시 도구, 뼈바늘 등을 만들었다.

오답 풀이

①, ②, ⑤ 철기 시대, ③ 청동기 시대에 대한 설명이다.

사유 재산이 형성되고 계급이 나뉘어지다

70만년 전 구석기 1만년 전 신석기 B.C. 20~15C 청동기 B.C. 4C 철기

청동기·철기 시대

핵심 콕콕

비파형 동검
고인돌
벼농사
계급 사회, 국가

배산임수
산을 등지고 물을 바라보는 지세라는 뜻으로, 풍수지리설에서 주택이나 건물을 지을 때 이상적으로 여기는 배치이다.

1 청동기 시대

1. 시기: 기원전 20세기경 ~ 기원전 15세기경부터

2. 유물
   (1) 청동기: 비파형 동검, 거친무늬 거울 등
   (2) 토기: 민무늬 토기, 미송리식 토기, 송국리식 토기 등
   (3) 농기구: 석제 농기구를 사용(반달 돌칼) ▶ 곡물 이삭 수확

3. 생활·문화

경제	벼농사 시작으로 생산력 증가, 잉여 생산물 발생 ➡ 사유 재산 형성
주거	• 배산임수의 구릉 지대에 마을 형성 • 움집: 점차 직사각형 형태로 변화, 지상가옥화 • 화덕이 벽쪽으로 이동, 창고·공동 작업장 등 설치
사회	• 빈부 격차와 강력한 무기 사용으로 계급 발생 • 고인돌 축조: 지배층의 권력과 경제력 반영 • 군장 출현, 국가 형성
예술·신앙	• 울주 반구대 바위 그림: 사냥과 고기잡이의 성공 기원 • 고령 양전동 알터 바위 그림: 태양 숭배의 의미를 담은 동심원

반구대 바위그림

양전동 알터 바위그림

2 철기 시대

1. 시기: 기원전 4세기경부터

2. 유물
   (1) 철기: 철제 농기구 사용 ➡ 생산력 증가
   (2) 청동기
      ① 비파형 동검 ➡ 세형 동검
      ② 거친무늬 거울 ➡ 잔무늬 거울
      ③ 거푸집: 독자적인 청동기 제작
   (3) 화폐: 명도전, 반량전, 오수전 ➡ 중국과의 교역
   (4) 붓: 경남 창원 다호리에서 발견 ➡ 한자 사용
   (5) 널무덤, 독무덤

자료 돋보기

청동기 시대의 유물

△ 비파형 동검

△ 고인돌

△ 미송리식 토기

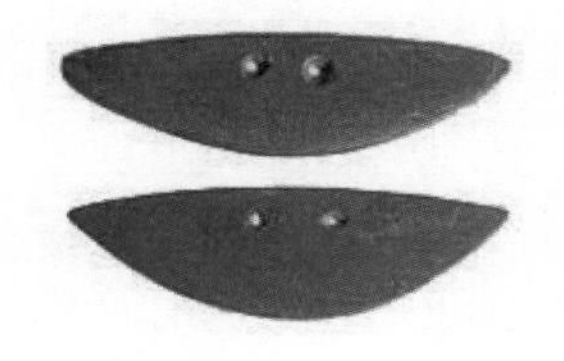
△ 반달돌칼

철기 시대의 유물

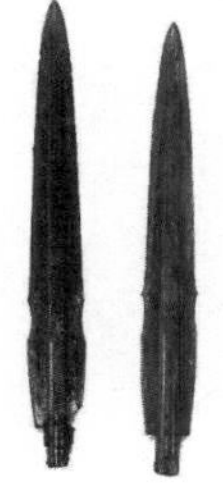
△ 세형 동검

△ 명도전

△ 붓

기출 맛보기

(가) 시대의 생활 모습으로 옳은 것은? 45회 고급 1번 [1점]

부여 송국리에서는 비파형 동검, 거푸집 등 (가) 시대의 대표적인 유물이 출토되었고, 다수의 집터 등 마을 유적과 고인돌이 남아 있습니다. 부여 송국리 유적이 선사 문화 체험 교육장으로 적극 활용될 수 있도록 많은 관심이 요구됩니다.

부여 송국리 유적, 교육 시설로 적극 활용 필요

① 주로 동굴이나 막집에 거주하였다.
② 철제 농기구를 제작하여 사용하였다.
③ 소를 이용한 깊이갈이가 일반화되었다.
④ 계급이 없는 평등한 공동체 생활을 하였다.
⑤ 반달 돌칼을 사용하여 곡물을 수확하였다.

정답 ⑤

정답 분석

부여 송국리 유적이라는 것과 '비파형 동검', '거푸집', '고인돌' 등을 통해 (가)는 청동기 시대임을 알 수 있다. 청동기 시대에는 일부 지역에서 벼농사가 시작되었고, 곡식을 수확하기 위한 반달 돌칼이 만들어졌다. 농경의 발달로 잉여 생산물이 발생하면서 생산물에 대한 사유 개념이 나타났고, 이로 인해 빈부의 차이가 생기고 계급이 분화되었다.

오답 풀이

① 구석기, ②, ③ 철기, ④ 신석기 시대에 대한 설명이다.

우리 민족 최초의 국가가 성립되다

B.C. 2333년 고조선 건국 · B.C. 194 위만 조선 · B.C. 108 멸망

주제 03

고조선

핵심 톡톡

단군왕검
위만
중계 무역
8조법

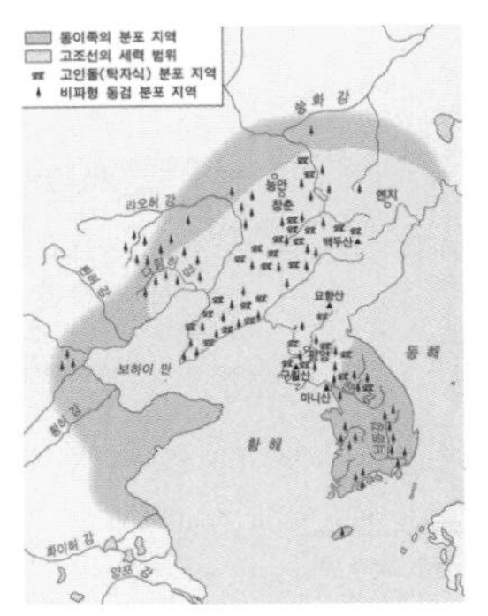

고조선의 세력 범위

한4군
고조선 멸망 후 한이 고조선 영역에 설치한 4개의 군을 말한다.

1 건국과 발전

1. 건국
   (1) 기원전 2333년 청동기 문화를 바탕으로 우리 나라 역사상 가장 먼저 등장한 국가
   (2) 『삼국유사』·『제왕운기』·『동국통감』 등에 단군의 건국 이야기가 전해짐.

2. 발전(기원전 4~3세기)
   (1) 왕위 세습, 상·대부·장군 등의 관직 설치
   (2) 요령 지방~한반도 북부까지 영토 확장, 중국의 연(燕)과 대립하며 성장
   (3) 기원전 3세기 초 연나라 장수 진개(秦蓋)의 침입으로 서쪽 땅을 빼앗김.

3. 위만 조선
   (1) 기원전 2세기 초 중국에서 위만이 무리를 이끌고 고조선으로 망명 ➡ 준왕을 몰아내고 집권
   (2) 철기 문화를 본격적으로 수용하여 주변 세력을 복속시킴.
   (3) 동방의 예·남방의 진과 중국의 한 사이에서 중계 무역을 통해 경제적 이익을 독점함.

4. 멸망
   (1) 한 무제의 고조선 공격 ➡ 1년 여의 저항 끝에 멸망(기원전 108)
   (2) 한은 고조선의 옛 영토에 4군을 설치하여 한반도와 만주 일대를 직접 통치함.

2 고조선의 사회 모습

1. 고조선의 세력 범위: 탁자식 고인돌, 미송리식 토기, 비파형 동검 출토 범위로 짐작

2. 8조법
   (1) 개인의 생명을 중시
   (2) 노동력을 중시, 사유 재산 인정, 농경 사회
   (3) 신분 제도, 화폐 사용
   (4) 한 군현 설치 이후 법조항 60여 조로 증가, 풍속이 각박해짐.

자료 돋보기

고조선 건국 신화

옛날 환인의 아들 환웅이 천부인 3개와 3,000의 무리를 이끌고 태백산 신단수 밑에 내려왔는데 이곳을 신시라 하였다. 그는 풍백, 우사, 운사로 하여금 인간의 360여 가지의 일을 주관하게 하였는데 …… 곰과 호랑이가 사람이 되기를 원하므로 환웅은 쑥과 마늘을 주고 이것을 먹으면서 100일간 햇빛을 보지 않는다면 사람이 될 것이라고 하였다. 곰은 금기를 지켜 21일 만에 여자로 태어났고 환웅과 혼인하여 아들을 낳았다. 이가 곧 단군왕검이었다. – 『삼국유사』

고조선의 8조법

서로 죽이면 그 때에 곧 죽인다. 서로 상하게 하면 곡식으로 배상하게 한다. 도둑질한 자는 남자는 그 집의 가노(家奴)로 삼고 여자는 비(婢)로 삼는다. 노비에서 벗어나기를 원하는 자는 50만전을 내야 하는데 …… 부인들은 단정하여 음란한 일이 없었다.

– 『한서』

위만 조선

위만이 서쪽 변방에 거주하도록 해 주면 중국의 망명자를 거두어 조선의 울타리가 되겠다고 준(準, 준왕)을 설득하였다. 준은 그를 믿고 사랑하여 박사에 임명하고 규(圭)를 하사하며, 백리의 땅을 봉해 주어 서쪽 변경을 지키게 하였다.

– 『위략』

고조선의 멸망

원봉 3년 여름(B.C.108), 니계상 삼이 사람을 시켜서 조선왕 우거를 죽이고 항복했다. …… 이로써 드디어 조선을 평정하고 사군을 삼았다.

– 『사기』

기출 맛보기

밑줄 그은 '이 나라'에 대한 설명으로 옳은 것은? 44회 고급 2번 [2점]

누선장군 양복이 병사 7천 명을 거느리고 먼저 왕검성에 이르렀다. <u>이 나라</u>의 우거왕이 성을 지키고 있다가 양복의 군사가 적음을 알고 곧 성을 나와 공격하자, 양복의 군사가 패배하여 흩어져 달아났다. 한편 좌장군 순체는 패수서군을 공격하였지만 이를 깨뜨리고 나아가지 못하였다. 한 무제는 두 장군이 이롭지 못하다 생각하고, 이에 위산으로 하여금 군사의 위엄을 갖추고 가서 우거왕을 회유하도록 하였다.

① 정사암에 모여 재상을 선출하였다.
② 10월에 동맹이라는 제천 행사를 열었다.
③ 읍락 간의 경계를 중시하는 책화가 있었다.
④ 제사장인 천군과 신성 지역인 소도가 있었다.
⑤ 사회 질서를 유지하기 위해 범금 8조를 두었다.

정답 ⑤

정답 분석

자료는 한 무제의 침입으로 고조선이 멸망하던 당시의 모습을 보여주고 있다. 위만 집권 후 고조선은 한과 진국 사이에서 중계 무역을 통해 번영하였지만 한의 침략을 받아 기원전 108년에 멸망하였다. 고조선에는 사회 질서를 유지하지 위한 범금 8조가 있었는데 이 중 세 조항이 현재까지 전해진다.

오답 풀이

① 백제, ② 고구려, ③ 동예, ④ 삼한에 대한 설명이다.

여러 나라의 성장

핵심 톡톡

사출도
서옥제
민며느리제, 책화
소도, 천군

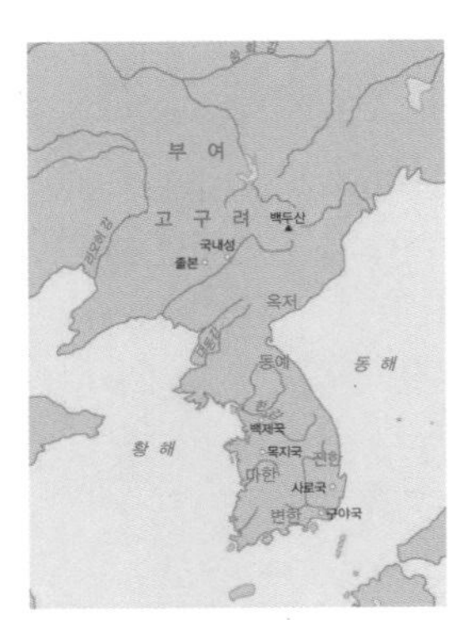

❁ 여러 나라의 성장

책화
다른 부족의 영역을 침범하면 소나 말로 변상하게 하는 풍습이다.

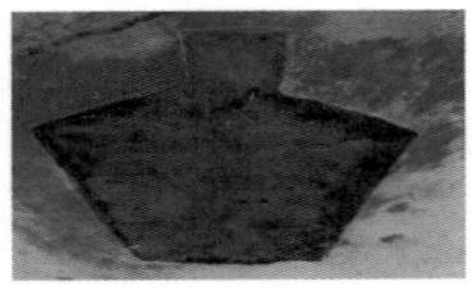

❁ 철자형(凸) 집터(동예)

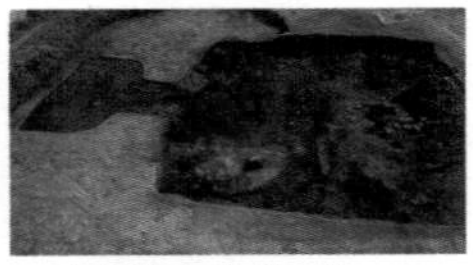

❁ 여자형(呂) 집터(동예)

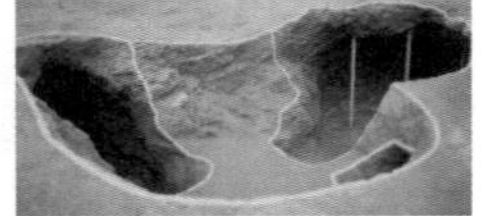

❁ 마한의 토실

❁ 마한의 무덤(주구묘)

1 부여

건국	기원전 4세기경 쑹화강(송화강) 유역에서 건국
정치·사회	• 사출도: 왕과 부족장인 가(加)들이 사출도를 다스려 5부 구성 → 마가, 우가, 저가, 구가 • 가들이 왕을 선출, 왕권 미약 → 흉년이나 가뭄이 들면 왕에게 그 책임을 물어 쫓아내기도 하였다고 전해짐.
풍속	• 순장, 우제점법 → 소를 죽여 그 굽으로 길흉을 예견하던 점법 • 제천 행사: 매년 12월 '영고' 개최(수렵 사회의 전통을 계승)

2 고구려

건국	기원전 37년 부여 계통의 주몽 세력이 졸본 지방에서 건국
정치·사회	• 왕 아래의 상가·고추가 등이 각자 사자·조의·선인 등의 관리를 거느림. • 국가의 중대사는 왕과 가(加)들이 제가 회의를 통해 결정 • 약탈 경제
풍속	• 서옥제: 결혼 후 남자가 일정 기간 여자 집에서 살다가 본가로 돌아가는 일종의 데릴사위제 • 제천 행사: 매년 10월 '동맹' 개최 • 부경: 정복지에서 획득한 물자 저장

3 옥저·동예

구분	옥저	동예
정치	왕 없이 읍군·삼로라고 불리는 군장이 자기 부족을 다스림.	
경제	• 해산물 풍부, 토지 비옥 • 어물·소금 등을 고구려에 바침.	• 방직 기술 발달 • 특산물로 단궁·과하마·반어피가 유명
풍속	• 민며느리제 • 가족 공동 무덤	• 제천 행사: 무천(10월) • 족외혼, 책화 • 철(凸)자형·여(呂)자형 집터

4 삼한

정치	• 여러 소국들로 이루어진 마한·변한·진한으로 구성 • 마한의 소국 중 하나인 목지국의 지배자가 삼한 전체 주도 • 신지·견지·읍차·부례 등의 군장 세력 존재 • 정치적 지배자 외에 천군이라는 제사장이 특수 구역인 소도를 다스림.
경제	• 저수지 축조, 벼농사 발달 • 변한의 철을 낙랑·왜 등에 수출, 교역에서 철을 화폐처럼 사용
풍속	제천 행사: 5월의 수릿날과 10월의 계절제

자료 돋보기

서옥제

그 풍속에 혼인을 할 때 구두로 이미 정해지면 여자의 집에는 별채를 만드는데, 이를 서옥이라고 한다. 저녁에 사위가 여자의 집에 이르러 문밖에서 자신의 이름을 말하고 꿇어 앉아 절하면서 여자와 동숙하게 해줄 것을 애걸한다. …… 자식을 낳아 장성하면 신부를 데리고 자기 집으로 간다.

– 『삼국지』 위서 동이전

민며느리제

여자가 10살이 되면 혼인을 허락한다. 남편이 될 사람이 여자를 자기 집으로 데려와 길러서 아내로 삼는다. 성인이 되면 다시 친정으로 돌려보낸다. 이때 여자의 집에서는 돈을 요구하는데, 돈이 지불되면 다시 사위 집으로 돌려보낸다.

– 『삼국지』 위서 동이전

책화

해마다 10월이면 하늘에 제사를 지내는데, 밤낮으로 술을 마시고 노래 부르며 춤을 추니 이를 무천이라 한다. 또 호랑이를 신(神)으로 여겨 제사지낸다. 읍락을 함부로 침범하면 노비와 소, 말로 변상하는데, 이를 책화라 한다.

– 『삼국지』 위서 동이전

소도

귀신을 믿기 때문에 국읍(國邑)에 각각 한 사람씩을 세워서 천신에 대한 제사를 주관하게 하는데, 이를 천군이라고 부른다. 또 여러 나라에는 각기 별읍(別邑)이 있으니 그것을 소도라고 한다. 큰 나무를 세우고 방울과 북을 매달아 놓고 귀신을 섬긴다. 도망하여 그 안으로 들어온 사람은 누구든 돌려보내지 아니하였다.

– 『삼국지』 위서 동이전

기출 맛보기

다음 자료에 해당하는 나라에 대한 설명으로 옳은 것은? 45회 고급 2번 [1점]

> 대군장이 없고, 한(漢) 이래로 후(侯)·읍군·삼로가 있어서 하호를 통치하였다.…… 그 풍속은 산천을 중요시하여 산과 내마다 각기 구분이 있어 함부로 들어가지 않는다. 동성끼리는 결혼하지 않는다.
>
> – 『삼국지』 동이전

① 연맹 왕국으로 발전하였다.
② 낙랑과 왜에 철을 수출하였다.
③ 무천이라는 제천 행사를 열었다.
④ 혼인 풍습으로 민며느리제가 있었다.
⑤ 여러 가(加)들이 별도로 사출도를 주관하였다.

정답 ③

정답 분석

읍군·삼로가 통치하고, 각 부족의 영역을 중시하며 족외혼을 지킨다는 것을 통해 동예에 대한 내용임을 알 수 있다. 동예는 명주와 삼베를 짜는 방직 기술이 발달했으며, 특산물로 단궁과 과하마, 반어피 등이 유명하였다. 족외혼을 엄격하게 지켰으며, 다른 부족의 영역을 함부로 침범했을 때에는 책화라고 하여 소나 말로 배상하게 하였다. 해마다 10월에는 무천이라는 제천 행사를 열었다.

오답 풀이

① 동예는 왕 없이 후·읍군·삼로 등이 통치하였다. ② 변한, ④ 옥저, ⑤ 부여에 대한 설명이다.

56 옥저 멸망 / 194 진대법 실시 / 372 태학 설립 / 433 나·제 동맹

삼국의 성립과 발전

핵심 톡톡

율령, 불교
왕위 세습
소수림왕
근초고왕
내물 마립간

진대법
봄에 백성들에게 곡식을 빌려주고 가을에 갚도록 한 제도이다.

1 고구려의 성립과 발전

1. 건국: 기원전 37년 부여 계통 주몽이 졸본 지역에서 건국

2. 고대 국가 체제 성립

(1) 태조왕(53~146): 계루부 고씨의 왕위 세습 확립, 옥저 정복

(2) 고국천왕(179~197): 5부 개편, 왕위의 부자 계승 확립, 진대법 실시
→ 부족적 5부 → 행정적 5부

(3) 고국원왕(331~371): 백제 근초고왕 침입으로 전사, 평양성 함락

(4) 소수림왕(371~384): 불교 수용, 율령 반포, 태학 설립
→ 전진의 왕 부견이 보낸 순도를 통해 불교 수용

2 백제의 성립과 발전

1. 건국: 기원전 18년 고구려 계통 온조가 위례성에 도읍을 정하고 건국

2. 고대 국가 체제 성립

(1) 고이왕(234~286): 관등제 정비, 율령 반포, 관리의 복색 제정

(2) 근초고왕(346~375)
① 부자 왕위 상속 확립
② 고구려 공격 ➡ 고국원왕 전사
③ 마한의 잔여 세력을 완전히 통합, 산둥·요서·규슈 지역 진출
④ 고흥의 『서기』 편찬, 왜에 칠지도 하사

(3) 침류왕(384~385): 중국의 동진으로부터 불교 수용

3 신라의 성립과 발전

1. 건국: 기원전 57년 진한의 소국 중 하나인 사로국에서 시작

2. 고대 국가 체제 성립

(1) 초기
① 6개 부족 연맹 형태, 박·석·김씨가 돌아가며 왕위 계승
② 왕호 변천: 거서간(족장) ➡ 차차웅(무당) ➡ 이사금(연장자)

(2) 내물마립간(356~402)
① 김씨 왕위 세습 확립
② 광개토 대왕의 왜구 격퇴, 신라 영토 내 고구려 군대 주둔
③ '마립간(대군장)' 왕호 사용

(3) 눌지왕(417~458): 나·제 동맹

(4) 소지왕(479~500): 백제 동성왕과 결혼 동맹

나·제 동맹
433년 고구려가 평양으로 천도하며 남진 정책을 추진하자 백제 비유왕과 신라 눌지 마립간이 동맹을 맺었다. 이후 493년 백제 동성왕이 신라 귀족의 딸과 결혼하여 동맹을 공고히 하였다.

자료 돋보기

태조왕의 정복 사업

태조왕은 동옥저를 정벌하고 그 땅을 빼앗아 성읍으로 삼았다. …… 조내를 정벌하고 그 왕을 사로잡았다. …… 주내를 정벌하고 그 왕자 을음을 사로잡아 고추가로 삼았다.

–『삼국사기』

소수림왕의 불교 수용

진나라 왕 부견이 사신과 승려인 순도를 파견하여 불상과 경문을 보내 왔다. 왕이 사신을 보내 답례로 토산물을 바쳤다. …… 처음으로 초문사를 창건하여 순도에게 절을 맡겼다. 또한 이불란사를 창건하여 아도에게 절을 맡기니, 이것이 해동 불법(佛法)의 시초가 되었다.

–『삼국사기』

고이왕의 통치 체제 정비

내신좌평을 두어 왕명 출납을, 내두좌평은 물자와 창고를, 내법좌평은 예법과 의식을, 위사좌평은 숙위 병사를, 조정좌평은 형벌과 송사를, 병관 좌평은 지방의 군사에 관한 일을 각각 맡게 하였다. …… 왕이 영(令)을 내려 6품 이상은 자줏빛 옷을 입고 은꽃으로 관을 장식하고, 11품 이상은 붉은 옷을, 16품 이상은 푸른 옷을 입게 하였다.

–『삼국사기』

백제 근초고왕의 고구려 공격

도의가 371년 고구려가 군사를 일으켜 침입해 왔다. 왕은 이 말을 듣고 패하(浿河) 위에 매복하고 그들이 오기를 기다렸다 급히 공격하니 고구려 군사는 패하여 돌아갔다. 겨울에 왕은 태자와 더불어 정병 3만 명을 거느리고 고구려로 침입하여 평양성을 공격하니 고구려 왕 사유는 이를 막아 싸우다가 화살에 맞아 전사하였다.

–『삼국사기』

기출 맛보기

밑줄 그은 '왕'의 업적으로 옳은 것은? 36회 중급 3번 [2점]

> ㅇ 372년 전진 왕 부견이 사신과 승려 순도를 보내 불상과 경문(經文)을 주었다. 왕이 사신을 보내 사례하고 토산물을 바쳤다.
> ㅇ 373년 처음으로 율령을 반포하였다.
>
> –『삼국사기』

① 태학을 설립하였다.
② 평양으로 천도하였다.
③ 우산국을 정벌하였다.
④ 독서삼품과를 실시하였다.
⑤ 영락이라는 연호를 사용하였다.

정답 ①

정답 분석

전진의 순도를 통해 불교를 수용하였다는 것과 율령을 반포하였다는 것을 통해 제시문의 '왕'은 고구려 소수림왕임을 알 수 있다. 백제에 의해 국왕이 전사하는 위기 속에 즉위한 소수림왕은 불교를 수용하고 태학을 설립하여 인재를 양성했으며, 율령을 반포하여 국가 통치 조직을 새롭게 정비하였다.

오답 풀이

② 장수왕, ③ 지증왕, ④ 원성왕, ⑤ 광개토 대왕에 대한 설명이다.

427 고구려 평양 천도
475 백제 웅진 천도
538 백제 사비 천도
562 대가야 멸망

삼국의 항쟁

핵심 콕콕

평양 천도
22담로
관산성 전투
진흥왕 순수비

연호
군주 국가에서 군주가 자기의 치세 연차에 붙이는 칭호를 가리키는 왕실 용어이다.

동시전
신라 시대 경주에 설치된 동시의 업무를 관장하기 위해 설치한 관서이다.

상대등
귀족 세력을 대표하는 신라의 최고 관직이다.

1 고구려의 전성기

1. 광개토 대왕(391~413)
   (1) '영락' 연호 사용
   (2) 후연·거란 격파, 백제 공격 ➡ 한강 상류 지역 진출
   (3) 신라에 침입한 왜 격퇴, 가야 공격 ➡ 한반도 남부에 영향력 행사 (→ 호우명 그릇)
2. 장수왕(413~491)
   (1) 중국 남북조 모두와 교류
   (2) 평양 천도(427), 남진 정책 추진
   (3) 백제 수도 한성 함락 ➡ 한강 유역 장악 (→ 백제 개로왕 전사)
   (4) 광개토 대왕릉비, 중원(충주) 고구려비 건립
3. 문자(명)왕(491~519): 동부여 복속 ➡ 최대 영토 확보

2 백제의 중흥 노력

1. 문주왕(475~477): 웅진 천도(475)
2. 동성왕(479~501): 신라와 결혼 동맹
3. 무령왕(501~523)
   (1) 무령왕릉: 중국 남조 양나라, 왜와 교류
   (2) 지방의 22담로에 왕족 파견, 지방 통제 강화
4. 성왕(523~554)
   (1) 사비 천도(538), 국호 '남부여' 사용
   (2) 중앙 관청 정비(22부), 지방 제도를 5부(→ 수도)·5방(→ 지방)으로 정비
   (3) 신라와 고구려 공격, 한강 유역 일시 회복 ➡ 신라의 배신 후 관산성 전투에서 전사 (신라 → 진흥왕)

3 신라의 전성기

1. 지증왕(500~514)
   (1) 국호 '신라' 확정, 왕호 '왕' 사용
   (2) 우경 장려, 동시전 설치
   (3) 이사부 파견, 우산국 정복
2. 법흥왕(514~540)
   (1) '건원' 연호 사용
   (2) 율령 반포, 공복 제정, 불교 공인 (→ 이차돈 순교)
   (3) 병부 설치, 상대등 설치
   (4) 금관가야 정복(532) ➡ 낙동강 하류 지역 진출
3. 진흥왕(540~576)
   (1) '개국' 연호 사용
   (2) 화랑도를 국가적 조직으로 개편
   (3) 한강 유역 차지 ➡ 중국과 직접 교역
   (4) 대가야 정복(562)
   (5) 단양 적성비, 진흥왕 순수비 건립 (→ 북한산비, 창녕비, 황초령비, 마운령비)

자료 돋보기

중원 고구려비문

5월 중에 고구려 대왕이 상왕공과 함께 신라 매금(寐錦)을 만나 영원토록 우호를 맺기 위해 중원에 왔으나, 신라 매금이 오지 않아 실행되지 못하였다. …… 매금의 의복을 내리고 건립처에 사용할 것을 내렸다. 노객인 제위에게 교(敎)를 내리고 여러 사람에게 의복을 주는 교를 내렸다.

지증왕의 '신라' 국호 확정

여러 신하들이 아뢰기를, "저희의 생각으로는, 신(新)은 '덕업이 날로 새로워진다.'라는 뜻이고 나(羅)는 '사방을 망라한다.'라는 뜻이므로 이를 나라 이름으로 삼는 것이 마땅하다고 여겨집니다. …… 뭇 신하가 한마음으로 삼가 신라국왕(新羅國王)이라는 칭호를 올립니다."라고 하였다. 왕이 이에 따랐다.

– 『삼국사기』

성왕의 관산성 전투

백제 왕 명농이 가야와 함께 관산성을 공격하였다. …… 신주의 군주인 김무력이 주의 군사를 이끌고 나아가 교전하였는데, 비장인 삼년산군의 고간 도도가 급히 공격하여 백제 왕을 죽였다.

– 『삼국사기』

진흥왕의 『국사』 편찬

이찬 이사부가 왕에게 "나라의 역사라는 것은 임금과 신하들의 선악을 기록하여, 좋고 나쁜 것을 만대 후손들에게 보여 주는 것입니다. 이를 책으로 편찬해놓지 않는다면 후손들이 무엇을 보겠습니까?"라고 말하였다. 왕이 깊이 동감하고 대아찬 거칠부 등에게 명하여 선비들을 널리 모아 그들로 하여금 역사를 편찬하게 하였다.

– 『삼국사기』

기출 맛보기

(가), (나) 사이의 시기에 있었던 사실로 옳은 것은? 45회 고급 4번 [3점]

> (가) 왕이 태자와 함께 정예군 3만 명을 거느리고 고구려를 침범하여 평양성을 공격하였다. 고구려 왕 사유(斯由)가 필사적으로 항전하다가 날아오는 화살에 맞아 죽었다. 왕이 병사를 이끌고 물러났다.
>
> – 『삼국사기』
>
> (나) 고구려 왕 거련(巨璉)이 병사 3만 명을 거느리고 와서 한성을 포위하였다. …… 왕은 상황이 어렵게 되자 어찌할 바를 모르다가 기병 수십 명을 거느리고 성문을 나가 서쪽으로 달아났는데, 고구려 병사가 추격하여 왕을 살해하였다.
>
> – 『삼국사기』

① 신라의 법흥왕이 불교를 공인하였다.
② 백제의 문주왕이 웅진으로 천도하였다.
③ 고구려의 태조왕이 옥저를 복속시켰다.
④ 고구려의 광개토 대왕이 백제를 공격하였다.
⑤ 백제와 고구려가 동맹을 맺고 신라에 대항하였다.

정답 ④

정답 분석

(가)는 4세기 백제 근초고왕의 공격으로 고구려 고국원왕이 전사하는 상황이고, (나)는 5세기 고구려 장수왕의 공격으로 백제 개로왕이 전사하는 상황이다. 4세기 말 광개토 대왕은 백제를 공격하여 백제 아신왕으로부터 "영원히 노객이 되겠다"는 맹세를 받고 왕의 동생과 대신들을 인질로 잡아오는 전과를 올렸다.

오답 풀이

①, ②, ⑤ (나) 이후인 6세기, ③ (가) 이전의 일이다.

가야의 성립과 발전

금관가야, 대가야
광개토 대왕
덩이쇠
스에키 토기

1 가야 연맹의 성립과 발전

1. 건국: 2세기 무렵 낙동강 하류 변한 지역에서 6개 소국 등장

2. 전기 가야 연맹
   (1) 성립: 3세기 김해의 금관가야를 중심으로 연맹 왕국 성립
   (2) 발전: 변한 지역의 철을 이용한 해상 교역으로 번성
   (3) 4세기 말 고구려 광개토 대왕의 원정으로 금관가야 타격 ➡ 전기 가야 연맹 해체

3. 후기 가야 연맹
   (1) 성립: 금관가야 쇠퇴 후 고령의 대가야를 중심으로 한 후기 가야 연맹 성립
   (2) 발전: 6세기 초반 백제·신라에 대등하게 맞서며 동·서로 세력을 확장
   (3) 멸망
      ① 금관가야 멸망(532, 신라 법흥왕) ➡ 대가야 멸망(562, 신라 진흥왕)
      ② 중앙 집권 국가로 발전하지 못하고 연맹 왕국 단계에서 멸망

덩이쇠

2 가야의 경제와 문화

1. 경제
   (1) 농경: 벼농사 발달
   (2) 철기 문화 발달 ➡ 덩이쇠를 화폐처럼 사용, 낙랑과 왜를 잇는 해상 교역으로 번성

2. 문화
   (1) 질 좋은 철을 수출하여 일본의 철기 문화 발달에 기여
   (2) 토기 제작 기술이 일본의 스에키 토기에 영향

스에키 토기
가야의 토기 제작 기술이 일본에 전해져 일본 아스카 문화의 스에키 토기 형성에 영향을 끼쳤다.

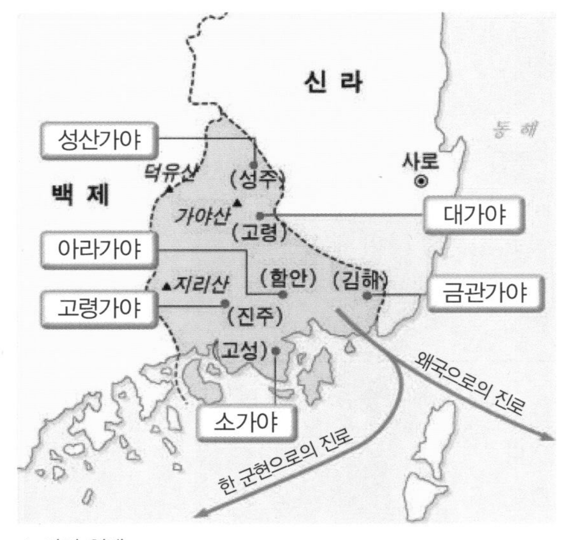

△ 가야 연맹

자료 돋보기

가야의 건국 신화

어느 날, 김해에 있는 구지봉에서 소리가 들려왔다. 족장들은 백성들을 구지봉에 모아놓고 신이 하라는 대로 흙을 파헤치고 춤을 추며 노래를 불렀다. "거북아 거북아 머리를 내어라. 내놓지 않으면 구워서 먹으리." 그러자 하늘에서 금으로 만들어진 상자가 내려왔고, 그 상자에는 붉은 보자기로 싼 여섯 개의 황금알이 들어 있었다. - 『삼국유사』

대가야

고령군은 본래 대가야로 시조 이진아시왕에서 도설지왕까지 모두 16대에 걸쳐 520년간 이어졌던 곳이다. 진흥왕이 공격하여 멸망시키고 그 땅을 군으로 삼았다. 경덕왕이 이름을 고쳐 지금에 이르고 있다.

가야의 문화재

△ 가야 토기

△ 갑옷, 투구

△ 금관

기출 맛보기

밑줄 그은 '이 나라'에 대한 탐구 활동으로 가장 적절한 것은? 44회 중급 5번 [2점]

〈특별 기획〉

지산동 고분군 출토 유물전

• 기간: 2019년 ○○월 ○○일~○○월 ○○일

• 장소: △△박물관

〈전시 소개〉

우리 박물관에서는 이 나라가 남긴 문화유산인 고령 지산동 고분군의 출토 유물과 발굴 성과를 공개하는 특별전을 마련하였습니다. 이번에 전시되는 유물을 통해 이 나라의 수준 높은 문화를 느낄 수 있기를 바랍니다.

① 범금 8조의 내용을 찾아본다.
② 제가 회의의 역할을 분석한다.
③ 22담로에 왕족이 파견된 배경을 파악한다.
④ 가야 연맹의 중심지가 이동한 과정을 조사한다.
⑤ 궁예가 철원으로 도읍을 옮긴 배경을 살펴본다.

정답 ④

정답 분석

두 개의 문화재와 '고령 지산동 고분'을 통해 '이 나라'는 대가야임을 알 수 있다. 가야 연맹은 김해 지역의 금관가야를 중심으로 발전하였는데, 4세기 말 신라의 구원 요청을 받고 출병한 고구려의 공격(400)으로 금관가야가 큰 타격을 입어 전기 가야 연맹이 해체되고, 낙동강 서쪽 연안으로 영역이 축소되었다.

오답 풀이

① 고조선, ② 고구려, ③ 백제, ⑤ 후고구려에 대한 설명이다.

612 살수 대첩 · 645 안시성 전투 · 660 백제 멸망 · 668 고구려 멸망

수·당의 침입과 삼국 통일

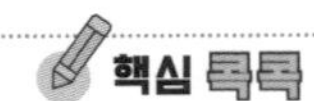

을지문덕, 살수 대첩
안시성 전투
백제·고구려 부흥 운동

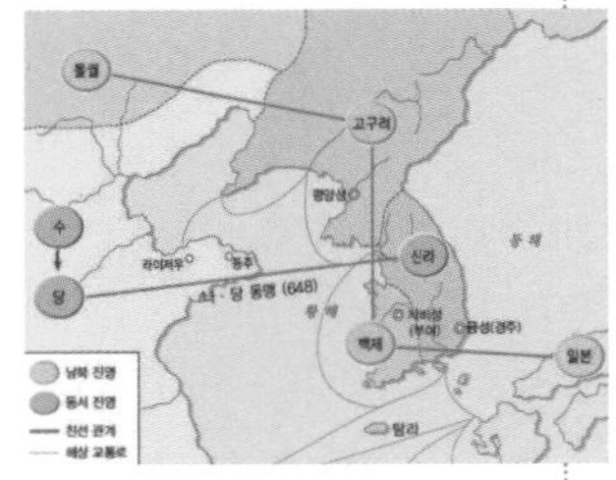

7세기 동아시아의 정세

1 고구려와 수·당의 전쟁

1. 국제 정세의 변화
   (1) 수의 중국 통일(589)과 세력 확장
   (2) 신라–수의 동서 세력과 돌궐–고구려–백제–왜를 연결하는 남북 세력의 대립 구도 형성

2. 수·당의 고구려 침입
   (1) 수 문제의 침입
   (2) 수 양제의 침입, 30만 별동대의 평양성 공격 ➡ 을지문덕의 살수 대첩(612)
   (3) 수 멸망, 당 건국 ➡ 고구려, 국경 일대에 천리장성 축조 ➡ 연개소문의 권력 장악
   (4) 당 태종의 침입 ➡ 요동성·백암성 함락, 안시성 전투

2 백제·고구려의 멸망

연개소문
천리장성 축조를 감독하던 연개소문이 정변을 일으켜 보장왕을 즉위시키고 권력을 장악하였다.

1. 나·당 연합: 김춘추, 고구려와의 동맹 체결 실패 후 나·당 연합군 결성

2. 백제의 멸망
   (1) 의자왕의 신라 공격 ➡ 대야성 등 40여 성 차지
   (2) 나·당 연합군에 의해 황산벌 전투 패배, 사비성 함락 ➡ 멸망
   (3) 백제 부흥 운동
      ① 복신·흑치상지·도침이 주류성·임존성을 거점으로 왕자 풍을 왕으로 추대
      ② 왜의 지원
      ③ 백강 전투 패배(663)

3. 고구려의 멸망
   (1) 연개소문 사후 내분 ➡ 나·당 연합군의 공격으로 평양성 함락
   (2) 고구려 부흥 운동
      ① 검모잠·고연무 등이 안승을 받들고 한성·오골성을 근거지로 부흥 운동 전개
      ② 신라의 지원 ➡ 안승을 보덕국왕으로 책봉
      ③ 나·당 연합군에 패배

고구려·백제의 부흥 운동

3 나·당 전쟁

1. 백제와 고구려가 멸망한 후 당은 웅진 도독부(→ 웅진)·계림 도독부(→ 경주)·안동 도호부(→ 평양)를 설치

2. 매소성(675)·기벌포(676) 전투 ➡ 삼국 통일 완성(676)

자료 돋보기

당의 백제 공격

소정방이 당의 내주에서 출발하니, 많은 배가 천 리에 이어져 물길을 따라 동쪽으로 내려왔다. …… 무열왕이 태자 법민을 보내 병선 100척을 거느리고 덕물도에서 소정방을 맞이하게 하였다. 소정방이 법민에게 말하기를, "나는 백제의 남쪽에 이르러 대왕의 군대와 만나서 의자왕의 도성을 격파하고자 한다."라고 말하였다.

– 『삼국사기』

백제 부흥 운동

흑치상지가 좌우의 10여 명과 함께 적을 피해 본부로 돌아가 흩어진 자들을 모아 임존산을 지켰다. 목책을 쌓고 굳게 지키니 열흘 만에 귀부한 자가 3만여 명이었다. 소정방이 병사를 보내 공격하였는데, 흑치상지가 죽음을 두려워하지 않고 막아 싸우니 그 군대가 패하였다. 흑치상지가 본국의 2백여 성을 수복하니 소정방이 토벌할 수 없어서 돌아갔다.

– 『삼국사기』

고구려의 멸망

계필하력이 먼저 군사를 이끌고 평양성 밖에 도착하였고, 이적의 군사가 뒤따라와서 한 달이 넘도록 평양을 포위하였다. …… 남건은 성문을 닫고 항거하여 지켰다. …… 5일 뒤에 신성이 성문을 열었다. …… 남건은 스스로 칼을 들어 자신을 찔렀으나 죽지 못했다. 보장왕과 남건 등을 붙잡았다.

– 『삼국사기』

나·당 전쟁

- 유인원, 김법민 등이 육군과 수군을 거느리고 백강 어귀에서 왜의 군사를 상대로 네 번 싸워서 모두 이기고 그들의 배 4척을 불살랐다.
- 사찬 시득이 수군을 거느리고 소부리주 기벌포에서 설인귀가 이끄는 군대와 싸웠다. 처음에는 패하였지만 다시 나아가 스물 두 번의 전투에서 승리하였다.

– 『삼국사기』

기출 맛보기

(가)~(다)를 일어난 순서대로 옳게 나열한 것은? 45회 중급 8번 [3점]

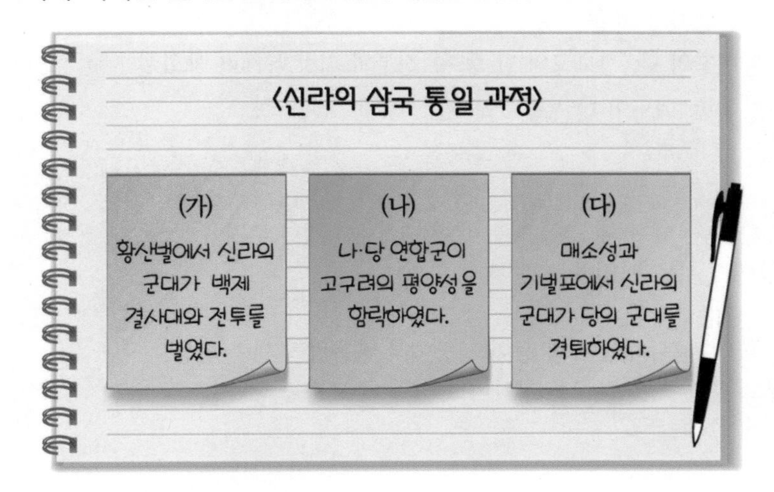

① (가) – (나) – (다)
② (가) – (다) – (나)
③ (나) – (가) – (다)
④ (나) – (다) – (가)
⑤ (다) – (나) – (가)

정답 ①

정답 분석

(가) 660년 나·당 연합군이 백제를 공격하였고, 황산벌에서 계백이 이끄는 백제 결사대가 패배하면서 사비성이 함락되었다. (나) 수·당과의 계속된 전쟁과 연개소문 사후 지배층의 내분 등으로 쇠약해져 있던 고구려는 평양성을 빼앗기고 멸망하였다(668). (다) 신라는 매소성과 기벌포에서 당의 군대를 물리치고 삼국 통일을 완성하였다(676).

상대 654 중대 780 하대 935
무열왕 혜공왕 선덕왕 경순왕

통일 신라의 발전과 쇠퇴

핵심 톡톡

신문왕, 녹읍
진성 여왕
최치원
호족

만파식적
나라의 모든 근심과 걱정이 해결된다는 신라 전설상의 피리로, 죽어서 바다 용이 된 문무왕과 하늘의 신이 된 김유신이 합심하여 신문왕에게 보낸 대나무로 만들어졌다는 전설이 전해진다.

김헌창의 난
822년(헌덕왕 14) 신라 웅천주(현재 충남 공주)의 도독 김헌창이 일으킨 반란이다.

풍수지리설
산·땅·물의 기운이 인간의 길흉화복에 영향을 준다고 믿는 설이다.

1 신라 중대 전제 왕권 강화

1. 왕권 전제화
   (1) 통일 과정에서 무열왕 직계 자손 왕위 세습 정착, 왕권 강화
   (2) 집사부 시중 권한 확대, 상대등 약화
   (3) 6두품 세력이 왕의 정치적 조언자로 활약
2. 무열왕(654~661): 최초의 진골 출신 왕
   (→ 김춘추)
3. 문무왕(661~681): 나·당 전쟁 승리, 삼국 통일 완성
4. 신문왕(681~692)
   (1) 김흠돌의 난 진압 ➡ 귀족 세력 숙청
   (2) 지방 행정 제도 정비(9주 5소경), 군사 제도 정비(9서당 10정)
   (9서당 → 중앙, 10정 → 지방)
   (3) 국학 설치
   (4) 관료전 지급, 녹읍 폐지 ➡ 귀족의 군사·경제 기반 약화
   (관료전 → 수조권만 지급, 녹읍 → 수조권+노동력 징발 가능)
5. 성덕왕(702~737): 당과 교류, 백성들에게 정전 지급

2 신라 하대 진골 귀족의 왕위 쟁탈전

1. 8세기 중반 왕권 약화
   (1) 녹읍 부활(경덕왕)
   (2) 진골 귀족들의 반란 ➡ 혜공왕 피살
   (3) 왕위 쟁탈전의 전개: 김헌창의 난, 장보고의 난 등 ➡ 정부의 지방 통제력 약화
2. 가혹한 수탈과 농민 봉기: 원종·애노의 난 등
3. 새로운 세력의 성장
   (1) 6두품
      ① 신분의 한계로 인한 승진 제한 ➡ 골품제를 비판하고 사회 개혁 주장
      ② 최치원: 진성 여왕에게 시무책 10여 조를 제시
   (2) 호족
      ① 지방 촌주 출신, 몰락 귀족, 해상 세력 등이 지방에서 반독립적 세력 형성
      ② 근거지에 성을 쌓고 성주 혹은 장군을 칭하며 행정권·군사권을 장악
      ③ 선종, 풍수지리설과 연계
4. 새로운 사상의 등장
   (1) 선종
      ① 개인의 수양(→ 참선)에 따른 깨달음 추구
      ② 중앙 귀족 세력의 전통적 권위 부정, 6두품·호족과 연계하여 새로운 사회 건설 추구
   (2) 풍수지리설: 경주 중심 사고에서 벗어나 지방의 중요성을 강조 ➡ 중앙 정부의 권위 약화

자료 돋보기

무열왕의 즉위

그는 진덕왕이 죽자, 여러 신하들이 이찬 알천에게 섭정하기를 청하였다. 알천이 한결같이 사양하며 말하기를, "신은 늙고 이렇다 할 만한 덕행도 없습니다. 지금 덕망이 높은 이는 춘추공만 한 자가 없습니다. 실로 가히 빈곤하고 어려운 세상을 도울 영웅호걸입니다." 마침내 (김춘추를) 봉하여 왕으로 삼았다. 김춘추는 세 번 사양하다가 부득이하게 왕위에 올랐다.

– 「삼국사기」

신문왕

- 도의가 왕 5년에 거열주를 승격하여 청주를 설치하니 비로소 9주가 갖추어져 대아찬 복세를 총관으로 삼았다.
- 중앙과 지방 관리들의 녹읍을 폐지하고 해마다 직위에 따라 조(租)를 차등 있게 주는 것을 법으로 삼았다. 왕이 달구벌로 수도를 옮기려다 실현하지 못하였다.

– 「삼국사기」

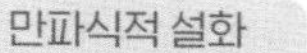

'왕'은 놀라고 기뻐하여 오색 비단과 금과 옥으로 보답하고 사자를 시켜 대나무를 베어서 바다에서 나오자, 산과 용은 갑자기 사라져 나타나지 않았다. '왕'이 행차에서 돌아와 그 대나무로 피리를 만들었는데, 이 피리를 불면, 적병이 물러가고 병이 나으며, 가뭄에는 비가 오고 장마는 개며, 바람이 잦아지고 물결이 평온해졌다.

– 「삼국사기」

신라 하대의 혼란상

진성 여왕 3년, 나라 안의 여러 주·군에서 공부(貢賦)를 바치지 않으니, 창고가 비고 나라의 쓰임이 궁핍해졌다. 왕이 사신을 보내어 독촉하였지만, 이로 말미암아 곳곳에서 도적이 벌떼같이 일어났다.

– 「삼국사기」

기출 맛보기

다음 상황 이후에 전개된 사실로 옳은 것은? 44회 고급 10번 [2점]

> 혜공왕 말년에 반신(叛臣)들이 제멋대로 날뛰자 선덕[김양상]이 상대등으로 있으면서 임금 측근의 나쁜 무리를 제거하자고 부르짖었다. 김경신이 이에 참여하여 난을 평정한 공이 있었으므로 선덕이 왕으로 즉위하면서 김경신은 곧 상대등이 되었다. …… 이후 여러 사람의 의논이 일치하여 김경신을 세워 왕위를 계승하게 하니 국인이 모두 만세를 불렀다.

① 진골 귀족인 김춘추가 왕위에 올랐다.
② 왕의 장인인 김흠돌이 반란을 도모하였다.
③ 이차돈의 순교를 계기로 불교가 공인되었다.
④ 자장의 건의로 황룡사 9층 목탑이 건립되었다.
⑤ 최치원이 국왕에게 시무 10여 조를 건의하였다.

정답 ⑤

정답 분석

혜공왕이 죽고 선덕이 왕이 되었다는 것을 통해 신라 하대가 시작되는 상황임을 알 수 있다. 신라 하대에 6두품 세력은 진골이 모든 권력을 독점하고 있는 골품제의 문제점을 비판하였다. 이들 중 일부는 당에 유학하여 당에서 관직 생활을 하거나 지방의 호족 세력과 연계하여 새로운 사회를 추구하였다. 최치원은 진성 여왕 때의 인물로, 당에 유학한 뒤 귀국하여 국왕에 시무책 10여 조를 건의하였으나 받아들여지지 않았다.

오답 풀이

①, ② 신라 중대, ③ 삼국 통일 이전 법흥왕 때, ④ 삼국 통일 이전 선덕 여왕 때의 일이다.

발해의 성립과 발전

대조영
무왕, 장문휴
문왕
3성 6부

발해의 영역

1 발해의 건국과 발전

1. 건국: 698년, 고구려 출신 대조영이 고구려 유민과 말갈 집단을 규합하여 동모산에서 건국
2. 무왕(719~737)
   (1) '인안' 연호 사용
   (2) 당과 흑수부 말갈의 연결 ➡ 장문휴의 수군으로 당의 산둥 지방 선제 공격
3. 문왕(737~793)
   (1) '대흥' 연호 사용
   (2) 당과 친선, 문물 수용 ➡ 3성 6부제 정비
   (3) 상경 천도, 상경성 건설 (▶ 장안성 모방)
   (4) 신라도 개설: 신라와의 상설 교통로
4. 선왕(818~830)
   (1) '건흥' 연호 사용
   (2) 전성기(최대 영토): 당에서 발해를 '해동성국'이라 칭함.
   (3) 5경 15부 62주의 지방 제도 정비
5. 멸망: 선왕 이후 지배층 내분, 국력 약화 ➡ 거란의 공격에 의해 멸망(926)

왕
- 정당성(상서성)
  - 좌사정: 충부(이부), 인부(호부), 의부(예부)
  - 우사정: 지부(병부), 예부(형부), 신부(공부)
- 선조성(문하성)
- 중대성(중서성)
- 중정대(어사대)
- 문적원(비서성)
- 주자감(국자감)

*( ) 안은 당의 관제임

발해의 중앙 통치 조직

2 발해의 통치 체제

1. 중앙 통치 조직: 당의 3성 6부 모방, 독자적 운영
   (1) 정당성 장관 대내상이 국정 총괄
   (2) 정당성 아래의 6부를 둘로 나누어 이원적 운영, 명칭에 유교 이념 반영

정당성	정책 입안·의결	중정대	관리 감찰
선조성	국왕 보좌, 자문	문적원	도서 관리, 문서 작성
중대성	정책 심의	주자감	귀족 자제 교육

2. 지방 행정 제도
   (1) 5경 15부 62주로 구성, 주 아래에 현을 두고 지방관을 파견
   (2) 말단 행정 구역인 촌락에는 지방관을 파견하지 않고 토착 세력인 수령이 통치

3 발해의 고구려 계승 의식

1. 건국 집단과 지배층이 고구려인으로 구성
2. 문왕이 일본에 보낸 국서에서 스스로를 '고려국왕'이라고 칭함
3. 문왕의 딸 정혜 공주·정효 공주 묘에 쓰여진 '황상(皇上)' 표현
4. 발해인들이 당에 유학한 뒤, 외국인을 대상으로 하는 빈공과에 응시
5. 고구려 문화 양식 계승
   (1) 정혜 공주 묘·정효 공주 묘의 모줄임 천장 구조
   (2) 발해 집터 유적 및 건물에 사용된 온돌·치미 등

자료 돋보기

대조영

대조영은 본래 고구려의 별종이다. 고구려가 망하자 그는 그 무리를 이끌고 영주로 이사하였다. …… 그는 드디어 그 무리를 이끌고 동쪽 계루의 옛 땅으로 들어가 동모산을 거점으로 하여 성을 쌓고 거주하였다. 그는 용맹하고 병사 다루기를 잘하였으므로, 말갈의 무리와 고구려의 남은 무리가 점차 그에게 들어왔다.

– 「구당서」

발해 무왕

왕이 신하들을 불러 "흑수말갈이 처음에는 우리에게 길을 빌려서 당나라와 통하였다. …… 그런데 지금 당나라에 관직을 요청하면서 우리나라에 알리지 않았으니, 이는 분명히 당나라와 공모하여 우리나라를 앞뒤에서 치려는 것이다."라고 하였다. 이리하여 동생 대문예와 외숙 임아상으로 하여금 군사를 동원하여 흑수말갈을 치려고 하였다.

– 「삼국사기」

발해 문왕이 일본에 보낸 국서

지금 보내온 국서(國書)를 살펴보니 부왕(父王)의 도를 갑자기 바꾸어 날짜 아래에 관품(官品)을 쓰지 않았고 글 끝에 천손(天孫)이라는 참람된 칭호를 쓰니 법도에 어긋납니다. 왕의 본래의 뜻이 어찌 이러하겠습니까. …… 고씨의 시대에 병난이 그치지 않아 조정의 위엄을 빌려 저들이 형제를 칭하였습니다. 지금 대씨는 일없이 고의로 망령되이 사위와 장인을 칭하였으니 법례를 잃은 것입니다.

발해 문왕의 딸 정효 공주 묘비

공주는 우리 대흥보력효감금륜성법대왕의 넷째 딸이다. …… 아아, 공주는 대흥 56년 여름 6월 9일 임진일에 궁 밖에서 사망하니, 나이는 36세였다. 이에 시호를 정효 공주라 하였다. 이 해 겨울 11월 28일 기묘일에 염곡의 서쪽 언덕에 배장하였으니, 이것은 예의에 맞는 것이다. 황상(皇上)은 조회를 파하고 크게 슬퍼하여 정침에 들어가 자지 않고 음악도 중지시켰다.

기출 맛보기

밑줄 그은 '이 나라'에 대한 설명으로 옳은 것은? 44회 중급 10번 [2점]

이것은 전성기에 해동성국이라고 불린 <u>이 나라</u>의 동경 용원부에서 출토된 삼존불상입니다. 십자가 모양의 장신구를 걸고 있는 보살상을 통해 <u>이 나라</u>에서 다양한 문화 교류가 있었음을 짐작할 수 있습니다.

① 기인 제도를 실시하였다.
② 국왕의 비서 기관으로 승정원을 두었다.
③ 전국을 5경 15부 62주로 나누어 다스렸다.
④ 지방관 감찰을 위해 외사정을 파견하였다.
⑤ 2성 6부를 비롯한 중앙 통치 조직을 정비하였다.

정답 ③

정답 분석

전성기에 해동성국이라 불렸다는 것과 '동경 용원부'를 통해 '이 나라'가 발해임을 알 수 있다. 발해는 전국을 5경 15부 62주로 구성하고, 주 아래에 현을 두고 지방관을 파견하였다. 말단 행정 구역인 촌락에는 지방관을 파견하지 않고 대신 토착 세력인 수령이 촌락을 다스렸다.

오답 풀이

①, ⑤ 고려, ② 조선, ④ 통일 신라에 대한 설명이다.

주제 11

900 후백제 건국 / 901 후고구려 건국 / 918 고려 건국 / 935 신라 멸망

고려의 후삼국 통일

호족
견훤, 궁예, 양길
왕건

1 후삼국 성립

1. 후백제
   (1) 견훤이 완산주(전주)에 도읍하여 건국(900)
   (2) 중국과 외교 관계 형성, 과도한 수취로 불만 누적, 호족 포섭 실패

2. 후고구려
   (1) 궁예가 송악(개성)에 도읍하여 건국(901)
   (2) 철원 천도, 국호 변경
   (3) 새로운 관제 마련, 새 신분 제도 모색
   (4) 미륵 신앙을 이용한 전체 정치로 몰락

미륵 신앙
미래의 부처인 미륵이 나타나 세상을 구원한다는 신앙이다.

2 고려의 후삼국 통일

1. 고려 건국
   (1) 왕건
      ① 송악 지방 호족 출신, 궁예의 신하로 나주를 점령하여 후백제를 견제
      ② 궁예를 몰아내고 신하들의 추대를 받아 고려 건국(918)
   (2) 국호 '고려', 연호 '천수', 송악 천도

2. 후삼국 통일
   (1) 왕건의 민족 융합 정책: 신라에 우호적, 발해 유민 포용
   (2) 후백제의 신라 공격 ➡ 경애왕 살해, 왕건의 신라 지원
   (3) 후백제 내분 ➡ 견훤의 아들 신검이 견훤을 금산사에 유폐
   (4) 고려의 신라 통합(935)
   (5) 고려의 일리천 전투 승리, 후백제 정복(936)

일리천 전투
936년에 지금의 경상북도 구미 지방에서 고려와 후백제 사이에 있었던 전투이다.

자료 돋보기

후삼국 시대 ≫43회 고급 12번

〈역사 다큐멘터리 기획안〉

궁예, 새로운 세상을 꿈꾸다

▣ 기획 의도

신라 왕족 출신으로 세력을 키워 나라를 세운 궁예의 생애를 다큐멘터리로 제작하여 당시 상황을 살펴본다.

▣ 회차별 방송 내용

- 1회: 양길의 휘하에서 세력을 키우다
- 2회: 송악을 도읍으로 나라를 세우다
- 3회: 국호를 마진으로 바꾸고 철원으로 천도하다

견훤 ≫43회 중급 10번

견훤이 금산사에 유폐된 지 3개월 만에 탈출하였습니다. 나주로 피신한 견훤은 왕건에게 의탁할 뜻을 밝혔습니다.
견훤, 금산사에서 탈출

일리천 전투 1

태조는 정예 기병 5천을 거느리고 공산(公山) 아래에서 견훤을 맞아서 크게 싸웠다. 태조의 장수 김락과 신숭겸이 죽고 모든 군사가 패했으며, 태조는 겨우 죽음을 면하였다.

– 『삼국유사』

일리천 전투 2

왕이 삼군을 통솔하여 천안부에 이르러 군대를 합치고 일선군으로 진격하였다. 신검이 군대로 막아서니, 일리천을 사이에 두고 진을 쳤다.

– 『고려사절요』

기출 맛보기

다음 시나리오의 상황 이후에 전개된 사실로 옳은 것은? 44회 고급 11번 [3점]

S# 17. 완산주의 궁궐 안

왕이 넷째 왕자인 금강을 총애하여 왕위를 물려주려 하자, 첫째 왕자가 신하 신덕과 영순의 권유를 받아들여 왕을 금산사에 유폐한 뒤 앞으로의 대책을 논의한다.

첫째 왕자: 이제 어찌하면 좋겠소?

신덕: 금강을 살려두면 반드시 후환이 생길 것입니다.

영순: 옳습니다. 속히 사람을 보내 처치하십시오.

① 신숭겸이 공산 전투에서 전사하였다.
② 궁예가 정변으로 왕위에서 축출되었다.
③ 견훤이 경주를 습격하여 경애왕을 죽게 하였다.
④ 신검이 일리천 전투에서 고려군에 패배하였다.
⑤ 왕건이 고창 전투에서 후백제군을 상대로 승리하였다.

정답 ④

정답 분석

자료는 후백제의 신검이 아버지 견훤을 금산사에 유폐시키는 상황이다. 935년 견훤이 넷째 아들 금강에게 왕위를 물려주려하자 첫째 아들 신검은 견훤을 금산사에 유폐시켰고, 견훤은 석 달 뒤 탈출하여 고려의 왕건에게 몸을 의탁하였다. 그리고 다음 해 후백제는 일리천 전투에서 고려에 대패하며 멸망하였다.

오답 풀이

①, ③ 927년, ② 918년, ⑤ 930년의 일이다.

고대의 통치 체제

핵심 톡톡

제가 회의, 화백 회의
9주 5소경
3성 6부

1 삼국의 통치 체제

구분	고구려	백제	신라
재상	대대로(막리지)	상좌평	상대등
관등	14 관등	6좌평, 16관등	17관등
회의 기구	제가 회의	정사암 회의	화백 회의
지방 제도(수도/지방)	5부 / 5부	5부 / 5방	6부 / 5주
특수 행정 구역	3경	22담로	2소경

2 남북국의 통치 체제

1. 통일 신라
   (1) 집사부: 품주를 개편, 왕명 출납·국가 기밀 사무 담당
   (2) 사정부(관리 감찰), 외사정(지방 관리 감찰)
   (3) 지방 제도: 9주 5소경
   (4) 군사 조직: 9서당(중앙), 10정(지방)
   ▶ 9서당: 고구려, 백제, 말갈 포함

2. 발해
   (1) 중앙 통치 조직: 3성 6부
      ① 당 조직 모방, 독자적 운영
      ② 정당성 장관 대내상이 국정 총괄
      ③ 6부: 좌·우사정으로 나누어 이원적 운영, 명칭에 유교 이념 반영
      ④ 중정대(관리 감찰), 문적원(서적 관리), 주자감(최고 교육 기관)
   (2) 지방 제도: 5경 15부 62주
   (3) 군사 조직: 10위(중앙군), 지방군은 지방관이 지휘

품주
신라 최고의 행정 기관인 집사부의 전신으로, 진흥왕 때 재정기관으로 설치되었다가 진덕 여왕 때 집사부와 창부로 개편되었다.

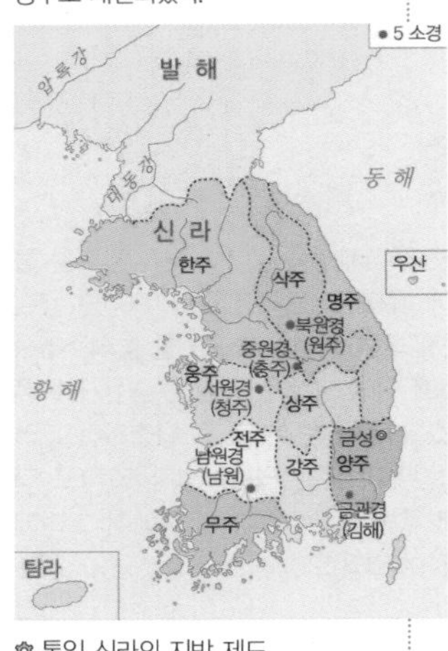

통일 신라의 지방 제도

자료 돋보기

고구려의 통치 체제

대대로는 토졸이라고도 하며 국정을 총괄한다. 3년에 한 번씩 바꾸는데 직책을 잘 수행하면 바꾸지 않기도 한다. 무릇 교체하는 날 복종하지 않는 자가 있으면 서로 싸우는데, 왕은 궁문을 닫고 지키기만 하면 이긴 자를 인정해 준다. 그 아래는 울절로 호적과 문서를 관장한다. 태대사자가 있고 그 다음에 조의두대형이 있는데, 조의는 선인을 말하는 것이다.

발해의 중앙 통치 조직

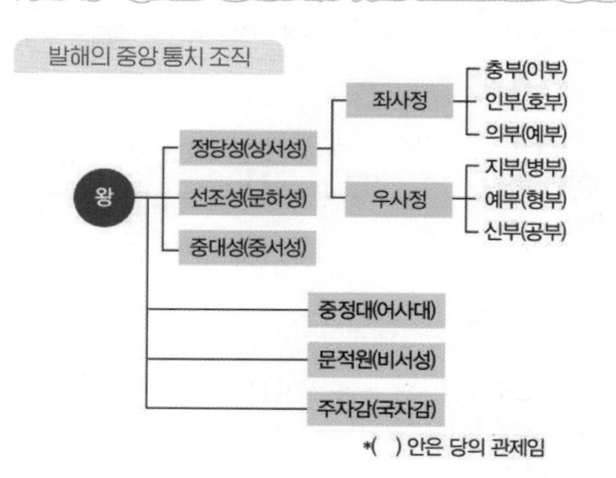

*( ) 안은 당의 관제임

정사암 회의와 화백 회의

○ (백제) 호암사에 정사암이라는 바위가 있다. 국가에서 재상을 뽑을 때 후보자 3~4명의 이름을 써서 상자에 넣어 바위 위에 두었다. 얼마 뒤에 열어 보아 이름 위에 도장이 찍혀 있는 자를 재상으로 삼았다. 이 때문에 정사암(正事巖)이라는 이름이 생기게 되었다. – 「삼국유사」

○ (신라에서) 큰일이 있을 때에는 반드시 중의를 따른다. 이를 화백이라 부른다. 한 사람이라도 반대하면 통과하지 못하였다. – 「삼국유사」

발해의 지방 제도

곳곳에 촌리가 있는데 모두 말갈 부락이다. 그곳의 백성들은 말갈이 많으며 토인(재지 세력가)은 적다. 모두 토인으로 촌장을 삼았는데 …… 백성들이 모두 수령이라 부른다.

– 「유취국사」

기출 맛보기

지도와 같이 행정 구역을 편제한 국가의 군사 제도에 대한 설명으로 옳은 것은? 44회 중급 9번 [2점]

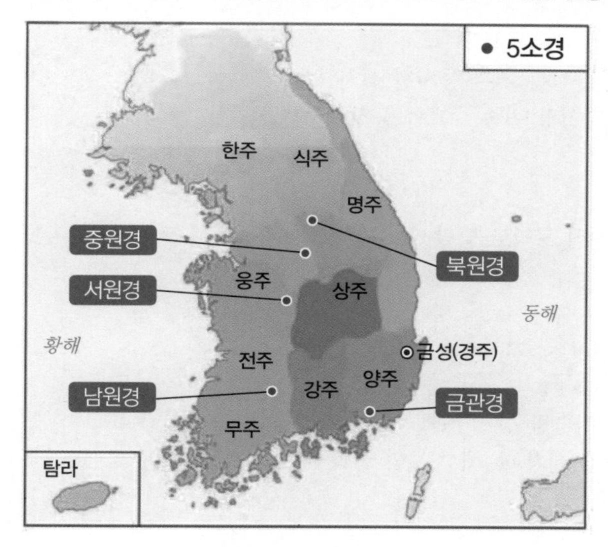

① 중앙군으로 9서당을 편성하였다.
② 왕의 친위 부대인 장용영을 설치하였다.
③ 국경 지대인 양계에 병마사를 파견하였다.
④ 삼수병으로 구성된 훈련도감을 운영하였다.
⑤ 좌·우별초와 신의군으로 삼별초를 조직하였다.

정답 ①

정답 분석

자료는 전국을 9주로 나누고 5개의 소경을 설치한 통일 신라의 행정 구역을 표현한 지도이다. 통일 신라의 군사 조직은 9서당 10정으로 재정비하였다. 중앙군인 9서당은 신라인 외에도 피정복민까지 포함하였다. 지방군인 10정은 각 주마다 1정씩 배치했는데, 북쪽 국경 지대인 한주에는 2정을 두었다.

오답 풀이

② 정조, ③, ⑤ 고려, ④ 조선 후기에 대한 설명이다.

고대의 경제

핵심 톡톡

녹읍, 관료전
민정 문서
장보고

1 수취 제도와 토지 제도

1. 수취 제도

구분	삼국	통일 신라
조세	재산 정도에 따라 호를 나누어 곡물·포 징수	생산량의 1/10 징수
공납	지역 특산물 징수	촌락 단위로 특산물 징수
역	15세 이상의 남자를 대상으로 군역·요역 부과	16~60세의 남자를 대상으로 군역·요역 부과

2. 토지 제도
   (1) 녹읍·식읍: 귀족들에게 관직 복무나 공로의 대가로 지급, 수조권 + 노동력 수취
   (2) 관료전 지급, 녹읍 폐지: 수조권만 지급(신문왕)
   (3) 정전 지급: 성덕왕, 농민들에게 토지 지급
   (4) 녹읍 부활(경덕왕)

3. 통일 신라 민정 문서
   (1) 일본 도다이사 쇼소인에서 발견
   (2) 서원경 부근 4개 촌락의 인구·성비·촌락 크기·가축 수 등을 상세히 기록
   (3) 3년마다 촌주가 작성, 조세 수취의 기본 자료로 활용

2 경제 생활

1. 농업: 휴경이 일반적, 우경 장려(6세기 지증왕)

2. 상공업
   (1) 신라: 경주에 동시·서시·남시 설치, 감독 기관 동시전 설치
   (2) 관청에 소속된 장인과 노비들이 왕실과 귀족 수요품을 생산·공급

3. 통일 신라의 대외 무역
   (1) 대당 무역
      ① 당항성에서 산둥반도로 가는 직접 교역로 발달
      ② 수출품: 금·은, 인삼 등
      ③ 수입품: 비단, 책, 약재 등
      ④ 산둥 반도에 신라방·신라촌(→거주 지역), 신라소(→관청), 신라원(→절), 신라관(→숙박 업소) 등 형성
   (2) 울산항이 국제 무역항으로 번성, 이슬람 상인 왕래
   (3) 9세기 전반 장보고가 완도에 청해진 설치 ➡ 해상 무역 장악

4. 발해의 대외 무역
   (1) 밭농사 중심, 목축 발달
   (2) 대당 무역
      ① 산둥반도에 발해관 설치
      ② 수출품: 모피, 인삼, 솔빈부의 말
      ③ 수입품: 비단, 책 등
   (3) 신라도 개설: 신라와의 상설 교통로

당항성
현재의 경기도 화성시에 있던 산성이다.

법화원
신라인의 절로, 신라 시대 장보고가 당나라 산둥반도에 세웠다.

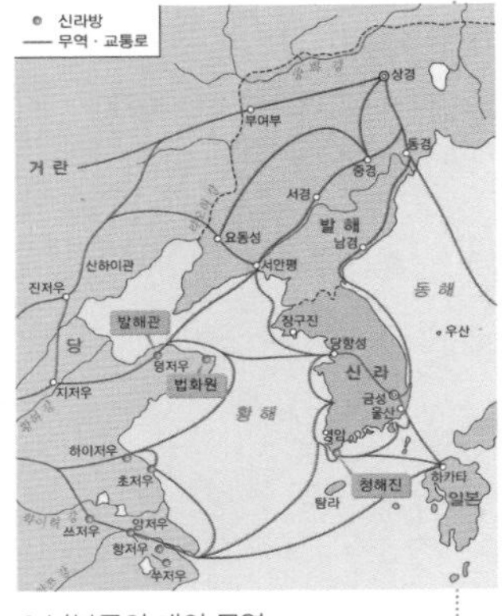

남북국의 대외 무역

자료 돋보기

통일 신라의 토지 제도

- 문무왕 8년(668) 김유신에게 태대각간의 관등을 내리고 식읍 500호를 주었다.
- 신문왕 7년(687) 문무 관리들에게 관료전을 차등 있게 주었다.
- 신문왕 9년(689) 내외 관료의 녹읍을 혁파하고 매년 조(租)를 주었다.
- 성덕왕 21년(722) 처음으로 백성에게 정전을 지급하였다.

– 『삼국사기』

장보고

그가 돌아와 흥덕왕을 찾아보고 말하기를 "중국에서는 널리 우리나라 사람을 노비로 삼으니, 청해진을 만들어 적으로 하여금 사람들을 약탈하지 못하도록 하기를 원하나이다."라고 하였다. …… 대왕은 그에게 군사 만 명을 거느리고 해상을 방비하게 하니, 그 후로는 해상으로 나간 사람들이 잡혀가는 일이 없었다.

– 『삼국사기』

통일 신라 민정 문서

사해점촌(沙害漸村)은 11호인데, 중하 4호, 하상 2호, 하하 5호이다. 인구는 147명인데, 남자는 정(丁)이 29명(노비 1명 포함), 조자 7명(노비 1명 포함), 추자 12명, 소자 10명, 3년간 태어난 소자가 5명, 제공 1명이다. 여자는 정녀 42명(노비 5명 포함), 조여자 11명, 추여자 9명, 소여자 8명, 3년간 태어난 소여자 8명(노비 1명 포함), 제모 2명, 노모 1명, 다른 마을에서 이사 온 추자 1명, 소자 1명 등이다. 논은 102결 정도인데, 관모답 4결, 촌민이 받은 것은 94결이며, 그 가운데 19결은 촌주가 받았다. 밭은 62경, 마전은 1결 정도이다. 뽕나무는 914그루가 있었고, 3년간 90그루를 새로 심었다. 잣나무는 86그루가 있었고, 3년간 34그루를 새로 심었다.

기출 맛보기

(가)에 들어갈 내용으로 가장 적절한 것은? 45회 중급 10번 [2점]

〈수행평가 보고서〉

신라의 경제

○○ 모둠

–목 차–

1. 신라 촌락 문서에 나타난 서원경 일대의 경제 상황 ······· 3
2. (가) ······· 6
3. 유리 세공품을 통해 살펴본 서역과의 교류 내용 ······· 9
4. 청해진에서 전개된 해상 무역의 양상 ······· 11

① 관료전 지급과 녹읍 폐지의 목적
② 은병 발행이 물자 유통에 끼친 영향
③ 모내기법의 전국적 보급과 생산력 증대
④ 연분 9등법 실시 이후 조세 수취 액수의 변화
⑤ 담배 등 상품 작물의 재배와 농가 소득의 향상

정답 ①

정답 분석

녹읍은 국가에서 관리에게 지급한 일정 지역의 토지로, 조세 수취와 거주민의 노동력 징발이 가능하였다. 반면, 관료전은 조세 수취만 가능하였다. 신문왕은 관료전을 지급하고 녹읍을 폐지하여 귀족들의 경제적 기반을 약화시키고 왕권을 강화하였다.

오답 풀이

② 고려, ③, ⑤ 조선 후기, ④ 조선 세종 때에 대한 설명이다.

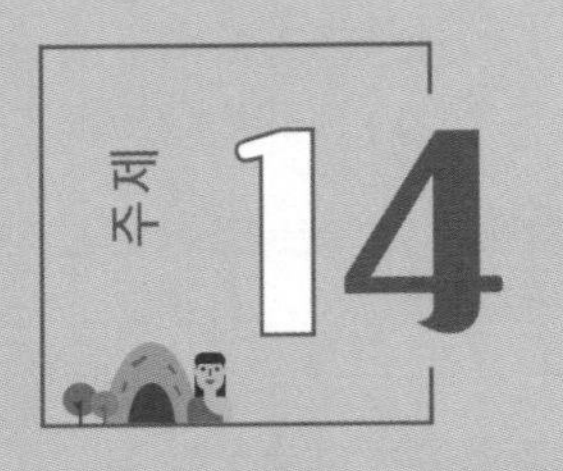

고대의 사회

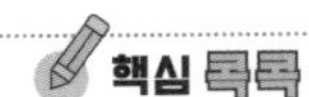

진대법
골품제
화랑도

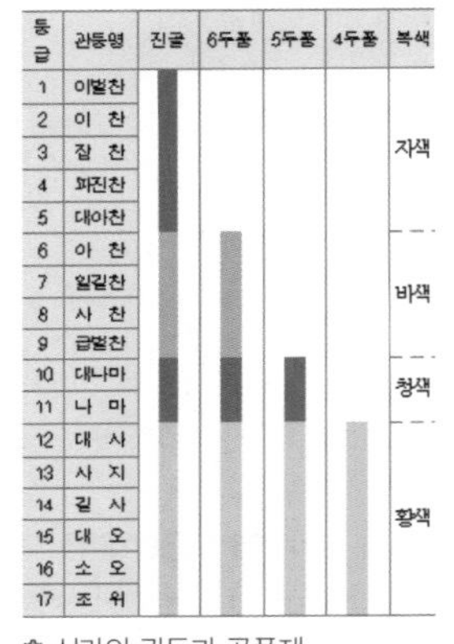

등급
관등명
진골
6두품
5두품
4두품
복색
1 이벌찬
2 이 찬
3 잡 찬
4 파진찬
5 대아찬
6 아 찬
7 일길찬
8 사 찬
9 급벌찬
10 대나마
11 나 마
12 대 사
13 사 지
14 길 사
15 대 오
16 소 오
17 조 위
자색
비색
청색
황색

❁ 신라의 관등과 골품제

1 삼국의 사회

1. 신분 제도: 지배층인 귀족과 피지배층인 평민·천민으로 신분 제도 성립

2. 고구려
   (1) 5부 출신 귀족이 국정 주도
   (2) 진대법(고국천왕)

3. 백제
   (1) 왕족인 부여씨와 8성의 귀족이 지배층 형성
   (2) 반역·살인자 사형, 절도는 2배 배상

4. 신라
   (1) 화백 회의: 상대등의 주재 아래 만장일치제로 국가 중대사 결정
   (2) 골품제
      ① 혈연에 따라 사회적 제약이 가해지는 신분제
      ② 골품에 따라 관등 상한과 가옥의 규모·복색 등 일상생활에도 제약
   (3) 화랑도
      ① 원시 사회의 청소년 집단에서 기원, 진흥왕 때 국가적 조직으로 정비
      ② 진골 출신 화랑과 다양한 계층인 낭도로 구성되어 계층 간 대립을 조절
      ③ 원광의 세속 5계를 행동 규율로 삼음.

2 남북국의 사회

1. 통일 신라의 사회
   (1) 민족 통합 정책
      ① 통일 후 고구려·백제 지배층에게 신라의 관등을 부여
      ② 중앙군인 9서당에 고구려·백제 유민을 편성
   (2) 골품제의 변화
      ① 6두품: 신라 중대 국왕의 조언자로 활약 ➡ 하대 진골 귀족을 비판하며 반신라적 경향
      ② 하급 지배층인 1~3두품은 평민화

2. 발해의 사회
   (1) 지배층: 대씨·고씨 등 고구려 계통
   (2) 피지배층: 말갈인이 다수

자료 돋보기

백제의 형벌

이 나라 사람은 상무적인 기풍이 있어서 말 타기와 활쏘기를 좋아하고 형법의 적용이 엄격했다. 반역한 자나 전쟁터에서 퇴각한 군사 및 살인자는 목을 베었고, 도둑질한 자는 유배를 보냄과 동시에 2배를 물게 했다. 그리고 관리가 뇌물을 받거나 국가의 재물을 횡령했을 때에는 3배를 배상하고, 죽을 때까지 금고형에 처했다.

– 「주서」

골품제 1

이 나라에서는 골품을 따져 사람을 쓰기 때문에 그 친족이 아니면 비록 뛰어난 재주와 큰 공이 있어도 처음 정해진 한도를 넘지 못하였다. 이 신분의 경우 두품 가운데 가장 높았지만 17관등 중 제6관등인 아찬까지만 오를 수 있었다. 하지만 성주사지 낭혜화상비에 '득난(得難)'이라고 표현되어 있듯이 매우 얻기 어려운 신분이었다.

– 「삼국사기」

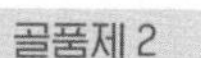

골품제 2

4두품에서 백성에 이르기까지는 방의 길이와 너비가 15척을 넘지 못한다. 느릅나무를 쓰지 못하고, 우물천장을 만들지 못하며, 당기와를 덮지 못하고, …… 섬돌로는 산의 돌을 쓰지 못한다. 담장은 6척을 넘지 못하고, 또 보를 가설하지 않으며 석회를 칠하지 못한다. 대문과 사방문을 만들지 못하고, 마구간에는 말 2마리를 둘 수 있다.

– 「삼국사기」

6두품

설계두는 신라의 귀족 자손이다. 일찍이 친구 네 사람과 술을 마시며 각기 그 뜻을 말할 때, "신라는 사람을 쓰는데 골품을 따져서 그 족속이 아니면 비록 뛰어난 재주와 큰 공이 있어도 한도를 넘지 못한다. 나는 멀리 중국에 가서 출중한 지략을 발휘하고 비상한 공을 세워 영화를 누리며, 높은 관직에 어울리는 칼을 차고 천자 곁에 출입하기를 원한다."라고 하였다. 그는 621년 몰래 배를 타고 당으로 갔다.

– 「삼국유사」

기출 맛보기

밑줄 그은 '세속 5계'를 행동 규범으로 삼았던 단체에 대한 설명으로 옳은 것은? 24회 고급 7번 [2점]

(귀산 등이 이르자) 원광 법사가 말하기를 "지금 <u>세속 5계</u>가 있으니, 첫째는 임금을 충성으로 섬기는 것이요, 둘째는 부모를 효성으로 섬기는 것이요, 셋째는 벗을 신의로 사귀는 것이요, 넷째는 전쟁에 임하여 물러서지 않는 것이요, 다섯째는 살아있는 것을 죽일 때는 가려서 죽여야 한다는 것이니, 그대들은 이를 실행함에 소홀하지 말라."라고 하였다.

– 「삼국사기」

① 박사와 조교를 두었다.
② 만장일치제로 운영되었다.
③ 경당에서 한학과 무술을 배웠다.
④ 진흥왕 때 국가적인 조직으로 정비되었다.
⑤ 귀족들로 구성되어 국가 중대사를 결정하였다.

정답 ④

정답 분석

세속 5계는 승려 원광이 만든 화랑의 행동 규범이다. 화랑도는 귀족 자제인 화랑이 다양한 신분의 낭도를 이끌고 명산대천을 유람하며 심신을 수련하는 조직으로, 계층 간 대립과 갈등을 완화하는 데에도 영향을 미쳤다. 진흥왕 때 국가적 조직으로 개편되어 삼국 통일 전쟁에 큰 기여를 하였다.

오답 풀이

① 국학, ② 화백 회의에 대한 설명이다. ③ 경당은 고구려의 교육 기관이다. ⑤ 고구려의 제가 회의, 백제의 정사암 회의, 신라의 화백 회의 등에 대한 설명이다.

고대의 문화 1 – 사상·종교

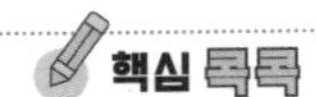

임신서기석
원효, 의상
선종

『신집』
고구려의 역사서 『유기』를 이문진이 5권으로 요약하여 정리한 역사서로, 현전하지는 않는다.

『서기』
백제 근초고왕 때 박사 고흥이 지은 역사서로, 현전하지는 않는다.

『국사』
신라 진흥왕 때 편찬된 신라의 역사서로, 현전하지는 않는다.

독서삼품과
신라 원성왕 때 시행된 제도로, 국학의 학생들을 독서능력에 따라 상·중·하로 구분하였으며 이를 관리 임용에 참고하였다.

1 유학과 역사서

1. 고구려: 태학·경당 설립, 『신집』 편찬
   (태학 → 수도, 경당 → 지방)
2. 백제: 박사 제도, 『서기』 편찬
3. 신라: 임신서기석, 『국사』 편찬
4. 통일 신라
   (1) 국학 설치(신문왕), 독서삼품과(원성왕)
   (2) 6두품 유학자의 활약
      ① 강수(외교 문서), 설총(이두 정리, 「화왕계」)
      ② 최치원: 빈공과 급제, 진성 여왕에 개혁안 건의, 「토황소격문」, 『계원필경』
   (3) 역사서 편찬: 김대문의 『화랑세기』, 『고승전』 등
5. 발해
   (1) 주자감 설치, 빈공과 급제
   (2) 한문학 발전: 정혜 공주·정효 공주 묘비문

2 불교

1. 고구려: 소수림왕 때 전진으로부터 수용(372)
2. 백제: 침류왕 때 동진으로부터 수용(384)
3. 신라: 눌지왕 때 고구려로부터 전래 ➡ 법흥왕 때 이차돈의 순교를 계기로 공인
4. 통일 신라
   (1) 원효
      ① '일심(一心)' 사상
      ② '무애(無碍)'를 강조, 종파 간 대립을 완화하기 위해 노력(화쟁 사상)
      ③ 아미타 신앙: '나무아미타불', 불교 대중화
      ④ 『금강삼매경론』, 『십문화쟁론』
   (2) 의상
      ① 당에 유학
      ② 화엄 사상: '일즉다 다즉일', 「화엄일승법계도」
      ③ 부석사 건립
      ④ 관음 신앙: 현세에서 고난을 구제 받기를 기원
   (3) 혜초: 인도와 중앙아시아의 여러 나라를 돌아보고 『왕오천축국전』을 저술
   (4) 선종
      ① 삼국 통일 이전 전래, 신라 하대에 유행
      ② 개인의 수양(참선)에 따른 깨달음 추구 ➡ 지방 호족의 사상적 기반
      ③ 9산 선문 성립
5. 발해
   (1) 고구려 불교 계승, 왕실·귀족 중심 불교
   (2) 상경성 절터와 불상·석등

자료 돋보기

임신서기석

임신년 6월 16일에 두 사람이 함께 맹세하여 쓴다. 지금부터 3년 후에 충도(忠道)를 지키고 허물이 없게 할 것을 하늘 앞에 맹세한다. 만일 이 서약을 어기면 하늘에 큰 죄를 짓는 것 이라고 맹세한다. 또한 신미년 7월 22일에 크게 맹세한 바 있다. 곧 『시경(詩經)』, 『상서(尙書)』, 『예기(禮記)』, 『춘추(春秋傳)』을 3년 안에 차례로 습득하겠다고 하였다.

독서삼품과

「춘추좌씨전」이나 『예기』나 『문선』을 읽어 그 뜻을 잘 통하고 『논어』·『효경』에도 밝은 자를 상(上)으로 하고, 곡례·『논어』·『효경』을 읽은 자를 중(中)으로 하고, 『곡례』·『효경』을 읽은 자를 하(下)로 하되, 만일 5경·3사와 제자백가의 서(書)를 능히 겸통하는 자가 있으면 등급을 넘어 등용 한다.

– 「삼국사기」

원효

그는 화엄경에서 문구를 따와서 따와서 무애라 하며 이내 노래를 지어 세상에 퍼뜨렸다. 일찍이 이것을 가지고 많은 촌락에서 노래하고 춤추며 교화하고 음영하여 돌아왔으므로 가난하고 무지몽매한 무리들까지도 모두 부처의 호를 알게 되었고, 다 나무아미타불을 부르게 되었으니 그의 법화는 컸던 것이다.

– 「삼국유사」

원효와 의상

○ 일심이란 사람의 마음, 즉 사람의 주관적인 의식을 가리키지 않는다. 그것은 세계의 원을 이루면서 자연과 사회와 사람을 뛰어넘는 절대적인 정신 실체를 가리킨다.

– 「십문화쟁론」

○ 나 속에 모두가 있고 모든 것 속에 하나가 있다. 하나가 곧 모두이며, 모두가 곧 하나이다. 한 작은 티끌 속에 우주만물을 머금고 모든 티끌 속이 또한 이와 같다.

– 「화엄일승법계도」

기출 맛보기

(가), (나) 인물에 대한 설명으로 옳은 것은? 41회 중급 8번 [2점]

인물로 보는 신라 불교
(가)
(나)
모든 진리는 한마음에서 나온다는 일심 사상을 주장하였으며, 대승기신론소 등을 저술하였다.
화엄 사상을 바탕으로 조화를 강조하였으며, 화엄일승법계도를 짓고 부석사를 창건하였다.

① (가) – 무애가를 지었다.
② (가) – 불국사를 창건하였다.
③ (나) – 수선사 결사를 제창하였다.
④ (나) – 대각국사라는 시호를 받았다.
⑤ (가), (나) – 유불 일치설을 주장하였다.

정답 ①

정답 분석

(가)는 원효, (나)는 의상이다.

원효는 일심 사상을 바탕으로 화쟁 사상을 주장하여 종파 간 대립을 완화하고자 하였으며 불교의 교리를 쉬운 노래로 만들어(무애가) 부르며 백성에게 아미타 신앙을 적극 전파하였다. 의상은 당에 유학하여 신라 화엄종을 열었으며, 부석사를 비롯한 많은 절을 세웠다. 또한, 의상은 관세음보살을 믿어 현세의 고난을 구제받고자 하는 관음 신앙을 전파하였다.

오답 풀이

② 김대성, ③ 지눌, ④ 의천, ⑤ 혜심에 대한 설명이다.

불교 문화가 발달하여 사찰·탑·불상이 건립되다

고대의 문화 2 – 삼국의 유형 문화재

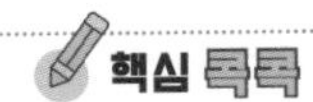

무령왕릉
미륵사지 석탑
서산 마애 삼존불
아직기, 왕인

돌무지무덤
지면에 구덩이를 파거나 구덩이 없이 시체를 놓고 그 위에 돌을 쌓아 묘역을 만든 무덤이다.

굴식 돌방무덤
널(관)을 안치하는 방을 만들고 널방 벽의 한쪽에 외부로 통하는 출입구를 만든 뒤 봉토를 씌운 무덤이다.

돌무지덧널무덤
땅 위 또는 땅에 구덩이를 파고 나무 덧널을 넣은 뒤, 그 위를 돌로 덮고 다시 흙을 씌워 만든 무덤이다.

1 고분

1. 고구려: 돌무지무덤(장군총) ➡ 굴식 돌방무덤(강서 대묘, 안악 3호분)
2. 백제: 돌무지무덤(석촌동 고분) ➡ 굴식 돌방무덤, 벽돌무덤(무령왕릉)
3. 신라: 돌무지덧널무덤(천마총) ➡ 굴식 돌방무덤(통일 이후)

△ 무용총 수렵도 △ 각저총 씨름도 △ 현무도 △ 안악 3호분 벽화
△ 장군총 △ 석촌동 고분 △ 무령왕릉 △ 천마도

2 탑, 불상

△ 연가 7년명 금동 여래 입상 △ 미륵사지 석탑 △ 정림사지 5층 석탑 △ 서산 마애 삼존불 △ 분황사 모전 석탑 △ 황룡사 9층 목탑

3 삼국과 가야 문화의 일본 전파

(전파 → 아스카 문화 형성에 영향)

1. 고구려: 담징(종이·먹 제조법), 혜자(쇼토쿠 태자 스승)
2. 백제
   (1) 아직기(한자), 왕인(『천자문』, 『논어』), 노리사치계(불경, 불상)
   (2) 오경박사·역박사·의박사 파견
3. 신라: 조선술·축제술 전파 ➡ 한인의 연못
4. 가야
   (1) 철 수출 ➡ 일본 철기 문화 발달
   (2) 토기 제작 기술 ➡ 스에키 토기에 영향

자료 돋보기

도교 관련 문화재

△ 고구려 현무도

△ 백제 산수무늬 벽돌

△ 백제 금동 대향로

기출 맛보기

(가)에 해당하는 문화유산으로 옳은 것은? 40회 중급 4번 [3점]

□□ 신문

제△△호 2018년 ○○월 ○○일

'제 모습 찾기' 끝낸 백제의 고탑(古塔)

국립문화재연구소는 지난 20여 년간의 작업 끝에 최근 수리를 마친 (가) 의 모습과 조사 연구 성과를 공개한다고 밝혔다. 이 탑은 7세기 백제 무왕 대에 창건된 미륵사에 있었던 3개의 탑 중 서쪽에 위치한 것으로, 목탑 양식이 반영된 석탑이다.

①

②

③

④

⑤

정답 ⑤

정답 분석

(가)는 미륵사지 석탑이다. 미륵사지 석탑은 백제 최대 규모의 사찰이었던 미륵사지 서원의 금당 앞에 있는 탑으로, 상당 부분이 무너져 내려 절반 정도만 남았다. 일제 강점기에 일본인이 시멘트로 보수해 놓았으나 외관이 보기 좋지 않고 붕괴의 위험이 있어 2001년부터 해체·수리 작업에 들어갔고, 최근 보수 작업을 마쳤다.

오답 풀이

① 월정사 8각 9층 석탑, ② 정림사지 5층 석탑, ③ 다보탑, ④ 분황사 모전 석탑이다.

주제 17 고대의 문화 3 - 남북국의 유형 문화재

핵심 콕콕

석굴암, 불국사 3층 석탑
이불병좌상
승탑

모줄임 천장 구조

무구정광대다라니경
세계에서 가장 오래된 목판 인쇄물로 불국사 3층 석탑 수리 도중 탑 내부에서 발견되었다.

1 고분

1. 통일 신라: 화장 유행, 둘레돌 + 12지신상 조각(김유신 묘)
2. 발해
   (1) 정혜 공주 묘: 굴식 돌방무덤, 모줄임 천장 구조
   (2) 정효 공주 묘: 벽돌무덤, 당 + 고구려 양식

2 탑·불상, 건축물 등

1. 통일 신라
   (1) 탑: 다양한 양식 유행, 승탑 건립(선종의 영향)
   (2) 건축: 석굴암(인공 석굴, 유네스코 세계 문화 유산), 불국사
   (3) 인쇄술: 무구정광대다라니경
   (4) 성덕 대왕 신종
   → '에밀레종'으로 널리 알려져 있다.

통일 신라

△ 감은사지 3층 석탑 △ 불국사 3층 석탑(석가탑) △ 다보탑 △ 진전사지 3층 석탑 △ 쌍봉사 철감 선사 승탑 △ 석굴암 본존불

2. 발해
   (1) 탑: 지하에 무덤이 있는 벽돌 탑(영광탑)
   (2) 건축: 상경성(당 + 고구려 양식)

발해

△ 영광탑 △ 이불병좌상 △ 석등

자료 돋보기

쌍봉사 철감선사 승탑 ≫45회 고급 8번

이것은 전라남도 화순군 쌍봉사에 있는 국보 제57호 철감 선사 승탑입니다. 승려의 사리를 봉인하는 승탑은 이 종파가 수용된 이후 9세기부터 유행하였습니다. 이 종파는 도의 선사가 가지산문을 개창한 이래 9산 선문을 형성하였습니다.
선종

감은사지 석탑 ≫43회 고급 10번

사진으로 보는 우리나라의 탑

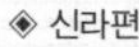
◈ 신라편

이 탑은 신문왕 2년에 세워진 것으로, 국보 제112호로 지정된 쌍탑 중 동탑이다. 이 탑은 삼국 통일 이후 조성된 석탑 양식의 전형을 보여주는 것으로 지붕돌, 몸돌 등 각 부분이 여러 개의 석재로 조립되었다는 점이 특징이다. 이 탑이 있는 절은 삼국을 통일한 문무왕의 유업을 이어받아 아들인 신문왕이 완공하였다.

무구정광대다라니경 ≫42회 중급 9번

국보 제126-6호 무구정광대다라니경은 어떻게 세상에 알려지게 되었나요?
경주에 있는 이 탑의 보수 과정에서 발견되었습니다. 국보 안에 또 다른 국보가 있었던 셈이지요.

기출 맛보기

(가) 국가의 문화유산으로 옳은 것은? 37회 중급 8번 [1점]

□□ 신문

제△△호 2017년 ○○월 ○○일

(가) 의 새로운 유적 발굴 시작

발굴 현장

러시아 연해주 남서부 스타로레첸스코예에서 (가) 의 유적 발굴 조사가 시작되었다. 이 지역은 9세기 무렵 해동성국으로 불린 (가) 의 지방 행정 구역 솔빈부에 속하였던 곳이다. 이번 발굴로 당시의 생활상을 알 수 있을 것으로 기대된다.

① 

② 

③ 

④ 

⑤ 

정답 ②

정답 분석

러시아 연해주 지역이라는 것과 '해동성국'을 통해 (가)는 발해임을 알 수 있다. 발해의 대표적인 문화유산으로는 석가불과 다보불이 나란히 앉아있는 것을 표현한 이불병좌상과 13미터에 이르는 거대한 크기의 영광탑 등이 있다.

오답 풀이

① 고구려의 연가 7년명 금동 여래 입상, ③ 삼국 시대의 금동 미륵보살 반가사유상, ④ 통일 신라의 도피안사 철조 비로자나불 좌상, ⑤ 통일 신라의 석굴암 본존불이다.

918 고려 건국

993 강동 6주 획득

1107 동북 9성 축조

1126 이자겸의 난

1135 묘청의 난

고려 귀족 사회의 형성과 변천

1170	1232	1352	1388	1392
무신 정변	강화 천도	전민변정도감 설치	위화도 회군	조선 건국

호족 문벌 귀족 무신 권문세족 신진 사대부

고려 초 통치 체제의 정비

사심관, 기인 제도
노비안검법, 과거제
최승로, 시무 28조

사심관
고려 시대 지방에 연고가 있는 고관에게 자기의 고장을 다스리도록 임명한 특수 관직이다.

기인 제도
지방 호족의 자제를 중앙에 인질로 둔 제도이다.

「훈요 10조」
태조 왕건이 후대 왕들에게 남긴 10가지 가르침이다.

1 태조(918~943)

1. 민생 안정: '취민유도'(1/10세), 흑창 설치

2. 호족 통합 정책
   (1) 관직·토지(역분전) 하사, 혼인·사성 정책
   (2) 사심관·기인 제도

3. 북진 정책
   (1) 고구려 계승 표방, 거란 적대시
   (2) 평양을 서경으로 승격시키고 북진 정책 추진 ➡ 국경선을 청천강~영흥만까지 확대

4. 불교 국교화: 개태사 건립, 연등회·팔관회 개최 강조

5. 통치 방향 제시: 「훈요 10조」, 『정계』, 『계백료서』

2 광종(949~975)

1. 태조 사후 혜종~정종 시기에는 왕권이 불안정

2. 광종의 왕권 강화책
   (1) 노비안검법: 노비의 신분을 조사, 양인이었던 이들을 해방 ➡ 호족들의 세력 기반 약화
   (2) 과거제: 중국 후주에서 귀화한 쌍기의 건의를 받아들여 과거 제도 시행
   (3) 공복 제정: 관리의 복색을 4가지 색으로 나누어 위계질서 확립
   (4) 칭제건원: 스스로 황제를 칭하고 '광덕'·'준풍' 연호 사용

3 성종(981~997)

1. 중앙 통치 체제 정비
   (1) 2성 6부제 마련
   (2) 국자감 정비, 지방에 경학박사·의학박사 파견
   (3) 향리 제도 시행

2. 최승로의 시무 28조
   (1) 유교 정치 이념 채택
   (2) 12목을 설치하고 지방관(외관) 파견

3. 사회 시책: 불교 행사 억제, 의창·상평창 설치, 건원중보 주조

의창
고려와 조선 시대에 농민 구제를 위하여 각 지방에 설치한 창고이다.

상평창
고려·조선 시대에 물가를 조절하던 기관이다.

자료 돋보기

태조 1

거란에서 사신을 파견하여 낙타 50필을 보냈다. 왕은 거란이 일찍이 발해와 화목하다가 갑자기 의심하여 맹약을 어기고 멸망시켰으니, 매우 무도하여 친선 관계를 맺어 이웃으로 삼을 수는 없다고 생각하였다. 드디어 교빙을 끊고 사신 30인을 섬으로 유배 보냈으며, 낙타는 만부교 아래에 매어두니 모두 굶어 죽었다.

- 『고려사』

태조 2

- 명주의 순식이 무리를 이끌고 조회하러 오니, 왕씨 성을 내려주고 대광으로 임명하였으며, …… 관경에게도 왕씨 성을 내려주고 대승으로 임명하였다. - 『고려사절요』
- 가을 7월, 발해국의 세자 대광현이 무리 수만을 거느리고 와서, 항복하자, 성명을 하사하여 '왕계(王繼)'라 하고 종실의 족보에 넣었다. - 『고려사』

광종 ≫43회 중급 11번

이것은 과거제를 도입한 **광종** 에게 대사(大師) 법계를 받고 금광선원 등에서 활동한 승려 지종(智宗)의 탑비이다. **광종** 은/는 승과를 통해 지종 등 여러 승려들을 선발하였는데, 그들 중 일부는 훗날 왕사 또는 국사의 지위에 올랐다.

성종

왕이 교서를 내려 말하기를, "……이제 경서에 통달하고 책을 두루 읽은 선비와 온고지신하는 무리를 가려서, 12목에 각각 경학박사 1명과 의학박사 1명을 뽑아 보낼 것이다. …… 여러 주·군·현의 장리(長吏)와 백성 가운데 가르치고 배울만한 재주 있는 아이를 둔 자들은 이에 응해 마땅히 선생으로부터 열심히 수업을 받도록 훈계해야 한다."라고 하였다.

- 『고려사』

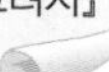

기출 맛보기

밑줄 그은 '폐하'에 대한 설명으로 옳은 것은? 43회 고급 11번 [2점]

폐하께서 실시한 노비안검법에 대해 말씀해 주십시오.

원래는 노비가 아니었는데 전쟁에서 포로가 되었거나 빚 때문에 강제로 권세가의 노비가 된 자들을 양인으로 해방시킨 정책입니다.

① 12목을 설치하고 지방관을 파견하였다.
② 신돈을 등용하고 전민변정도감을 두었다.
③ 민생 안정을 위해 흑창을 처음 설치하였다.
④ 주전도감을 설치하여 해동통보를 발행하였다.
⑤ 광덕, 준풍 등의 독자적인 연호를 사용하였다.

정답 ⑤

정답 분석

'폐하' 호칭을 사용하였던 것과 노비안검법을 실시하였다는 것을 통해 '폐하'는 광종임을 알 수 있다. 고려 태조 사후 여러 왕자들이 벌인 왕위 계승권 다툼으로 왕권이 약화되자 광종은 왕권 강화를 위한 정책들을 실시하였다. 노비안검법을 실시하여 호족들의 경제·군사적 기반을 약화시키고 과거 제도를 시행하였으며, 스스로 황제를 칭하고, 광덕·준풍 등의 독자적인 연호를 사용하였다.

오답 풀이

① 고려 성종, ② 공민왕, ③ 고려 태조, ④ 고려 숙종에 대한 설명이다.

고려의 통치 제도

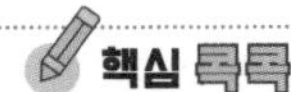

2성 6부
어사대
5도 양계
향·부곡·소

대간
관료를 감찰·탄핵하는 임무를 가진 대관과 국왕을 간쟁·봉박하는 임무를 가진 간관을 합쳐 부른 말. 고려에서는 중서문하성의 낭사와 어사대가 대간이라 불리며 서경·간쟁·봉박을 통해 권력의 독점과 부패를 막는 역할을 하였다.

1 중앙 통치 조직

1. 2성 6부
   (1) 중서문하성
      ① 최고 관서, 장관인 문하시중이 국정 총괄
      ② 재신이 정책 심의·의결, 낭사는 어사대와 함께 대간으로 언론 기능을 담당
   (2) **상서성**: 실무를 담당하는 6부를 거느리고 정책 집행
   (3) **중추원**: 국왕 비서 기관, 추밀 + 승선으로 구성
   (4) **어사대**: 정치의 잘잘못을 논하고 관리들의 비리 감찰·풍속 교정 담당
   (5) **삼사**: 화폐와 곡식의 출납 담당

2. 도병마사·식목도감: 고위 관리들이 모여 국가의 중요한 일을 결정하는 임시 기구
   (1) **도병마사**: 국방 문제 담당, 고려 후기에 국정 전반을 담당하는 최고 기구로 발전
   (2) **식목도감**: 법령·각종 시행 세칙 제정

2 지방 행정 조직

1. 5도 양계
   (1) 5도
      ① 일반 행정 구역, 안찰사 파견
      ② 도 아래에는 군·현 설치, 지방관이 파견된 주현과 파견되지 않은 속현으로 구분
   (2) **양계**: 군사 행정 구역, 국경 지대에 동계·북계를 설치하고 병마사를 파견

2. 향·부곡·소
   (1) 일반 군현에 비해 지위가 낮고 조세 부담이 큰 특수 행정 구역
   (2) 향·부곡 주민은 주로 농업에, 소 주민은 주로 수공업에 종사
   (3) 속현과 향·부곡·소에서는 향리가 조세·공물의 징수 등 행정 실무를 담당

3 군사 제도와 관리 등용 제도

1. 군사 제도
   (1) **중앙군**: 2군(국왕 호위), 6위(수도와 국경 방어)
   (2) **지방군**: 주현군(5도), 주진군(양계)

2. 관리 등용 제도
   (1) **과거**: 문과(제술업·명경업), 잡과(기술관), 승과
   (2) **음서**: 공신·5품 이상 고위 관리의 자손은 과거 합격 없이 관직에 진출

제술업
고려 시대 문장에 능한 선비를 관료로 뽑는 과거 시험이다.

명경업
고려 시대 과거의 하나로, 유교 경전에 대한 이해도를 평가한다.

자료 돋보기

고려의 중앙 통치 조직

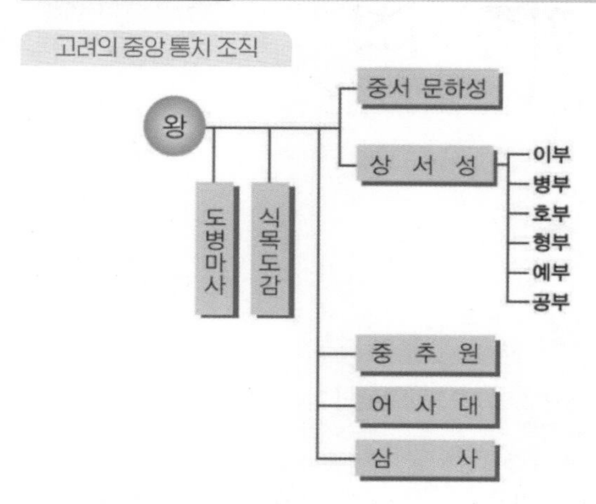

고려의 중앙 정치 기구 ≫41회 중급 11번

과거와 음서

과거: 제술업·명경업의 두 업(業)과 의업·복업(卜業)·지리업·율업·서업·산업(算業) …… 등의 잡업이 있었는데, 각각 그 업으로 시험을 쳐서 벼슬길에 나아가게 하였다. – 『고려사』

음서: 무릇 조상의 공로[蔭]로 벼슬길에 나아가는 자는 모두 나이 18세 이상으로 제한하였다. – 『고려사』

고려의 중앙군

6위를 설치하였다. …… 6위에 직원(職員)과 장수를 배치하였다. 그 후에 응양군과 용호군 2군을 설치하였는데, 2군은 6위보다 지위가 높았다. – 『고려사』

기출 맛보기

(가), (나) 기구에 대한 설명으로 옳은 것을 〈보기〉에서 고른 것은? 44회 고급 12번 [2점]

이번에 (가) 의 수장인 문하시중의 자리에 오르셨다고 들었습니다. 영전을 축하드립니다.

고맙네. 자네가 (나) 에서 맡고 있는 어사대부 직책도 중요하니 열심히 하시게.

ㄱ. (가) – 화폐, 곡식의 출납과 회계를 맡았다.
ㄴ. (가) – 국정을 총괄하는 최고 중앙 관서였다.
ㄷ. (나) – 원 간섭기에 도평의사사로 개편되었다.
ㄹ. (나) – 관리 임명에 대한 서경권을 행사하였다.

① ㄱ, ㄴ ② ㄱ, ㄷ ③ ㄴ, ㄷ
④ ㄴ, ㄹ ⑤ ㄷ, ㄹ

정답 ④

정답 분석

(가)는 중서문하성, (나)는 어사대이다. 고려의 중앙 정치 조직은 성종 때 마련한 2성 6부제를 토대로 하였다. 중서문하성은 고려의 최고 관서로, 장관인 문하시중이 국정을 총괄하였다. 어사대는 정치의 잘잘못을 논하고 관리들의 비리를 감찰하며 풍속을 교정하였다. 한편 중서문하성의 낭사와 어사대는 대간이라 불리며 관리 임명에 대한 서경권을 행사하였다.

오답 풀이

ㄱ. 삼사, ㄷ. 도병마사에 대한 설명이다.

문벌 귀족 사회가 성립되다

호족 · 문벌 귀족 · 무신 · 권문세족 · 신진 사대부

이민족의 침입과 문벌 귀족 사회

서희, 강동 6주
윤관, 별무반
이자겸
묘청

개경파 VS 서경파

구분	개경파	서경파
세력	개경의 문벌 귀족	지방 출신 신진 관료
사상	유학	풍수지리설, 불교
외교	사대적	칭제 건원, 금 정벌 주장
성향	보수적, 신라 계승 의식	진취적, 고구려 계승 의식

1 거란의 침입과 격퇴

1. **배경:** 고려의 친송·반거란 정책

2. **경과**

1차 침입 (993)	고려가 차지한 고구려의 영토 및 송과의 단교 요구, 소손녕의 침입 ➡ 서희의 외교 담판으로 강동 6주 획득
2차 침입 (1010)	강조의 정변을 구실로 침입 ➡ 양규의 활약, 현종의 입조를 조건으로 강화
3차 침입 (1018)	고려의 강동 6주 반환 거부, 소배압의 침입 ➡ 강감찬, 귀주 대첩(1019)

3. **영향:** 초조대장경 조판, 개경에 나성 축조, 국경 지대에 천리장성 축조

2 여진 정벌과 동북 9성

1. **배경:** 12세기 초 여진의 부족 통일, 남하하여 고려와 충돌

2. **경과**

여진 정벌	윤관의 건의, 별무반 편성 ➡ 여진 정벌, 동북 9성 축조(1107) ➡ 여진의 간청과 방어의 어려움으로 1년 만에 반환
금 건국	여진, 금(金) 건국 후 거란을 멸망 시키고 고려를 압박
금의 사대 요구	이자겸, 정권 유지를 위해 금의 사대 요구 수용

3 문벌 귀족 사회의 성립과 동요

1. 문벌 귀족 사회의 성립과 특징
   (1) 개국 공신 및 중앙 관료 중 대를 이어 고위 관료를 배출한 가문이 문벌 귀족으로 성장
   (2) 과거와 음서를 통해 관직을 독점하고 과전과 공음전을 지급 받음.
   (3) 비슷한 부류들끼리 혼인 관계를 맺거나 왕실과 혼인 관계를 맺어 외척으로서 정권 장악

2. 이자겸의 난(1126)
   (1) **배경:** 경원 이씨의 세력 강화, 이자겸의 딸과 예종·인종의 혼인
   (2) **경과:** 인종의 이자겸 제거 시도 실패 ➡ 이자겸의 권력 장악 ➡ 척준경의 이자겸 제거
   (3) **영향:** 지배층 내부 분열 표면화, 문벌 귀족 사회 붕괴 촉진

3. 묘청의 서경 천도 운동(1135)
   (1) **배경:** 김부식 등 개경파 관리와 묘청·정지상 등 서경파 관리의 대립
   (2) **경과**
   ① 묘청 등 서경파의 서경 천도·칭제 건원·금 정벌 주장
   ② 서경에 짓던 궁궐(대화궁) 소실로 서경 천도 실패
   ③ 묘청의 반란: 국호 '대위국', 연호 '천개' ➡ 김부식이 이끈 관군의 진압

칭제 건원
황제를 칭하고 독자적인 연호를 세운다는 뜻이다.

자료 돋보기

귀주 대첩

거란군이 귀주를 지날 때, 강감찬 등이 동쪽 교외에서 맞아 싸웠다. …… 고려군이 용기백배하여 맹렬하게 공격하니, 거란군이 북으로 도망치기 시작하였다. …… 거란군의 시신이 들판에 널렸고, 사로잡은 포로와 획득한 말, 낙타, 갑옷, 무기는 헤아릴 수 없이 많았다. 살아서 돌아간 자가 겨우 수천 명이었으니, 거란의 패배가 이토록 심한 적이 없었다.

– 『고려사』

여진 정벌과 동북 9성

○ (왕이) 선정전 남문에 거둥하여 (사신) 요불과 사현 등 6인을 접견하고 입조한 연유를 묻자 요불 등이 아뢰기를, "…… 만약 9성을 되돌려주어 우리의 생업을 편안하게 해주시면, 우리는 하늘에 맹세하여 자손대대에 이르기까지 공물을 정성껏 바칠 것이며 감히 기와 조각 하나라도 국경에 던지지 않겠습니다."라고 하였다.

– 『고려사』

○ (왕이) 선정전 남문에 거둥하여 요불 등을 접견하고 9성의 반환을 허락하자, 요불이 감격하여 울며 감사의 절을 올렸다. ……

– 『고려사』

이자겸

백관을 소집하여 금을 섬기는 문제에 대한 가부를 의논하게 하니 모두 불가하다고 하였다. 유독 이자겸, 척준경만이 "금이 …… 정치를 잘하고 병력도 강성하여 날로 강대해지고 있습니다. 또 우리와 서로 국경이 맞닿아 있어 섬기지 않을 수 없는 상황입니다. 게다가 작은 나라로서 큰 나라를 섬기는 것은 선왕의 도리이니, 사신을 보내먼저 예를 갖추어 찾아가는 것이 옳습니다."라고 하니 왕이 이 말을 따랐다.

– 『고려사』

묘청

묘청이 글을 올리기를, "신 등이 서경 임원역 땅을 보니 이는 음양가가 말하는 대화세입니다. 만약 궁궐을 세워 옮기시면 천하를 합병할 수 있을 것이요, 금나라가 폐백을 가지고 스스로 항복할 것이며, 36국이 다 신하가 될 것입니다."라고 하였다. …… 황주첨이 묘청과 정지상의 뜻에 따라 칭제 건원할 것을 주청하였으나 (왕이) 듣지 않았다. 인종 13년에 묘청이 서경을 거점으로 난을 일으켰다. …… 이들은 국호를 대위라 하고, 건원하여 연호를 천개라 하였다.

– 『고려사』

기출 맛보기

다음 상황 이후에 전개된 사실로 옳은 것은? 43회 고급 13번 [3점]

> 여진이 이미 그 소굴을 잃자 보복하고자 맹세하며, 땅을 돌려 달라는 것을 빌미로 여러 추장들이 해마다 와서 다투었다. …… 또 개척한 땅이 크고 넓어서 9성 사이의 거리가 아득히 멀고, 골짜기가 험하고 깊어서 적들이 여러 차례 매복하여 오고가는 사람들을 노략질 하였다. …… 이때에 이르러 왕이 여러 신하들을 모아 의논하여 끝내 9성을 여진에게 돌려주었으며, 전쟁에 쓰이는 도구와 군량을 내지(內地)로 옮기고 그 성에서 철수하였다.
>
> – 『고려사』

① 강감찬이 귀주에서 외적을 격퇴하였다.
② 강조가 정변을 일으켜 왕을 폐위하였다.
③ 이자겸이 금의 사대 요구 수용을 주장하였다.
④ 서희가 외교 담판을 벌여 강동 6주를 획득하였다.
⑤ 부여성에서 비사성에 이르는 천리장성이 축조되었다.

정답 ③

정답 분석

자료는 고려가 여진을 정벌하고 동북 9성을 축조하였다가 되돌려 주는 장면이다. 12세기 초 고려는 윤관의 건의에 따라 별무반을 편성, 여진을 공격하여 몰아낸 뒤 동북 지방 일대에 9성을 쌓고 고려 주민을 이주시켰다. 그러나 여진족의 계속된 침입과 간청으로 축조 1년여 만에 동북 9성을 여진에게 돌려주었다. 이후 여진이 금을 건국하고 고려에 사대의 예를 강요하였고, 이자겸은 정권 유지를 위해 금의 사대 요구를 받아들였다.

오답 풀이

① 거란의 3차 침입, ② 거란의 2차 침입, ④ 거란의 1차 침입, ⑤ 살수 대첩 이후의 일로 모두 자료 이전 시기의 일이다.

호족 · 문벌 귀족 · 무신 · 권문세족 · 신진 사대부

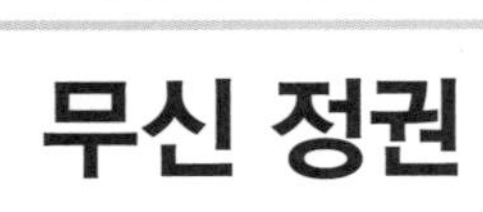

무신 정권
최충헌, 최우
교정도감, 정방
삼별초

1 무신 정권

1. 무신 정변
   (1) **배경:** 문벌 귀족 사회의 내부 모순, 의종의 실정, 무신에 대한 차별 대우
   (2) **경과:** 의종의 보현원 행차시 무신들이 문신을 살해하고 의종을 폐한 뒤 명종 옹립

2. 형성기
   (1) 무신 내 권력 다툼으로 이의방–정중부–경대승–이의민이 차례로 집권 (→ 이의민: 천민 출신)
   (2) 무신 회의 기구인 중방을 중심으로 권력 행사

3. 최씨 정권기
   (1) **최충헌:** 사회 개혁안(봉사10조) 제시, 교정도감 설치, 도방 재설치
   (2) **최우:** 정방·서방 설치, 삼별초 설치, 몽골 침입시 강화 천도

4. 무신 정권의 붕괴
   (1) 최씨 정권 붕괴 후 권력 약화 ➡ 몽골과 강화 ➡ 개경 환도
   (2) 삼별초의 대몽 항쟁(강화도 ➡ 진도 ➡ 제주도)

1170	1174	1179	1183	1196	1219	1249	1257	1258	1268	1270
이의방	정중부	경대승 도방	이의민 천민, 정중부 부하	최충헌	최우	최항	최의	김준	임연	임유무
중방				교정도감	교정도감·정방					

(1270)

중방
상장군·대장군으로 구성된 고려 시대 최고 무신 합좌 기구이다.

교정도감
최충헌이 설치한 무신 정권의 최고 정치 기관이다.

도방
경대승이 설치한 무신 정권의 사병 집단. 해체되었다가 최충헌이 재설치하였다.

정방
최우가 자신의 집에 설치한 인사 행정 담당 기관이다.

삼별초
최우가 설치한 최씨 정권의 사병 집단. 좌별초·우별초·신의군으로 구성되었다.

2 무신 정권기의 봉기

1. 문신들의 봉기
   (1) **동북면 병마사 김보당의 난:** 의종 복위 운동
   (2) 서경 유수 조위총의 난
   (3) 교종 승려의 난(귀법사 승려의 난)

2. 농민·천민들의 봉기
   (1) 김사미·효심의 난(운문·초전)
   (2) 망이·망소이의 난(공주 명학소)
   (3) **만적의 난:** 최충헌의 노비 만적의 신분 해방 운동(개경)

자료 돋보기

문벌 귀족기 ~ 무신 집권기 ≫44회 고급 13번

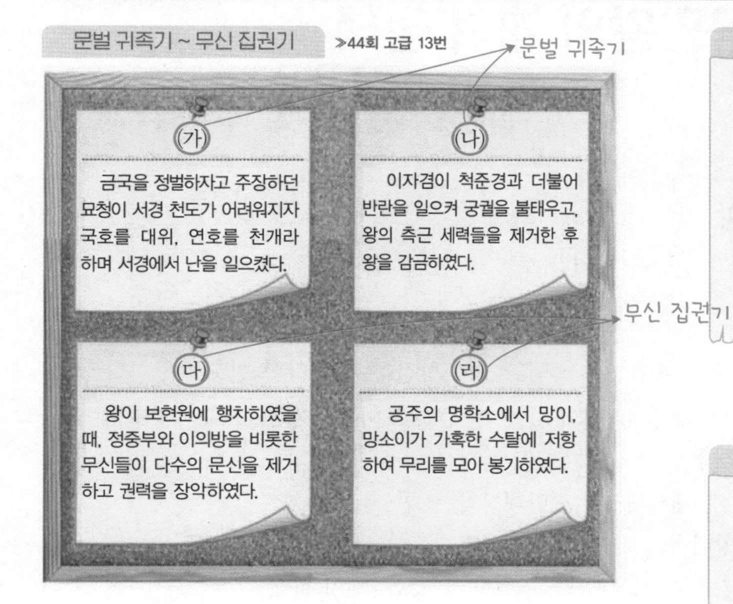

문벌 귀족기
(가)
금국을 정벌하자고 주장하던 묘청이 서경 천도가 어려워지자 국호를 대위, 연호를 천개라 하며 서경에서 난을 일으켰다.
(나)
이자겸이 척준경과 더불어 반란을 일으켜 궁궐을 불태우고, 왕의 측근 세력들을 제거한 후 왕을 감금하였다.
무신 집권기
(다)
왕이 보현원에 행차하였을 때, 정중부와 이의방을 비롯한 무신들이 다수의 문신을 제거하고 권력을 장악하였다.
(라)
공주의 명학소에서 망이, 망소이가 가혹한 수탈에 저항하여 무리를 모아 봉기하였다.

망이·망소이의 난

망이가 이르기를, "이미 우리 고향을 현(縣)으로 승격시키고 또 수령을 두어 위로하다가 다시 군대를 일으켜 토벌하러 오다니, 차라리 칼날 아래 죽을지언정 끝까지 굴복하지 않고 반드시 개경까지 간 후에야 그만둘 것이다."라고 하였다.

-『고려사』

무신 정변

내시지후 김찬과 내시녹사 안보린이 동지추밀원사 지녹연, 상장군 최탁, 오탁, 대장군 권수, 장군 고석 등과 함께 이자겸과 척준경을 암살하려고 시도하였으나 이루지 못하였다. 이자겸과 척준경이 군사를 동원하여 궁궐을 침범하였다.

-『고려사』

김사미·효심의 난

○ 남쪽에서 적(賊)들이 봉기하였다. 가장 심한 자들은 운문을 거점으로 한 김사미와 초전을 거점으로 한 효심이었다. 이들은 유랑민을 불러 모아 주현(州縣)을 습격하여 노략질하였다.

-『고려사절요』

○ 최광수가 마침내 서경에 웅거해 반란을 일으켜 고구려흥복 병마사(高句麗興復兵馬使) 금오위섭상장군(金吾衛攝上將軍)이라 자칭하고 막료들을 임명하여 배치한 후 정예군을 모았다.

-『고려사』

기출 맛보기

다음 사건이 일어난 시기를 연표에서 옳게 고른 것은? 43회 중급 13번 [2점]

정중부의 종이 금령(禁令)을 어기고 자주색 비단 적삼을 입고 다니자, 어사대 관리가 사람을 시켜 옷을 벗기려 하였다. 그 종이 이를 거부하고 달아나다가 붙잡혔다. 다음 날 중승(中丞) 송저 등이 그를 포박하고 문초하니, 정중부가 화를 내며 병사를 거느리고 어사대로 와서 송저 등을 죽이려 하였다. 그러자 명종은 정중부를 두려워하여 송저를 파직하였다.

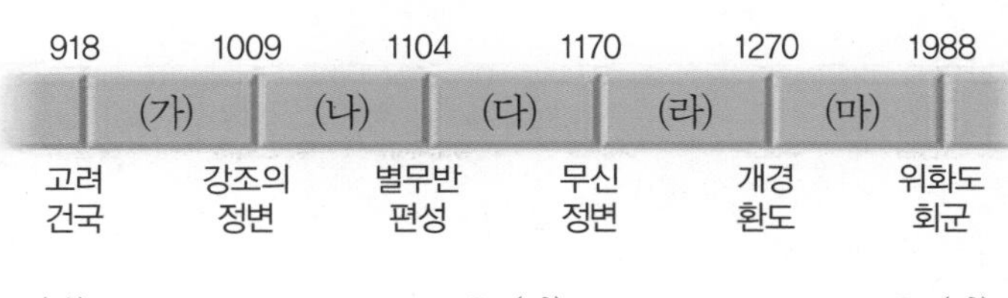

① (가) ② (나) ③ (다)
④ (라) ⑤ (마)

정답 ④

정답 분석

정중부는 무신 정변 당시 무신들의 핵심 인물로, 정중부가 권력을 잡고 있는 것을 통해 무신 집권기의 일임을 알 수 있다. 고려는 건국 초부터 문신을 우대하여 무신들의 불만이 점차 많아졌고, 의종이 향락에 빠져 실정을 거듭하면서 정치가 혼란해졌다. 이 때 의종이 문신들과 함께 보현원이라는 절에 놀이를 갔을 때 호위를 맡은 무신 정중부·이의방·이고 등이 정변을 일으켜 문신들을 죽인 후 의종을 폐하고 정권을 장악하였다.

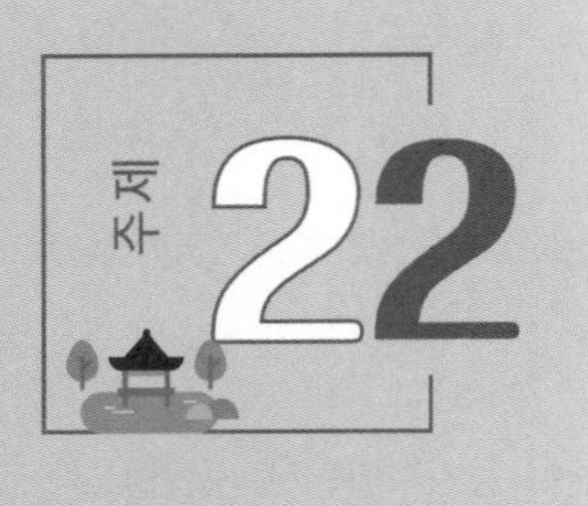

원의 간섭과 공민왕의 개혁 정책

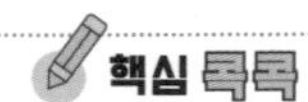

김윤후
팔만대장경
정동행성, 몽골풍
전민변정도감

1 몽골의 침입와 저항

1. 배경: 13세기 몽골과 고려가 연합하여 거란 토벌 ➡ 몽골 사신 귀국 중 살해

2. 과정
   (1) 1차 침입(1231): 박서의 항전(귀주성), 격퇴 후 장기 항전을 위해 강화 천도
   (2) 2차 침입(1232): 김윤후와 처인부곡민의 활약, 충주성 노비들의 항전, 초조대장경 소실
   (3) 3차 침입 이후(1235~1270)
      ① 황룡사 9층 목탑 소실, 재조대장경(팔만대장경) 조판
      ② 충주 다인철소민의 항전
   (4) 개경 환도: 최씨 정권 붕괴 후 정부의 강화 추진 ➡ 강화, 개경 환도
   (5) 삼별초의 항쟁: 강화도(배중손 지휘) ➡ 진도 ➡ 제주도(김통정 지휘)

2 원의 간섭과 공민왕의 반원 자주 정책

1. 원의 간섭
   (1) 관제·호칭 격하: 고려의 왕이 원 황제의 사위(부마)가 되어 지위 하락
   (2) 내정 간섭
      ① 일본 원정을 위해 정동행성 설치, 실패 후에도 남아 내정 간섭
      ② 감찰관 다루가치 파견
   (3) 영토 상실: 쌍성총관부(철령 이북 지역), 동녕부(서경), 탐라총관부(제주) 설치
   (4) 자원 징발: 공녀·환관 징발, 응방 설치 (공녀 → 조혼 성행)
   (5) 몽골풍: 몽골의 풍속이 고려에서 유행 (↔ 고려양)
   (6) 권문세족 성장: 친원 세력·환관·역관 등이 원과의 관계를 통해 권력 장악

2. 공민왕의 정치
   (1) 반원 자주 정책
      ① 친원 세력 숙청, 관제 복구, 정동행성 폐지
      ② 쌍성총관부 공격, 무력으로 철령 이북의 땅 수복
      ③ 몽골풍 금지
   (2) 왕권 강화 정책
      ① 정방 폐지 ➡ 인사권 장악
      ② 신돈 등용, 전민변정도감 설치 ➡ 권문세족이 불법으로 차지한 땅을 주인에게 돌려주고 억울하게 노비가 된 자들을 양인으로 해방
      ③ 성균관 정비, 신진 사대부 성장

관제 호칭 격하
- 왕호 조, 종 ➡ 충○왕
- 짐 ➡ 고
- 중서문하성 ➡ 첨의부

고려양
13세기 중엽 이후 중국 원나라에서 유행한 고려의 풍습이다.

공민왕 영토 수복

자료 돋보기

원 간섭기 1

정치도감의 관원이 남의 땅을 빼앗고 불법을 자행한 기삼만을 잡아다가 죽게 한 일이 있었다. 정동행성 이문소에서 그 관원을 가두자, 왕후(王煦)와 김영돈이 첨의부에 글을 올려 관원들을 변호하였다.

－『고려사』

공민왕 ≫44회 고급 16번

그림으로 보는 한국사 고려 시대

고려의 이 왕과 그의 부인인 노국 대장 공주를 그린 초상으로, 현재 국립 고궁 박물관에 소장되어 있다. 왕과 왕비가 서로 마주보듯 의자에 앉아 있는 모습으로 묘사되어 있는 점이 특징이다.

→ 공민왕

원 간섭기 2

공주의 겁령구* 등에게 성과 이름을 하사하였는데 홀랄대는 인후로, 삼가는 장순룡으로, 차홀대는 차신으로 하고 관직은 모두 장군으로 하였다. …… 첨의부에서 아뢰기를, "제국 대장 공주의 겁령구와 관료들이 좋은 땅을 많이 차지하여 산천으로 경계를 정하고 사패(賜牌)를 받아 조세를 납입하지 않으니, 청컨대 사패를 도로 거두소서."라고 하였다.

*겁령구: 시종인

－『고려사절요』

전민변정도감 설치

신돈이 전민변정도감을 설치할 것을 청하고 스스로 판사(判事)가 되었다. 빼앗았던 토지와 노비를 그 주인에게 돌려주는 권세가와 부호가 많아, 온 나라 사람들이 기뻐하였다.

－『고려사』

기출 맛보기

다음 상황 이후에 일어난 사실로 옳은 것은? 45회 고급 11번 [2점]

왕이 원의 제도를 따라 변발과 호복을 하고 전상(殿上)에 앉아 있었다. 이연종이 말하기를, "변발과 호복은 선왕의 제도가 아니옵니다. 원컨대 전하께서는 본받지 마소서."라고 하였다. 왕이 기뻐하며 즉시 변발을 풀고, 이연종에게 옷과 이불을 하사하였다.

① 대표적 친원 세력인 기철이 숙청되었다.
② 김윤후가 처인성에서 몽골군을 물리쳤다.
③ 정중부 등이 정변을 일으켜 권력을 장악하였다.
④ 최충이 9재 학당을 세워 유학 교육을 실시하였다.
⑤ 만적을 비롯한 노비들이 신분 해방을 도모하였다.

정답 ①

정답 분석

몽골식 복장을 그만두었다는 것을 통해 자료는 공민왕 때임을 알 수 있다. 14세기 중반 원이 약화되자 공민왕은 반원 자주·왕권 강화를 위한 개혁을 추진하였다. 몽골식 복장과 변발을 폐지하고 격하되었던 관제를 복구하였고, 정동행성 이문소를 폐지하고 기철 등 친원 세력을 숙청하였다.

오답 풀이

② 13세기 몽골의 침입 당시, ③ 무신 정변 시기, ④ 고려 전기 문벌 귀족기, ⑤ 무신 집권기의 일이다.

호족 · 문벌 귀족 · 무신 · 권문세족 · 신진 사대부

신흥 세력의 성장과 고려의 멸망

성리학
정도전, 정몽주
위화도 회군

사대부
사(士, 학자)와 대부(大夫, 관료)가 합쳐진 말로, 학문적 소양을 갖춘 관료층을 일컫는다.

성리학
남송의 주희가 집대성한 신유학이다.

1 신흥 세력의 성장

1. 신진 사대부의 성장
   (1) 무신 집권기 서방을 통해 등용, 공민왕의 개혁 정치를 주도하며 성장
   (2) 이색, 정몽주, 정도전 등
   (3) 대부분 지방 향리 출신, 성리학을 사상 기반으로 수용하여 왕도 정치와 민본주의 강조
   (4) 불교의 폐단 시정 주장, 권문세족의 비리와 불법을 견제하며 친명 반원 정책 추진

2. 신흥 무인
   (1) 북쪽의 홍건적과 해안 지역의 왜구를 격퇴하는 과정에서 성장
   (2) 최영, 이성계, 최무선 등
      ① 최영: 홍산(부여)에서 왜구 격퇴
      ② 최무선: 화약 제조법을 익혀 화포 제작, 진포 싸움에서 왜구 격퇴
      ③ 이성계: 황산(남원)에서 왜구 격퇴
      ④ 박위: 왜구의 근거지인 대마도 정벌

2 고려의 멸망과 조선의 건국

1. 신진 사대부의 분화: 고려 사회 개혁의 방향을 두고 두 세력으로 분화
   (1) 온건 개혁파
      ① 이색, 정몽주, 길재 등
      ② 고려 왕조 유지, 점진적 개혁 추구
   (2) 급진 개혁파(혁명파)
      ① 조준, 정도전 등
      ② 역성혁명 주장, 전면적 토지 개혁을 비롯한 급진적 개혁 주장

2. 위화도 회군과 급진 개혁파의 집권
   (1) 배경: 명의 철령 이북의 땅 요구
   (2) 경과: 최영의 요동 정벌 시도 ➡ 이성계가 '4불가론'을 내세우며 요동 출병에 반대 ➡ 압록강 중앙 위화도에서 회군 ➡ 최영 제거 ➡ 우왕·창왕을 폐하고 공양왕 옹립 ➡ 온건파 사대부 제거
   (3) 결과: 급진 개혁파의 집권, 과전법 실시(1391), 조선 건국(1392)

과전법
고려 말(1391) 전·현직 관리에게 경기 지역 토지의 수조권을 지급한 제도이다.

자료 돋보기

최무선 ≫41회 중급 15번

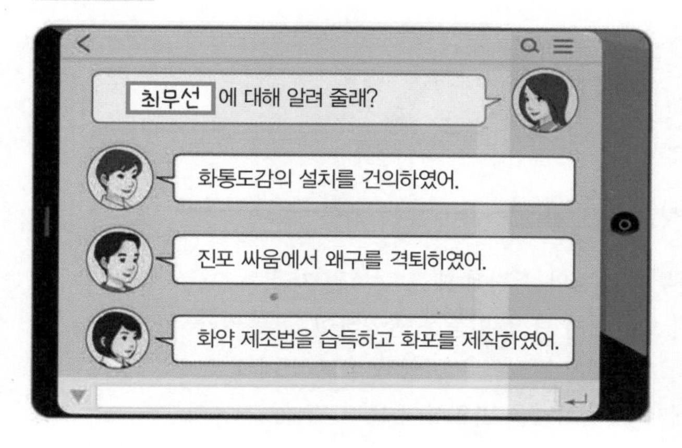

최무선 에 대해 알려 줄래?
화통도감의 설치를 건의하였어.
진포 싸움에서 왜구를 격퇴하였어.
화약 제조법을 습득하고 화포를 제작하였어.

요동 정벌

최영이 백관(百官)과 함께 철령 이북의 땅을 떼어 줄지 여부를 논의하자 관리들이 모두 반대하였다. 우왕은 홀로 최영과 비밀리에 요동을 공격할 것을 의논하였는데, 최영이 이를 권하였다. -「고려사」

조선의 건국

배극렴 등이 왕위에 오르기를 권고하자 태조는 "예로부터 제왕의 흥기(興起)는 천명이 있지 않으면 불가하다. 나는 실로 부덕한 사람인데 어찌 감히 왕위를 감당하겠는가?"라며 결국 불응하였다. 신하들이 왕위에 오르기를 거듭 권하니 마침내 태조가 즉위하였다. -「태조실록」

기출 맛보기

(가), (나) 사이의 시기에 있었던 사실로 옳은 것은? 45회 고급 20번 [3점]

(가) 대군이 압록강을 건너서 위화도에 머물렀다. …… 태조가 여러 장수들에게 말하기를 "내가 글을 올려 …… 군사를 돌이킬 것을 청했으나, 왕도 살피지 아니하고, 최영도 늙고 정신이 혼몽하여 듣지 않았다." …… 태조가 회군한다는 소식을 듣고는 사람들이 다투어 밤낮으로 달려서 모여든 사람이 천여 명이나 되었다.

-「태조실록」

(나) [대소 신료들이] 왕위에 오를 것을 간절히 권하여, 태조가 마지못해 수창궁으로 행차하였다. 백관들이 서쪽 궐문에서 줄을 지어 맞이하니, 태조는 말에서 내려 걸어서 대전에 들어가 왕위에 올랐는데, 어좌(御座)를 피하고 기둥 안에 서서 여러 신하들의 하례를 받았다.

-「태조실록」

① 녹읍을 폐지하고 관료전을 지급하였다.
② 조준 등의 건의로 과전법을 제정하였다.
③ 양지아문을 설치하여 양전 사업을 실시하였다.
④ 공로와 인품에 따라 역분전을 차등 지급하였다.
⑤ 직전법을 실시하여 현직 관리에게만 수조권을 지급하였다.

정답 ②

정답 분석

(가)는 위화도 회군(1388)으로 이성계가 집권하는 상황이고, (나)는 이성계가 조선을 건국하며 왕위에 오르는 상황(1392)이다. 위화도 회군으로 권력을 장악한 이성계와 신진 사대부는 토지 개혁을 단행, 관리들에게 경기 지방 토지의 수조권을 나누어주는 과전법을 실시하였다(1391).

오답 풀이

① 통일 신라 신문왕, ③ 광무개혁, ④ 고려 태조, ⑤ 조선 세조 때의 일이다.

고려의 경제

핵심 콕콕

\# 전시과
\# 벽란도
\# 활구

1 토지 제도

1. **역분전(태조)**: 건국 공신들에게 인품과 공로를 고려하여 토지 지급

2. **전시과**: 관리들을 18등급으로 나누어 전지와 시지에 대한 수조권 지급
   (1) **시정 전시과(경종)**: 전현직 관리 모두에게 관직·인품을 반영하여 토지 지급
   (2) **개정 전시과(목종)**: 전현직 관리 모두에게 관직만을 반영하여 토지 지급
   (3) **경정 전시과(문종)**: 현직 관리에게만, 관직만을 반영하여 토지 지급
   (4) **토지의 종류**
      ① **공음전**: 5품 이상 관리에 지급, 세습 가능
      ② **한인전**: 6품 이하 관리의 자제 중 관직이 없는 사람에게 지급(관인 신분 세습 목적)
      ③ **군인전**: 중앙군에 지급, 군역과 함께 자손에 세습
      ④ **구분전**: 하급 관료·군인의 유가족에 지급
      ⑤ **내장전**(왕실 경비 마련), 공해전(관청), 사원전(사원) 등

2 산업 발달

1. 농업
   (1) 12세기 이후부터는 간척 사업으로 경작지 확대, 강화 천도 시기 강화도 간척 사업
   (2) 수리 시설 확충(벽골제, 수산제), 소를 이용한 깊이갈이(심경법) 발달
   (3) 밭농사에서 2년 3작의 윤작법 보급, 원 간섭기 모내기 전래 → 남부 일부 지방에 전래, 국가에서 금지하여 확산되지 않음.
   (4) 『농상집요』 소개, 문익점의 목화 전래

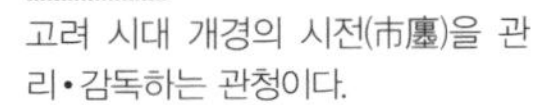

경시서
고려 시대 개경의 시전(市廛)을 관리•감독하는 관청이다.

2. 수공업·상업
   (1) **수공업**: 관청·소(所) 중심 ➡ 사원·민간 수공업 발달
   (2) **상업**: 개경에 시전·경시서 설치, 대도시에 관영 상점 설치, 소금 전매제 실시

활구(은병)

3. 화폐
   (1) 성종 때 건원중보(철전) 주조
   (2) 숙종 때 삼한통보·해동통보(동전), 활구(은병, 고액 화폐) 제작 → 의천의 건의, 주전도감 설치
   (3) 유통 부진, 민간의 일반적인 거래에서는 곡식·베 사용

4. 대외 무역
   (1) **대송 무역**: 가장 큰 비중, 금·은·인삼·화문석 수출, 비단·약재·서적 수입
   (2) 벽란도가 국제 무역항으로 번성, 아라비아 상인들 왕래
   (3) **대거란·여진 무역**: 식량·농기구·문방구 수출, 은·모피·말 수입
   (4) **대일 무역**: 식량·인삼·서적 수출, 수은·유황 수입

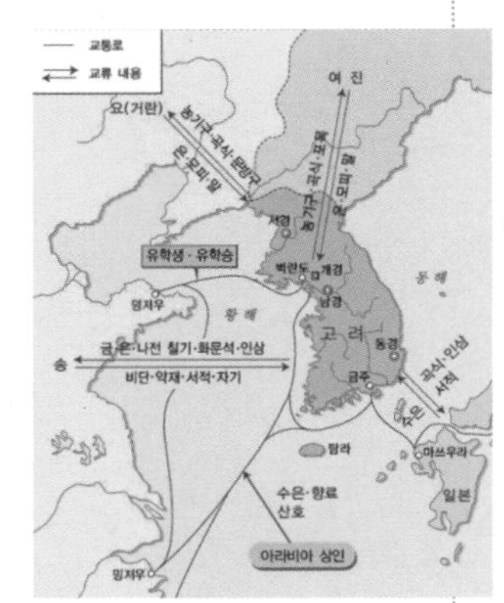

고려의 대외 무역

자료 돋보기

고려의 화폐 ≫45회 고급 18번

일전에 나의 아우인 의천이 화폐를 사용하면 쌀 운반의 수고를 덜고, 간교한 무리의 속임수를 막을 수 있으며 녹봉 지급과 국가 재정 관리에 편리하도고 건의하였다. 이제 주전도감에서 화폐를 발행하도록 하라.

활구

왕이 이르기를, "금과 은은 천지(天地)의 정수(精髓)이자 국가의 보물인데, 근래에 간악한 백성들이 구리를 섞어 몰래 주조하고 있다. 지금부터 활구에 모두 표지를 새겨 이로써 영구한 법식으로 삼도록 하라. 어기는 자는 엄중히 논하겠다."라고 하였다. 이때에 비로소 활구를 화폐로 쓰기 시작하였다. 그 제도는 은 1근으로 만들어 본국의 지형을 본뜨도록 하였으니, 속칭 활구라고 하였다.

고려의 경제 1

우왕 7년 8월, 도성의 물가가 폭등하여 상인들이 사소한 이익을 둘러싸고 다투었다. 최영이 이를 매우 싫어하며, 모든 시장의 물건에 대해 감독관청에서 가격을 정하고 세금을 납부하였다는 도장을 찍은 후 비로소 매매할 수 있도록 허락하였다.

-『고려사』

고려의 경제 2 ≫44회 고급 18번

이것은 대동여지도의 일부로, 고려 시대의 국제 무역항이었던 벽란도가 표시되어 있습니다. 고려 시대에 벽란도에서는 송의 상인은 물론 아라비아 상인과도 교역이 이루어졌습니다.

기출 맛보기

다음 자료에 나타난 시기의 경제 모습으로 옳은 것은? 45회 중급 14번 [3점]

> 왕이 명령을 내리기를, "동·철·자기·종이·먹 등을 제작하는 여러 소(所)에서 별공으로 바치는 물품의 징수가 극도로 과중하므로 장인들이 매우 고통스러워하여 도피한다. 담당 관청에서는 각각의 소에서 바치는 별공 및 상공 물품 수량의 많고 적음을 헤아려 정하고, 아뢰어 재가를 받도록 하라."라고 하였다.

① 상평통보가 널리 유통되었다.
② 이앙법이 전국적으로 확산되었다.
③ 벽란도가 국제 무역항으로 번성하였다.
④ 덕대가 광산을 전문적으로 경영하였다.
⑤ 독점적 도매상인인 도고가 성장하였다.

정답 ③

정답 분석

소(所)에서 물품을 생산하여 바친다는 것을 통해 고려 시대의 상황임을 알 수 있다. 고려 시대에는 대외 무역이 활발해져 예성강 어귀의 벽란도가 국제 무역항으로 번성하였다. 송과의 무역이 가장 활발하였는데, 송으로부터 비단·약재·서적·자기 등 사치품을 수입하고 종이·먹·인삼 등 수공업품과 토산품을 수출하였다.

오답 풀이

①, ②, ④, ⑤ 조선 후기에 대한 설명이다.

고려의 사회

핵심 콕콕

향리, 백정
향도

1 신분 제도

귀족	• 왕족과 5품 이상의 고위 관료로, 음서·공음전 등의 혜택을 받는 특권층 • 고위 관직 장악·토지 소유 확대, 혼인 관계를 통해 권력 유지
중류층	• 남반·군반·역리·향리 등, 지배층과 피지배층의 중간 역할 • 직역 세습, 복무에 대한 대가로 국가로부터 토지를 지급 받음. • 수령이 파견되지 않은 속현의 향리는 지방의 실질적인 지배자
양민	• 대다수는 일반 농민인 백정으로 조세·공납·역 부담 • 향·부곡·소 거주민은 이주가 금지되고 더 많은 세금 부담
천민	• 대다수는 노비로, 재산으로 취급되어 매매·증여·상속의 대상 • 부모 중 한 쪽이 노비이면 자식도 노비(일천즉천) • 공노비(입역 노비, 외거 노비)와 사노비(솔거 노비, 외거 노비)로 구분

2 농민 조직과 사회 시책

1. 향도
   (1) 매향 활동, 상(喪)·석탑·절 건축시 주도적 역할을 하는 불교 신앙 조직
   (2) 고려 후기에는 노역·혼례 등 공동체 생활을 주도하는 농민 조직으로 발전

매향

내세(來世)의 복을 빌기 위하여 향(香)을 강이나 바닷가에 묻어두는 행위이다.

2. 사회 제도
   (1) 의창(흉년에 빈민 구제), 상평창(풍년에 곡식을 사들이고 흉년에 팔아 물가를 조절)
   (2) 동·서 대비원(환자 치료·빈민 구휼 담당), 혜민국(의약)
   (3) 구제도감·구급도감(재해 발생시 백성 구제), 제위보(기금 이자로 빈민 구제)

3. 법률
   (1) 당의 법률을 참고한 법률이 있었으나 대부분 관습법 적용
   (2) 반역죄와 불효죄는 중죄로 처벌, 귀향형(귀족)

4. 혼인과 가족 생활
   (1) 일부일처제가 일반적, 여성 재가 허용
   (2) 성별 구분 없이 태어난 순서대로 호적에 기재, 재산은 균분 상속
   (3) 아들이 없는 경우 딸이 제사를 담당
   (4) 사위와 외손자에게까지 음서 혜택 적용

자료 돋보기

고려의 노비

노비가 아무리 천하다 하여도 역시 사람인데 보통 재물과 같이 취급하여 공공연히 이를 사고 판다. 혹은 말과 소와 교환하는데 말 한 필에 2, 3명씩 주고도 오히려 말 값에 모자라니, 이는 말과 소를 사람의 생명보다 중하게 여기는 것이 된다

– 『고려사』

고려의 사회 제도 ≫40회 고급 18번

고려 시대 여성의 지위 1

어머니가 일찍이 재산을 나누어 줄 때 나익희에게는 따로 노비 40구를 물려주었다. 나익희는 "제가 6남매 가운데 외아들이라 해서 어찌 사소한 것을 더 차지하여 여러 자녀들로 하여금 화목하게 살게 하려 한 어머니의 거룩한 뜻을 더럽히겠습니까?"라고 하면서 사양하자 어머니가 옳게 여기고 그 말을 따랐다.

– 『고려사』

고려 시대 여성의 지위 2

박유가 "청컨대 신하와 관료들에게 첩을 두게 하되 품위에 따라 그 수를 줄여 보통 사람에 이르러서는 1처 1첩을 둘 수 있도록 하십시오. ……"라고 말하였다. …… 때마침 연등회에 박유가 왕의 행차를 호위했는데, 어떤 노파가 박유를 손가락질하면서 "첩을 두자고 요청한 자가 바로 저 빌어먹을 놈의 늙은이다!"라고 하였더니, 듣는 사람들이 서로 손가락질을 하였다.

– 『고려사』

기출 맛보기

(가)에 들어갈 내용으로 옳지 않은 것은? 45회 중급 12번 [3점]

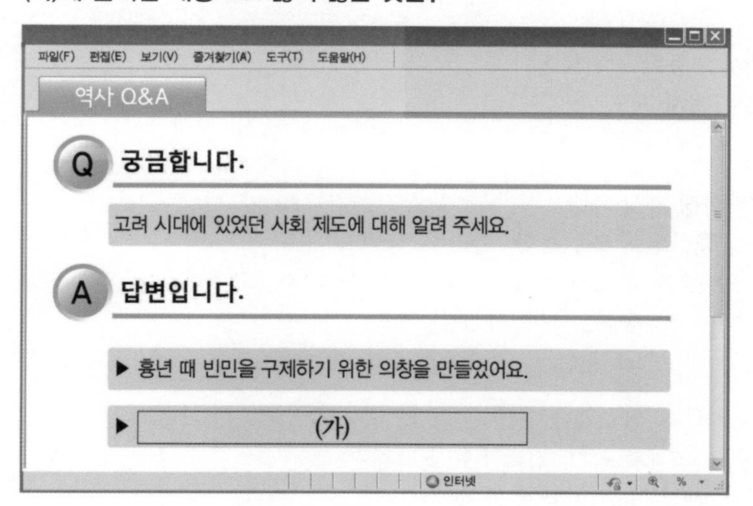

① 물가를 조절하는 기구로 상평창을 두었어요.
② 빈민을 구휼할 목적으로 제위보를 조성했어요.
③ 환곡의 폐단을 막기 위해 사창제를 시행했어요.
④ 백성들에게 약을 제공하는 혜민국을 설치했어요.
⑤ 질병 확산에 대처하고자 구제도감을 운영했어요.

정답 ③

정답 분석

고려 시대에는 의창을 통해 흉년에 빈민을 구제하고 상평창을 통해 물가를 조절하였다. 동·서 대비원은 환자 치료와 빈민 구휼을 담당하였고, 혜민국에서는 의약을 전담하였다. 재해 발생시 백성 구제를 위해 구제도감과 구급도감을 설치하였고, 제위보를 두어 기금을 마련해 이자로 빈민을 구제하도록 하였다.

오답 풀이

③ 조선 후기 흥선 대원군 집권기에 사창제를 실시하였다.

고려의 문화 1 - 사상·종교

핵심 콕콕

『삼국사기』
『삼국유사』
의천, 교관겸수
지눌, 정혜쌍수

7재
고려 예종 때 관학 진흥을 위해 국학(국자감)에 설치한 7종의 전문 강좌이다.

양현고
고려 예종 때 관학 진흥을 위해 설치한 장학 재단이다.

만권당
충선왕이 원의 수도에 세운 독서당이다.

교관겸수
교리[敎]와 참선과 수양[觀]을 둘 다 수양해야 한다는 주장이다.

정혜쌍수(定慧雙修)
마음을 한곳에 집중하는 선정(禪定)과 사물을 있는 그대로 보고 판단하여 일체의 분별 작용을 없애는 지혜(智慧)를 함께 닦아야 한다는 주장이다.

돈오점수(頓悟漸修)
마음이 곧 부처임을 단번에 깨우치고(돈오) 깨달은 후 꾸준히 수행(점수)해야 한다는 주장이다.

1 유학

1. 초기
   (1) 최승로의 시무 28조: 유교 정치 이념 확립
   (2) 역사서: 7대 실록(현전하지 않음.)

2. 중기: 문벌 귀족 사회의 발달로 보수적 성격
   (1) 9재 학당(최충) 등 사학 12도 융성 ➡ 관학 진흥책(7재, 서적포, 양현고)
   (2) 역사서: 『삼국사기』
      ① 김부식 저, 현존 최고(最古)의 역사서
      ② 유교적 합리주의 사관, 기전체, 신라 계승 의식

3. 무신 집권기: 이규보 『동명왕편』, 각훈 『해동고승전』

4. 원 간섭기
   (1) 원으로부터 성리학 전래(안향) ➡ 만권당 설립, 고려와 원의 학자들의 교류
   (2) 역사서: 일연 『삼국유사』, 이승휴 『제왕운기』

5. 고려 말: 신진 사대부의 성리학 수용, 『소학』·『주자가례』 강조, 이제현 『사략』

2 불교

1. 건국 초
   (1) 태조: 「훈요 10조」에서 연등회·팔관회 강조
   (2) 광종: 승과 실시, 국사·왕사 제도

2. 의천
   (1) 문종의 아들, 원효의 화쟁 사상 계승
   (2) 흥왕사에서 화엄종을 중심으로 교종 통합
   (3) 국청사를 창건하고 천태종을 개창, 교종 중심 선종 통합 노력 ➡ 교관겸수
   (4) 대장도감 설치, 『신편제종교장총록』, 『교장(속장경)』 편찬

3. 지눌
   (1) 무신 정권의 후원
   (2) 선종 중심 교종 통합 ➡ 조계종 창시, 정혜쌍수·돈오점수
   (3) 수선사 결사(정혜결사) 제창, 불교 정화 운동 전개

4. 혜심: 심성의 도야를 강조, 유불 일치설

5. 요세: 강진의 만덕사를 중심으로 백련 결사 제창
   ▶ 자신의 행동을 진정으로 참회하는 법화 신앙에 중점

자료 돋보기

『삼국사기』 ≫45회 고급 14번

신라, 고구려, 백제가 기틀을 잡고 세 세력이 서로 대립하면서 …… 삼가, 본기 28권, 연표 3권, 지(志) 9권, 열전 10권을 찬술하였습니다. 여기에 표문(表文)을 붙여 성상께 올립니다.
- 「진삼국사표(進三國史表)」
이 글은 왕명을 받들어 역사서 편찬을 주도한 인물이 왕에게 올린 진삼국사표입니다. 이 글과 함께 올린 역사서에 대해 발표해 볼까요?

『삼국유사』 ≫43회 고급 18번

『삼국유사』
승려 일연이 편찬한 이 책에 대해 말씀해 주십시오.
이 책은 왕력편, 기이편, 흥법편 등 5권 9편으로 구성되어 있으며, 불교 중심의 역사적 사실과 함께 민간 설화 등이 수록되어 있습니다.

의천 ≫44회 중급 11번

2019년 8월 호
특집 대각국사 의천 의 활동
■ 화폐 주조 및 유통 주장
■ 교장도감 설치와 교장 간행
■ 불교 통합 운동과 해동 천태종 창시

지눌 ≫43회 고급 16번

'불일보조국사'라는 시호를 받은 인물에 대해 말해 보자.
수선사 결사를 제창하여 불교계를 개혁하려고 했어.
돈오점수를 주장하면 수행 방법으로 정혜쌍수를 내세웠어.

기출 맛보기

밑줄 그은 '정책'의 내용으로 옳은 것은? 43회 고급 14번 [2점]

최근 최충의 9재 학당을 비롯한 사학 12도로 학생들이 모여들어 관학이 많이 위축되었다는군.

지공거 출신들이 세운 사학이 많아 과거 준비에 유리한 모양일세. 그래서 정부에서는 관학 진흥을 위한 정책을 마련한다고 들었네.

① 독서삼품과를 시행하였다.
② 초계문신제를 실시하였다.
③ 수도에 4부 학당을 두었다.
④ 전문 강좌인 7재를 개설하였다.
⑤ 경당을 설립하여 학문을 가르쳤다.

정답 ④

정답 분석

자료는 고려 전기 사학의 융성과 관학 진흥책에 대한 내용이다. 고려 전기 최충이 9재 학당을 설립한 뒤 사학 12도가 융성하여 관학이 위축되었다. 이에 고려 정부는 관학 진흥을 위해 국자감 안에 서적 편찬 기구인 서적포와 7재라는 전문 강좌를 설치하였고, 양현고라는 장학 재단을 설치하였다.

오답 풀이

① 통일 신라 원성왕, ② 정조 때의 일이다. ③ 4부 학당은 조선의 관립 교육 기관이고, ⑤ 경당은 고구려의 교육 기관이다.

고려의 문화 2 - 과학 기술과 유형 문화재

핵심 콕콕

직지심체요절
경천사지 10층 석탑

1 과학 기술 발달

1. 천문학: 사천대(서운관)를 설치 (→ 천문 관측과 역법 담당)
2. 역법: 초기에는 당의 선명력 사용 ➡ 원 간섭기에 원의 수시력 도입
3. 의학: 우리나라 최고(最古)의 의서 『향약구급방』 편찬
4. 인쇄술
   (1) 13세기 『상정고금예문』(1234) 제작(현전하지 않음.)
   (2) 팔만대장경(재조대장경)
      ① 몽골의 침입 당시 강화도에서 부처의 힘으로 몽골을 물리치고자 제작
      ② 유네스코 세계 기록 유산 등재
   (3) 『직지심체요절』
      ① 14세기 청주 흥덕사에서 세계 최고(最古)의 금속 활자본인 『직지심체요절』 제작
      ② 유네스코 세계 기록 유산 등재, 전 주한 프랑스 공사가 프랑스로 반출
5. 화약·무기 제조: 화통도감을 설치, 화약·화포를 제작하여 왜구 격퇴에 이용(최무선)

주심포 양식
지붕의 무게를 전달하는 공포를 기둥 위에만 배열하는 양식이다.

다포 양식
지붕의 무게를 전달하는 공포를 기둥 위에만 배열하지 않고 대량으로 설치하는 양식이다.

2 건축·조각·음악

1. 건축
   (1) 전기: 주심포 양식 유행(봉정사 극락전, 수덕사 대웅전, 부석사 무량수전)
   (2) 후기: 다포 양식 등장(성불사 응진전 등)
2. 탑
   (1) 개성 불일사 5층 석탑
   (2) 평창 월정사 8각 9층 석탑: 송의 양식
   (3) 개성 경천사지 10층 석탑: 원의 양식, 현재 국립 중앙 박물관 소장
3. 승탑: 여주 고달사지 승탑, 법천사 지광국사 현묘탑
4. 불상
   (1) 철불: 하남 하사창동 철불(광주 춘궁리 철불)
   (2) 거대 석불: 논산 관촉사 석조 미륵보살 입상, 파주 용미리 마애 이불 입상, 안동 이천동 마애 여래 입상
   (3) 부석사 소조 아미타여래 좌상
5. 청자: 11세기 순청자 ➡ 12세기 이후 상감청자 ➡ 고려 말 분청사기
6. 글씨: 전기 구양순체(탄연) ➡ 후기 송설체 유행
7. 그림: 공민왕 '천산대렵도', 혜허 '관음보살도(수월관음도)'

청자 상감 운학무늬 매병

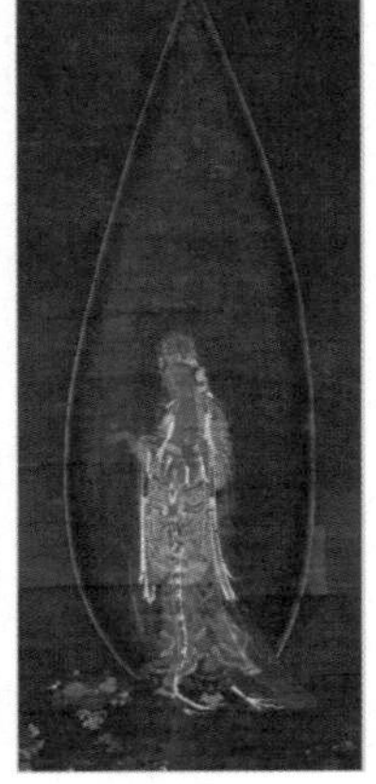
수월관음도

△ 월정사 8각 9층 석탑

△ 경천사지 10층 석탑

△ 하남 하사 창동 철불

△ 논산 관촉사 석조 미륵보살 입상

△ 파주 용미리 마애 이불 입상

△ 부석사 소조 아미타여래 좌상

자료 돋보기

팔만대장경 ≫35회 고급 17번

이규보가 쓴 이 글은 최씨 무신 정권의 후원을 받아 제작된 팔만대장경의 조판 동기를 밝힌 것으로, 부처의 힘으로 외세를 물리치고자 하는 염원이 담겨 있습니다.

신통한 힘을 빌려 주어 완악한 오랑캐가 멀리 도망가서 다시는 우리 국토를 짓밟는 일이 없게 해 주십시오. 전쟁이 그치고 전국이 평안하며, …… 나라의 국운이 만세토록 유지되게 해 주소서.

경천사지 10층 석탑 ≫44회 고급 20번

문화유산 발표 대회

이것은 조선 전기의 석탑으로, 국보 제2호입니다. 원나라 탑 양식의 영향을 받았으며, 화려한 조각이 돋보이는 석탑입니다.

고려의 문화 유산 ≫41회 중급 18번

사진으로 보는 ○○ 시대 문화유산

관촉사 석조 미륵보살 입상 / 수덕사 대웅전 / 월정사 팔각 구층 석탑

고려의 문화유산 ≫35회 중급 11번

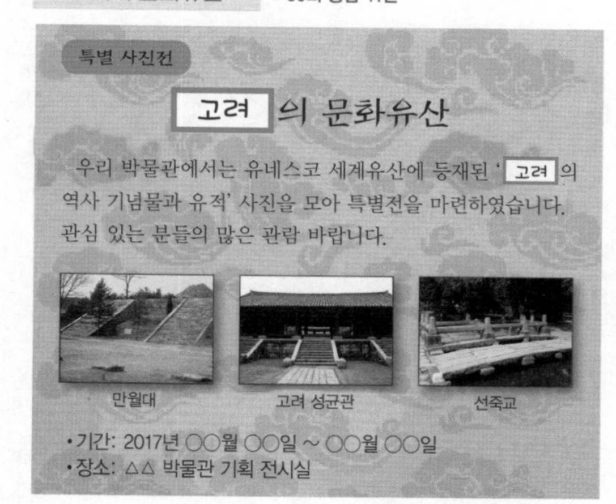

특별 사진전
고려의 문화유산
우리 박물관에서는 유네스코 세계유산에 등재된 '고려의 역사 기념물과 유적' 사진을 모아 특별전을 마련하였습니다. 관심 있는 분들의 많은 관람 바랍니다.

만월대 / 고려 성균관 / 선죽교

• 기간: 2017년 ○○월 ○○일 ~ ○○월 ○○일
• 장소: △△ 박물관 기획 전시실

기출 맛보기

(가)에 들어갈 내용으로 옳은 것을 〈보기〉에서 고른 것은? 44회 고급 17번 [2점]

<주제: ○○시대 과학 기술의 발달>

사천대에서 천체와 기상을 관찰했어요.

보기

ㄱ. 기기도설을 참고하여 거중기를 제작했어요.
ㄴ. 화통도감을 설치하여 화약과 화포를 제작했어요.
ㄷ. 우리의 약재를 소개한 『향약구급방』을 편찬했어요.
ㄹ. 농업 기술 혁신 방안을 제시한 『임원경제지』가 저술됐어요.

① ㄱ, ㄴ ② ㄱ, ㄷ ③ ㄴ, ㄷ ④ ㄴ, ㄹ ⑤ ㄷ, ㄹ

정답 ③

정답 분석

『직지심체요절』은 고려 후기 청주 흥덕사에서 간행된 것으로, 현존하는 세계 최고(最古)의 금속 활자본으로 유네스코 세계기록 유산에 등재되었다. ㄴ. 고려 후기 최무선이 화통도감을 설치, 화약·화포를 제작하여 왜구 격퇴에 이용하였다. ㄷ. 『향약구급방』은 13세기에 편찬된 우리 나라 최고(最古)의 의학 서적이다.

오답 풀이

ㄱ. 조선 후기 정약용이 거중기를 제작하여 수원 화성 축조에 이용하였다. ㄹ. 『임원경제지』는 조선 후기 실학자 서유구가 저술한 백과사전식 농서이다.

1392 조선 건국

1446 훈민정음 반포

1485 『경국대전』 반포

1519 기묘사화

1592 임진왜란

조선 유교 사회의 성립과 변화

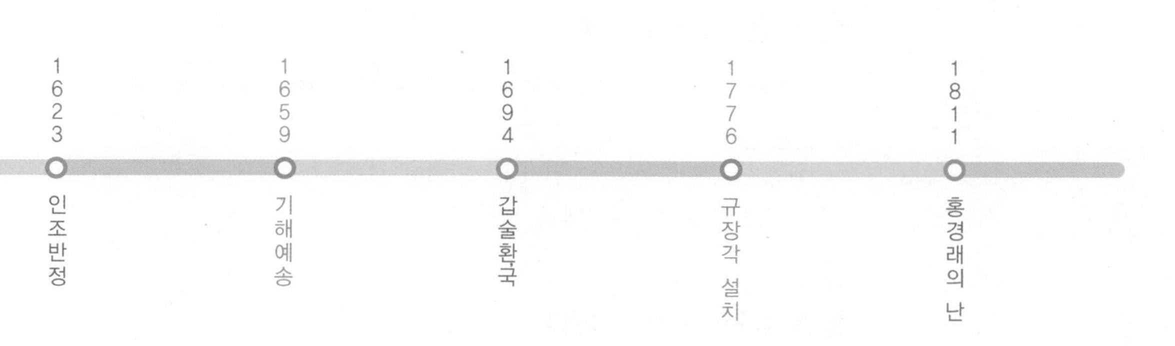

주제 28

태조 성종 연산군 명종 선조 정조 순조 정종
체제 정비 사화 붕당 정치 세도 정치

조선 초 통치 체제의 정비

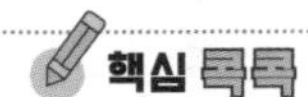
핵심 톡톡

사병 혁파, 호패법
집현전, 훈민정음
직전법
『경국대전』

1 태조(1392~1398)

1. 위화도 회군으로 권력 장악 ➡ 과전법 실시(1391) ➡ 조선 건국 ➡ 한양 천도
2. 정도전: 재상 중심 정치 주장, 『불씨잡변』, 『조선경국전』

2 태종(1400~1418)

1. 왕자의 난: 2차례의 왕자의 난을 통해 정도전과 형제들을 제거하고 집권
2. 왕권 강화
   (1) 사병 혁파, 호패법: 군사·경제권 장악
   (2) 사간원 독립, 6조 직계제
3. 민생 안정: 신문고 설치

6조 직계제
6조 직계제는 6조가 의정부를 거치지 않고 자신들의 정무를 곧바로 왕에게 보고하고 재가를 받아 시행하는 제도이다.

3 세종(1418~1450)

1. 유교 정치 실현: 집현전 설치, 의정부 서사제 실시 ➡ 왕권과 신권의 조화
2. 정복 활동: 4군 6진 개척(김종서·최윤덕), 쓰시마 정벌(이종무)
3. 민족 문화의 발달
   (1) 훈민정음 창제·반포: 『용비어천가』, 『월인천강지곡』
   (2) 서적 편찬: 『삼강행실도』(의례서), 『농사직설』(우리나라 농부들의 경험을 집대성)
   (3) 과학 기술: 자격루·측우기·앙부일구 등, 『칠정산』(한양 기준 역법), 『총통등록』
   (4) 음악: 박연의 정간보 창안
   (5) 인쇄술: 갑인자 주조, 조지서 설치
4. 수취 제도 개편: 전분 6등법, 연분 9등법

의정부 서사제
의정부 서사제는 6조에서 의정부에 업무를 보고하면 의정부의 재상들이 이를 심의한 후 국왕의 재가를 얻어 시행하게 하는 제도이다. 이 제도는 재상의 주도권을 높이는 반면 왕권을 제한할 수 있었다.

4 세조(1455~1468)

1. 계유정난: 수양 대군의 김종서·황보인 등을 제거하고 권력 장악
2. 왕권 강화
   (1) 6조 직계제 부활, 집현전 폐지, 경연 폐지
   (2) 직전법 실시, 『경국대전』 편찬 시작

경연
왕과 신하가 모여 유교 경전과 역사를 공부하고, 학문과 정책 등을 토론하는 제도이다.

5 성종(1469~1495)

1. 홍문관 설치, 경연 부활
2. 『경국대전』 완성·반포 ➡ 조선의 기본 통치 이념 확립

자료 돋보기

정도전 ≫38회 고급 17번

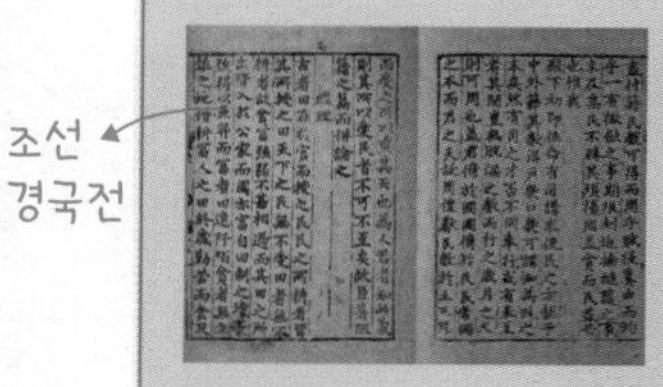

이 책은 **정도전** 이 태조 이성계에게 지어 바친 법전으로, 『경제육전』과 『경국대전』의 모체가 되었다고 평가받는다. 이 책에서 재상 중심의 정치를 강조한 **정도전** 은 도성의 축조 계획을 세우고, 새 궁궐의 이름을 경복궁이라고 짓는 등 국가의 기틀을 다지는 데 주도적인 역할을 하였다.

조선 경국전

태종 ≫41회 고급 19번

이 책은 동래선생교정북사상절(東萊先生校正北史詳節)의 일부로 이 왕 때 주자소에서 제작한 계미자를 이용하여 간행되었습니다. 또한 이 왕 때에는 세계 지도인 혼일강리역대국도지도가 제작되기도 하였습니다.

세조 ≫43회 중급 18번

이것은 조카인 단종을 몰아내고 즉위한 왕의 초상화로 알려져 있습니다. 그는 왕권을 강화하기 위해 경연을 폐지하고 6조 직계제를 부활하였습니다.

합천 해인사에 보관된 초상화

4군 6진

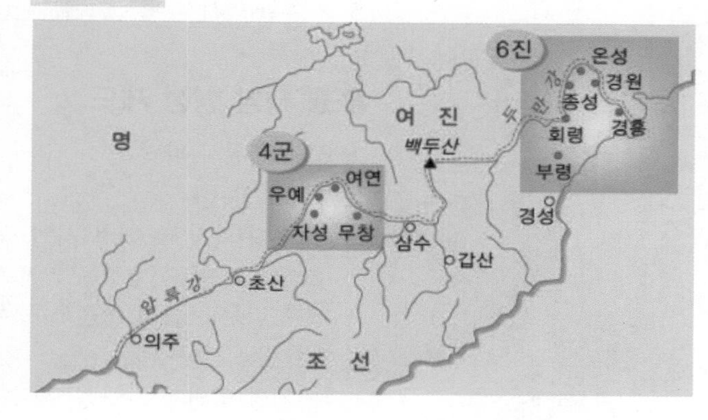

기출 맛보기

밑줄 그은 '이 왕'의 재위 기간에 있었던 사실로 옳은 것은? 43회 고급 20번 [1점]

이 서사시는 조선의 건국 시조들을 찬양하고 왕조의 창업을 합리화한 것으로, 이 왕이 정인지, 권제 등에게 명하여 훈민정음으로 편찬하도록 하였습니다.

제1장
행동의 여섯 용이 나시어서
그 행동하신 일마다 모두 하늘이 내리신 복이시니
그러므로 옛날의 성인의 하신 일들과 부절을 합친 것처럼 꼭 맞으시니.

제2장
뿌리가 깊은 나무는 아무리 센 바람에도 움직이지 아니하므로, 꽃이 좋고 열매도 많으니
......

① 훈련 교범인 『무예도보통지』가 편찬되었다.
② 전통 한의학을 정리한 『동의보감』이 간행되었다.
③ 최초로 100리 척을 사용한 동국지도가 제작되었다
④ 우리 풍토에 맞는 농법을 소개한 『농사직설』이 간행되었다.
⑤ 각 도의 지리, 풍속 등이 수록된 『동국여지승람』이 편찬되었다.

정답 ④

정답 분석

훈민정음을 편찬하였다는 것과 「용비어천가」가 인용된 것을 통해 '이 왕'은 세종임을 알 수 있다. 조선 초에는 민생 안정과 부국강병을 위한 실용적인 학문이 발달하였다. 세종 때에는 『농사직설』을 간행하고 천체 관측 기구 및 앙부일구·자격루·측우기를 제작하였다. 또한 세종은 좀 더 체계적으로 전세를 걷기 위해 토지의 비옥도와 풍흉에 따라 차등 징수하는 전분 6등법과 연분 9등법을 실시하였다.

오답 풀이

① 정조, ② 광해군, ③ 영조, ⑤ 조선 성종 때의 일이다.

조선의 통치 체제

의정부, 6조
사간원, 사헌부, 홍문관

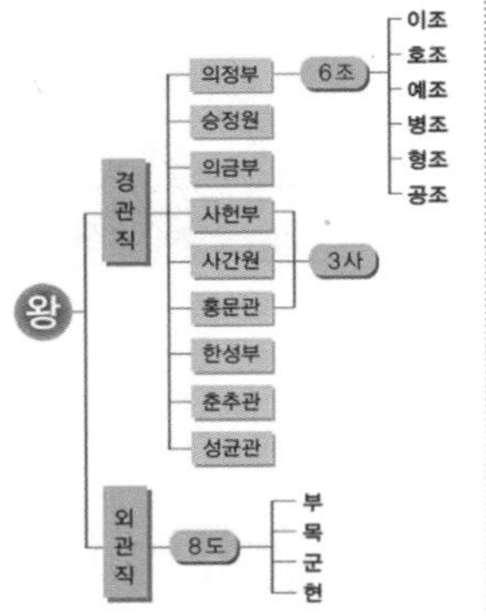

조선의 중앙 통치 조직

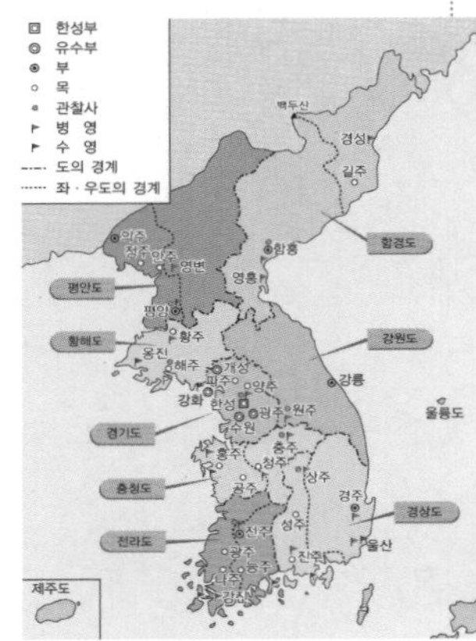

조선의 8도

1 중앙 통치 조직

1. 의정부: 최고 정책 결정 기구로 국정 총괄, 3정승의 재상 합의제로 운영
2. 6조: 정책 집행 기구로 행정 실무 담당
3. 승정원(국왕 비서 기관), 의금부(중죄인 담당, 국왕 직속 사법 기구)
4. 3사: 서경·간쟁·봉박을 통해 권력의 독점과 부패 방지
   (1) 사헌부: 관리의 비리 감찰
   (2) 사간원: 국왕에 대한 간쟁과 논박
   (3) 홍문관: 왕의 자문, 경연·서연
5. 춘추관(역사서 편찬), 예문관(외교 문서와 교지 작성), 한성부(수도의 치안·행정)
   → 교지: 국왕이 신하에게 관직, 자격, 노비 등을 내려주는 문서

2 지방 행정 제도

1. 8도: 관찰사 파견
2. 부·목·군·현
   (1) 수령 파견 ➡ 행정·사법·군사권 장악, 모든 군현에 수령 파견(속현 소멸)
   (2) 고려의 특수 행정 구역인 향·부곡·소 일반 군현으로 승격
   (3) 향리는 세습적 아전으로 격하
3. 유향소
   (1) 지방 양반들로 구성, 좌수·별감의 주도로 향회 구성
   (2) 여론 형성, 백성 교화, 수령 보좌, 향리 감찰
   (3) 경재소: 유향소와 중앙 사이의 연락 업무 담당

3 군사 제도와 관리 등용 제도

1. 군사 제도
   (1) 중앙군(5위): 정군·갑사·특수병으로 구성
   (2) 지방군: 국방상 요지인 영·진에 소속되어 근무 ➡ 세조 때 진관 체제 실시
   (3) 잡색군: 평상시에 생업에 종사하다가 유사시에 병력으로 활용
2. 과거 제도
   (1) 문과: 양인 이상 응시 가능, 서얼·재가녀 자손·향리는 응시 금지
   (2) 무과(무관 선발), 잡과(기술관 선발: 해당 관청에서 실시)
   (3) 음서는 2품 이상 관료를 대상으로 축소
3. 교육 기관
   (1) 국립
      ① 성균관: 소과에 합격한 생원·진사가 입학하여 대과를 준비하는 최고 학부
      ② 4부학당(4학): 중앙의 중등 교육 기관
      ③ 향교: 지방의 중등 교육 기관, 부·목·군·현에 하나씩, 중앙에서 교수·훈도 파견
   (2) 사립
      ① 서원: 선현에 대한 제사와 교육 기능, 향촌 사회 교화 담당
      ② 서당: 초등 교육 담당, 평민 자제도 교육

자료 돋보기

사헌부 >40회 중급 19번

이번에 사헌부의 장령에 임명되셨다고 들었습니다. 사헌부의 업무에 대해 소개해주세요.
관리들의 비리를 규찰하고, 풍속을 바로잡으며, 백성들의 억울한 사정을 풀어주는 일 등을 담당합니다.

홍문관 >40회 고급 23번

이것은 영조가 세손을 데리고 홍문관에 거둥하여 해당 관원들에게 내린 사언시입니다. 집현전을 계승한 이 기구는 사진에서 보이듯이 옥당이라는 별칭으로 불리기도 하였습니다.

수령 >39회 중급 19번

수령은 '사또' 또는 '원님'이라고 불렸으며, 조선 시대에는 왕명으로 8도의 부, 목, 군, 현에 파견되었다. 『경국대전』에는 수령이 해야 할 일들로 농업과 양잠을 성하게 하는 일, 호구를 늘리는 일, 학교를 흥하게 하는 일, 군정을 잘 다스리는 일, 부역을 고르게 하는 일, 소송을 간소화하는 일 등이 제시되어 있다.

향교 >40회 중급 18번

오늘 오전 성균관을 비롯한 전국의 향교에서 공자 등 성현에 제사를 지내는 석전제가 열렸습니다. 조선 초기의 향교는 유학 진흥을 위하여 전국의 부목군현에 하나씩 설립되었던 기관입니다.

2018년 춘계 석전제 봉행

기출 맛보기

(가) 정치 기구에 대한 설명으로 옳은 것은? 42회 고급 17번 [2점]

> **역사 용어 해설**
>
> (가)
>
> 1. 개요
>
> 1405년(태종 5)에 독립된 기구로 개편된 중앙 관서로, 경국대전에 의하면 도승지·좌승지·우승지·좌부승지·우부승지·동부승지 모두 6인의 승지가 있었다.
>
> 2. 관련 사료
>
> 승지에 임명되는 당상관은 이조나 대사간을 거쳐야 맡을 수 있었고, 인망이 마치 신선과 같으므로 세속 사람들이 '은대(銀臺) 학사'라고 부른다.
>
> – 『임하필기』

① 수도의 행정과 치안을 맡아보았다.
② 화폐와 곡식의 출납과 회계를 맡았다.
③ 5품 이하의 관원에 대한 서경권을 가졌다.
④ 왕의 비서 기관으로 왕명 출납을 담당하였다.
⑤ 외국어의 통역과 번역에 관한 업무를 관장하였다.

정답 ④

정답 분석

'승지'는 조선 시대 왕의 비서 기관으로 왕명 출납을 담당한 승정원의 관리를 부르는 이름이다.

오답 풀이

① 한성부, ② 고려의 삼사와 조선의 호조, ③ 고려의 대간과 조선의 3사, ⑤ 사역원에 대한 설명이다.

훈구와 사림의 대립과 사화

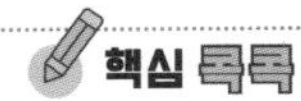

김종직, 조광조
현량과, 위훈 삭제
기묘사화

1 훈구와 사림

1. 훈구
   (1) 건국 공신·세조 즉위 공신으로 막대한 토지를 소유한 대지주층, 중앙 집권 추구
   (2) 조선 초 관학파의 학풍을 계승하여 문물 제도 정비에 기여, 성리학 이외 사상에 관용적

2. 사림
   (1) 조선 건국에 협력하지 않고 지방에 머물렀던 온건 개화파의 후예
   (2) 영남·기호 지방의 중소 지주
   (3) 성리학 이외 학문 배격, 의리·도덕을 중요시하며 향촌 자치와 왕도 정치를 추구
   (4) 성종 때 김종직을 시작으로 중앙 정계에 등장 ➡ 주로 언론직을 차지하여 훈구파를 비판하고 정치 개혁을 주장

2 사화

1. **무오사화(1498, 연산군)**: 김종직의 제자 김일손이 사초에 김종직의 「조의제문」을 실은 것이 문제가 되어 김종직이 부관참시되고 사림이 큰 피해를 입음.
2. **갑자사화(1504, 연산군)**: 연산군이 생모 폐비 윤씨 죽음의 원인을 알게 되면서 사림이 큰 피해를 입음.
3. **중종반정(1506)**: 연산군의 폭정이 원인이 되어 연산군이 축출되고 중종이 즉위함.
4. **기묘사화(1519, 중종)**
   (1) 중종 즉위 후 훈구 견제를 위해 조광조 등 젊은 사림 등용
   (2) 조광조의 개혁 정책: 현량과 실시, 위훈 삭제, 소격서 폐지, 향약 보급
   (3) 주초위왕(走肖爲王) 사건으로 조광조 제거
5. **을사사화(1545, 명종)**: 인종과 명종의 외척 간 다툼으로 사화 발생 → 대윤 vs 소윤
6. **붕당의 형성(선조)**
   (1) 척신 정치 청산 문제와 정여립 모반 사건을 둘러싼 사림 내부의 분열
   (2) 이조 전랑 임명 문제를 둘러싼 김효원과 심의겸을 대립을 계기로 동인과 서인으로 분열 ➡ 붕당 정치의 시작

현량과
유능하고 뛰어난 인재를 천거하여 간단한 시험을 통해 관리로 등용하는 제도이다.

주초위왕
훈구 세력이 궁중의 나뭇잎에다가 꿀로 '주초위왕(走肖爲王:조씨가 왕이 된다)'이라고 써서 벌레가 갉아먹게 한 뒤, 그 흔적을 왕에게 보여 마음을 움직이게 하여 조광조 일파를 제거하였다.

이조 전랑
이조의 정5품 정랑과 정6품직인 좌랑을 일컫는 말. 홍문관, 사헌부, 사간원 관리 임명권을 가지고 있었고, 자신의 후임자를 천거할 수 있는 권한이 있었다.

3 사림의 성장 배경

1. 서원
   (1) 선현에 대한 제사와 교육을 담당, 향촌에서의 사림의 지위를 강화
   (2) 주세붕이 안향을 기리기 위해 설립한 백운동 서원이 최초의 서원

2. 향약
   (1) 지역 구성원들의 자치를 위한 규약
   (2) 도약정·부약정 등의 임원을 두고 운영
   (3) 중국의 향약을 번역해 보급하고 우리 실정에 맞는 향약을 만들어 군·현 단위로 시행 ➡ 유교 윤리를 일반 백성에 침투시켜 향촌 사회에 대한 영향력을 행사

자료 돋보기

무오사화

[임금이] 전지하기를, "…… 지금 김일손이 찬수한 사초에 부도한 말로써 선대의 일을 거짓으로 기록하고 또한 그의 스승 김종직의 조의제문을 실었도다. …… 대간, 홍문관으로 하여금 형을 의논하여 아뢰도록 하라."라고 하였다.

–『연산군 일기』

조광조 1 ≫41회 중급 20번

이 시는 조광조 이/가 죽음을 앞두고 지은 시입니다.
임금 사랑하기를 어버이 사랑하듯 했고,
나라 걱정을 내 집 걱정하듯 했노라.
밝은 해가 이 세상을 내려다보고 있으니,
내 충성된 마음을 환히 비추리라.
그는 반정 공신의 위훈 삭제 등을 주장하다가 결국 기묘사화 때 사사되었습니다.

조광조 2 ≫39회 고급 23번

이것은 위훈 삭제 등 개혁 정치를 추진하다가 훈구파의 반발로 유배되어 사사당한 그의 옛 자취가 기록된 비입니다.
조광조

서원

주세붕이 처음 서원을 세울 때 세상에서는 의심하였습니다. 주세붕은 뜻을 더욱 가다듬어 많은 비웃음을 무릅쓰고 비방을 물리쳐 지금까지 누구도 하지 못했던 장한 일을 이루었습니다. 아마도 하늘이 서원을 세우는 가르침을 동방에 홍하게 하여 [우리나라가] 중국과 같아지도록 하려는 것인가 봅니다.

–『퇴계선생문집』

기출 맛보기

다음 자료를 활용한 탐구 활동으로 가장 적절한 것은? 43회 중급 16번 [2점]

> 조광조가 귀양 간 지 한 달 남짓 되어도 왕의 노여움은 아직 풀리지 않았으나, 그를 죽이자고 청하는 사람이 없으므로 흔쾌히 결단하지 못하였다. 생원 황이옥 등이 상소하여 조광조를 헐뜯었다. 왕이 상소를 보고 곧 조광조 등에게 사약을 내리고, 황이옥 등을 칭찬하며 술을 내려 주라고 명하였다.

① 기해 예송의 결과를 조사한다.
② 기묘사화의 전개 과정을 살펴본다.
③ 훈련도감의 설치 목적을 알아본다.
④ 임술 농민 봉기의 배경을 분석한다.
⑤ 진골 귀족의 경제 기반을 파악한다.

정답 ②

정답 분석

연산군 재위기 두 차례의 사화로 사림의 세력이 크게 위축되었으나 중종 즉위 후 조광조를 비롯한 사림이 다시 등용되었다. 조광조는 현량과를 실시하고 소격서를 폐지하는 등 개혁을 추진하였고, 나아가 위훈(과대 평가된 공훈)을 삭제하고자 하였으나 공신들의 반발에 부딪혀 제거되었다(기묘사화).

조선 전기의 경제

핵심 콕콕

\# 과전법, 직전법
\# 전분 6등법, 연분 9등법

1 토지 제도

1. **과전법(1391)**: 신진 사대부의 경제적 기반 마련
   (1) 전·현직 관리에게 경기 지역 토지에 대한 수조권 지급
   (2) 사망 시 반납하는 것이 원칙이나, 수신전·휼양전 등의 형태로 자손에 세습 가능
2. **직전법(세조)**: 수신전·휼양전 폐지, 현직 관리에게만 수조권 지급
3. **관수관급제(성종)**: 지방 관청에서 조세를 거두어 관리들에게 나누어주는 방식 도입
4. **직전법 폐지(명종)**: 직전법 폐지, 녹봉만 지급

수신전
과전을 지급받은 관리가 죽은 뒤에 재혼하지 않은 그 부인에게 지급한 토지이다.

휼양전
과전을 받은 관료들 중 부모가 다 죽고 자손이 어린 경우 지급되는 토지이다.

2 조세 제도

1. **조세**
   (1) 수확량의 1/10 납부
   (2) **전분 6등법(세종)**: 토지 비옥도에 따라 토지를 6등급으로 구분
   (3) **연분 9등법(세종)**: 풍흉의 정도에 따라 토지 1결당 조세를 4~20두 징수
2. **공납**: 각 군현에 할당된 토산물을 다시 각 가호에 할당하여 징수
3. **역**: 16세 이상 60세 미만의 정남에게 군역과 요역 부과

3 산업 발달

1. **농업**
   (1) 남부 지방 일부 모내기 보급, 시비법 발달로 연작 상경 가능
   (2) 『농사직설』, 『금양잡록』 등 농서 보급
2. **수공업**
   (1) 장인들을 공장안에 등록하여 생산에 종사하게 하는 관영 수공업 발달
   (2) 16세기 이후 부역제가 해이해지고 상업이 발전하면서 관영 수공업은 점차 쇠퇴
3. **상업**
   (1) 상업 통제, 육의전 번성, 경시서 설치
   (2) **장시 발달**: 16세기 중엽 전국적으로 확대, 보부상 성장
4. **화폐**: 유통 부진
   (1) **저화**: 태종 때 발행된 최초의 지폐
   (2) 조선통보(세종), 팔방통보(세조) 등 발행
5. **대외 무역**: 명(공무역+사무역), 여진(무역소 설치), 일본(왜관 설치)

육의전
조선시대 독점적 상업권을 부여받고 국가 수요품을 조달한 시전 중 여섯 종류의 큰 상점이다.

보부상
봇짐이나 등짐을 지고 행상을 하면서 교환 경제가 이루어지도록 중간자 역할을 했던 전문적인 상인이다.

자료 돋보기

직전법 ≫33회 중급 23번

역사신문

제△△호 ○○○○년 ○○월 ○○일

수신전과 휼양전 부활 주장 대두

수신전과 휼양전의 지급이 중단되고 이 법(직전법)이 실시되면서 죽은 남편과의 의리를 지키려고 하는 여자들이나 부모의 제사를 모시려는 자손들이 때때로 경제적으로 어려운 처지에 놓이게 되었다. 이에 따라 일각에서는 수신전과 휼양전을 부활시키자는 주장이 대두되고 있다.

『농사직설』 ≫39회 중급 17번

이달의 책

세종의 명으로 정초, 변효문 등이 편찬한 농서이다. 각지의 연륜이 있는 농부들에게 농사에 대한 경험을 묻고 이를 바탕으로 우리 풍토에 맞는 농법을 기록하였다. 세종은 여러 군현에 이 책을 나누어 주었다.

기출 맛보기

밑줄 그은 '왕'이 실시한 정책으로 옳은 것은? 39회 고급 25번 [2점]

이번에 정초와 변효문이 새로운 농서를 편찬했다는군.

우리 풍토에 맞는 농법을 보급하기 위한 서적을 편찬하라는 왕의 명을 받들었다고 하네.

① 결작을 징수하여 재정 부족 문제에 대처하였다.
② 연분 9등법을 시행하여 수취 체제를 정비하였다.
③ 기유약조를 체결하여 일본과의 무역을 재개하였다.
④ 설점수세제를 시행하여 민간의 광산 개발을 허용하였다.
⑤ 직전법을 실시하여 현직 관리에게만 수조권을 지급하였다.

정답 ②

정답 분석

자료는 세종 때의 『농사직설』 편찬에 대한 내용이다. 세종은 체계적으로 전세를 걷기 위해 토지의 비옥도에 따라 토지의 등급을 나누는 전분 6등법과 풍흉에 따라 전세를 차등 징수하는 연분 9등법을 실시하였다. 이에 1결당 최대 20두에서 최하 4두를 내게 되어 농민의 부담이 줄어들었다.

오답 풀이

① 영조, ③ 광해군, ④ 효종, ⑤ 세조 때의 일이다.

조선 전기의 사회

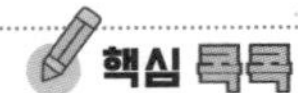

양반, 백정

1 신분 제도

1. 양천제: 법제적 신분, 신분을 자유민인 양인과 천인으로 구분

2. 반상제: 실제적 신분, 양반·중인·상민·천민으로 구분

(1) 양반

① 본래 문반·무반을 일컫는 말이었으나 시간이 흐르면서 양반의 가족들도 양반으로 불림.

② 고위 관직을 독점하고 각종 국역을 면제 받으며 조선 사회를 주도

(2) 중인

① 넓은 의미로는 양반과 상민의 중간 계층, 좁은 의미로는 기술관만을 의미

② 서리·향리·남반·기술관 등, 직역을 세습하며 하위 지배층을 구성

③ 서얼은 중인과 같은 대우

(3) 상민

① 백성의 대부분을 차지하는 농민·수공업자·상인, 조세·공납·역의 의무

② 신량역천: 신분은 양인이나 천역 담당

(4) 천민

① 백정: 도살업·유기 제조업·육류 판매업 등을 주로 하는 천민층으로 변화

② 대다수는 노비로, 재산으로 취급되어 매매·증여·상속의 대상이 됨.

③ 부모 중 한 쪽이 노비이면 자식도 노비(일천즉천)

④ 공노비(입역 노비, 외거 노비)와 사노비(솔거 노비, 외거 노비)로 구분

서얼

양반 출신 아버지와 첩인 어머니 사이에 태어난 자손을 가리키는 말로, 양인 첩에게서 태어난 자식 '서자'와 천인 첩에게서 태어난 자식 '얼자'를 함께 부르는 명칭이다.

신량역천

조선시대 일곱 가지 천대받는 역이라는 용어로, 수군, 조례, 나장, 일수, 봉수군, 역졸, 조졸 등 힘든 업무에 종사한 부류의 사람들을 말한다.

2 사회 시책과 법률

1. 빈민 구제: 의창·상평창, 사창제, 환곡제

2. 의료: 혜민국, 동서대비원(약재 판매), 활인서(유랑민 수용)

3. 법률

(1) 『경국대전』과 『대명률』에 의거

(2) 반역죄와 강상죄를 엄히 처벌, 연좌제 적용

자료 돋보기

중인 1 ≫45회 고급 22번

변승업은 사역원 소속의 일본어 역관으로 큰 부자가 된 인물이야.
허생전에 나오는 변 부자는 조선 시대 역관 변승업의 할아버지를 모델로 하고 있다고 해.
변승업과 같은 역관들이 속한 신분을 중인 (이)라고 하는데, 여기에는 의관, 천문관, 율관 등도 포함되었어.

중인 2

성종 13년 4월 신해, 사헌부 대사헌 채수가 아뢰었다. "어제 전지를 보니 통역관, 의관을 권장하고 장려하고자 능통하고 재주가 있는 자는 양반에 발탁하여 쓰라고 특별히 명령하셨다니 듣고 놀랐습니다. 무릇 벼슬에는 높고 낮은 것이 있고, 직책에는 가볍고 무거운 것이 있습니다. 약사, 통역관은 사대부의 반열에 낄 수 없습니다. …… 의관, 역관의 무리는 모두 미천한 계급 출신으로서 사족이 아닙니다."

－『성종실록』

조선의 노비

무릇 노비의 매매는 관청에 신고해야 하며 사사로이 몰래 사고 팔았을 때는 관청에서 노비와 그 대가로 받은 물건을 모두 몰수한다. 나이 16세 이상 50세 이하는 값이 저화 4천 장이고, 15세 이하 50세 이상은 3천 장이다.

－『경국대전』

기출 맛보기

(가)에 대한 설명으로 옳은 것은? 34회 고급 30번 [1점]

역사 용어 해설

(가)

고려 시대의 재인(才人)과 화척(禾尺)을 조선 초기에 하나로 합쳐서 부른 이름이다. 고려 시대의 재인과 화척은 유랑 생활을 하던 존재로 천인 취급을 받았다. 세종 때에는 천하게 여겨지던 재인이나 화척 대신 고려 시대 일반 백성을 일컬었던 (가) (이)라는 이름을 붙였다.

① 매매, 상속, 증여의 대상이 되었다.
② 장례원을 통해 국가의 관리를 받았다.
③ 사신을 수행하면서 통역을 담당하였다.
④ 일제 강점기에 형평 운동을 전개하였다.
⑤ 청요직 진출을 요구하는 상소를 집단으로 올렸다.

정답 ④

정답 분석

자료의 (가)는 백정이다. 고려 시대에는 특정한 직역을 부담하지 않고 주로 농업에 종사하던 농민층을 백정이라 불렀으나, 조선 시대에는 고리 제조업이나 도축업 등 천하다고 여겨지는 일을 하는 사람을 일컫는 말이 되었다. 1894년 갑오개혁으로 신분 제도가 사라진 후에도 백정에 대한 사회적 차별이 남아있었기 때문에, 1920년대 백정들은 사회적 차별 철폐를 위한 형평 운동을 전개하였다.

오답 풀이

①, ② 노비, ③ 역관, ⑤ 서얼에 대한 설명이다.

조선 전기의 문화 1 - 사상·종교

핵심 콕콕

이황, 이이
『성학십도』, 『성학집요』
『조선왕조실록』

1 성리학 발달

1. 이기론: 우주의 원리와 인간의 심성을 '이(理)'와 '기(氣)'로 나누어 이해

주리론	주기론
• 절대절이고 이론적인 이(理)를 중시 • 이언적, 이황, 유성룡 등	• 경험적이고 현실적인 기(氣)를 중시 • 서경덕, 조식, 이이 등

2. 이황과 이이

이황	이이
• 주리론 • 『주자서절요』, 『성학십도』 • 군주가 스스로 성학을 따를 것을 주장 • 일본 성리학 발전에 영향 • 영남 학파 형성	• 주기론 • 이황에 비해 현실적·개혁적 성격 • 『동호문답』, 『성학집요』 • 현명한 신하가 군주에게 성학을 가르쳐 기질을 변화시켜야 한다고 주장 • 기호 학파 형성

『성학십도』
이황이 국왕인 선조가 성리학의 원리를 쉽게 이해할 수 있도록 그림과 함께 설명한 책이다. 군주 스스로가 성학을 따를 것을 제시하였다.

『성학집요』
사서와 육경에 씌어있는 도(道)의 개략을 추출하여 간략하게 정리한 책이다. 현명한 신하가 성학을 군주에게 가르쳐 기질을 변화시켜야 한다고 주장하였다.

3. 역사서
 (1) 15세기: 자주적 사관
  ① 『고려사』: 김종서, 정인지 등이 편찬한 기전체 역사서
  ② 『고려사절요』: 『고려사』를 보충한 편년체 역사서
  ③ 『동국통감』: 서거정 등이 단군~고려 말까지의 역사를 정리하여 편찬한 편년체 역사서
 (2) 16세기: 사대적, 기자 강조
  ① 『기자실기』: 이이
  ② 『동국사략』: 『동국통감』 비판
 (3) 『조선왕조실록』
  ① 태조~철종까지 25대왕에 걸친 역사를 편년체로 정리
  ② 유네스코 세계 기록 유산 등재

2 종교

1. 불교: 억불 정책
 (1) 태종: 사찰의 토지와 노비를 몰수하고 사원을 통폐합
 (2) 세종: 교단 정리, 선종·교종 각각 18개씩 36개의 사찰만 인정
 (3) 세조: 일시적인 불교 진흥
  ① 간경도감 설치: 불교 경전 번역
  ② 원각사지 10층 석탑 건립
 (4) 성종: 간경도감·도첩제·승과 폐지
 (5) 명종: 승과 제도 일시 부활, 보우·유정 등의 승려 배출

2. 도교: 소격서 설치, 초제 시행

3. 풍수지리설: 한양 천도에 영향, 묘지 선정에 영향을 주어 산송 문제 대두

자료 돋보기

이황 ≫40회 중급 17번

탐구 활동 계획서

이름 ○○○

1. **주제:** 조선 성리학의 발전에 기여한 이황
2. **탐구 방법:** 문헌 조사, 인터넷 검색 등
3. **탐구 내용**
4. **가.** 『성학십도』의 저술 목적
5. **나.** 기대승과의 사단 칠정 논쟁
6. **다.** 일본에서 '동방의 주자'로 불린 이유
7. **결과:** 보고서 작성

『성학십도』

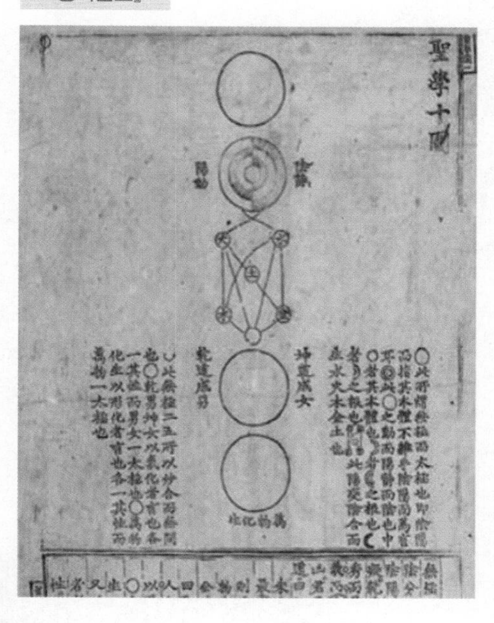

이이 ≫39회 고급 21번

격몽요결

이 책은 이이 이/가 성리학을 처음 배우는 학도들의 입문서로 저술한 것이다. 서문에 의하면 제자들에게 뜻을 세우고 몸을 삼가며, 부모를 봉양하고 손님을 접대하는 방법을 가르치고자 지었다고 한다. 총 10장으로 구성되어 있으며, 덕행과 지식의 함양을 위하여 여러 차례 간행되었다.

기출 맛보기

다음 자료에 해당하는 책으로 옳은 것은? 35회 중급 19번 [2점]

역사 선생님이 추천하는 5월의 도서

군주의 덕목을 제시한 책, ○○○○

율곡 이이가 선조에게 바친 책으로 임금이 배워야 할 덕목과 지식이 담겨 있어요. "이 책은 비록 임금의 학문에 주안점을 두었지만 실상은 상하에 모두 통합니다."라는 내용이 서문에 실려 있어요.

① 『동국통감』 ② 『목민심서』 ③ 『반계수록』
④ 『성학집요』 ⑤ 『제왕운기』

정답 ④

정답 분석

이이는 '이'와 '기'를 통일적으로 이해하면서 현실 세계를 구성하는 '기'를 중시하였다. 현실적이고 개혁적인 성향의 이이는 조세 제도 등 통치 체제의 개혁 방안을 제시하였고, 『동호문답』과 『성학집요』 등의 저서를 남겼다.

오답 풀이

① 서거정, ② 정약용, ③ 유형원, ⑤ 이승휴의 저서이다.

조선 전기의 문화 2

핵심 톡톡

몽유도원도, 고사관수도
측우기, 앙부일구, 자격루
『농사직설』, 『칠정산』

1 예술

1. 도자기: 초기에는 분청사기 유행 ➡ 16세기 이후 순백자가 널리 생산
2. 회화
   (1) 15세기: 안견 '몽유도원도', 강희안 '고사관수도'
   (2) 16세기: 사군자 유행, 이상좌 '송하보월도', 신사임당의 초충화
3. 음악
   (1) 세종 때 정간보 창안·아악 체계화
   (2) 성종 때 『악학궤범』 편찬

△ 몽유도원도

△ 고사관수도

2 과학 기술·서적

1. 천문학
   (1) 혼의·간의·앙부일구·자격루(시간 측정), 인지의·규형(토지 측량)
   (2) 측우기(강우량 측정), '천상열차분야지도'(천문도) → 고구려 천문도 참고
   (3) 역법: 『칠정산』(『수시력』·『회회력』 참고, 한양 기준 역법)
2. 인쇄술
   (1) 태종 때 주자소 설치 ➡ 계미자를 주조
   (2) 세종 때 경자자 주조(계미자 개량) ➡ 갑인자로 개량, 조지서 설치(종이 제작)
3. 병서·무기
   (1) 『총통등록』 편찬, 신기전·화차 개발(세종)
   (2) 『동국병감』, 『병장도설』 편찬(문종)
4. 의학
   (1) 혜민국·동서대비원(질병 치료)·제생원 → 질병 치료
   (2) 『향약집성방』·『의방유취』 편찬(세종)
5. 지리서·지도 편찬
   (1) 지도: '혼일강리역대국도지도'(태종), '팔도도'(세종), '동국지도'(세조)
   (2) 지리서: 『신찬팔도지리지』(세종), 『동국여지승람』(성종), 『신증동국여지승람』(중종)

❁ 측우기

❁ 자격루

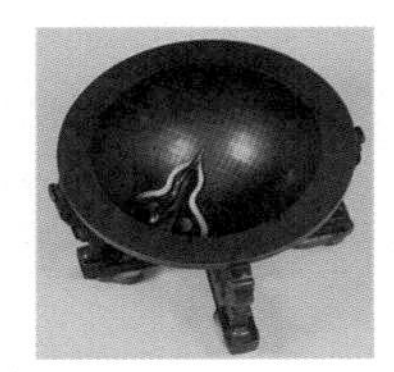
❁ 앙부일구

자료 돋보기

>41회 중급 19번

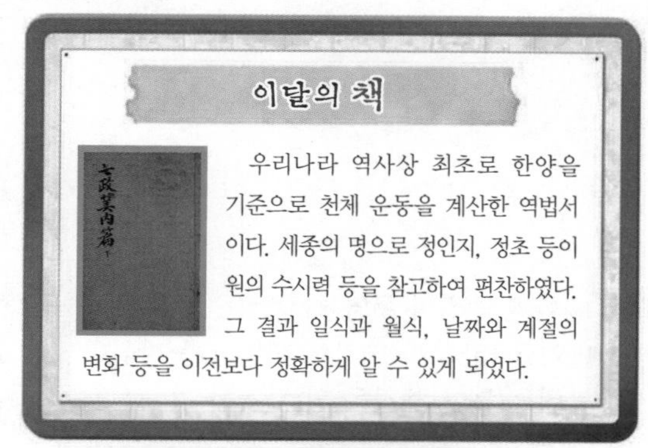

이달의 책
우리나라 역사상 최초로 한양을 기준으로 천체 운동을 계산한 역법서이다. 세종의 명으로 정인지, 정초 등이 원의 수시력 등을 참고하여 편찬하였다. 그 결과 일식과 월식, 날짜와 계절의 변화 등을 이전보다 정확하게 알 수 있게 되었다.

세종 때의 문화 발전 >40회 고급 19번

한국사 묻고 답하기

답변: 5 조회: 63

질문 세종 대에는 실용적인 학문이 발전하고 여러 분야에 걸쳐 과학 기술의 진전이 이루어졌습니다. 그 구체적인 사례로 무엇이 있을까요?

↳ 답변

↳ 시간을 측정하기 위해 해시계인 앙부일구가 만들어졌어요.

↳ 한양을 기준으로 한 역법서인 칠정산이 편찬되었어요.

↳ 개량된 금속 활자인 갑인자가 구조되었어요.

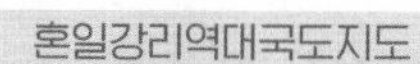

>40회 중급 20번 → 혼리강리역대국도지도

이 지도는 현재 전하는 동아시아의 세계 지도 중에서 가장 오래된 것입니다. 지도 아래쪽에 조선 초기 학자인 권근이 쓴 발문에 의하면, 중국에서 들여온 세계 지도에 조선과 일본의 지도를 보완하여 새로 편집하였다고 합니다.

조선 전기 과학 기술 발전 >38회 중급 19번

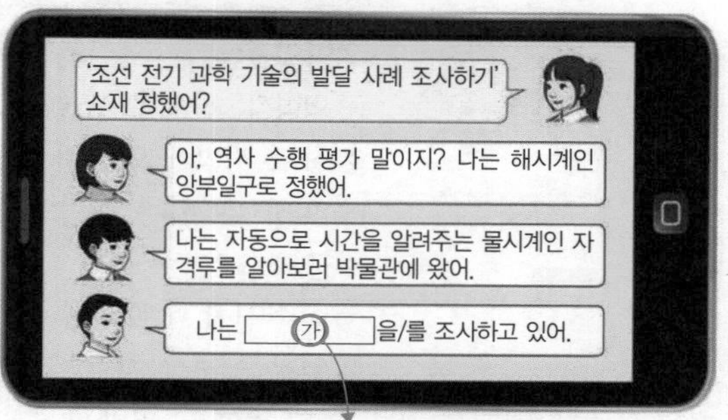

'조선 전기 과학 기술의 발달 사례 조사하기' 소재 정했어?
아, 역사 수행 평가 말이지? 나는 해시계인 앙부일구로 정했어.
나는 자동으로 시간을 알려주는 물시계인 자격루를 알아보러 박물관에 왔어.
나는 (가) 을/를 조사하고 있어.

→ 『기기도설』을 참고하여 만든 기중기

기출 맛보기

다음 상황 이후에 전개된 사실로 옳은 것은? 42회 고급20번 [2점]

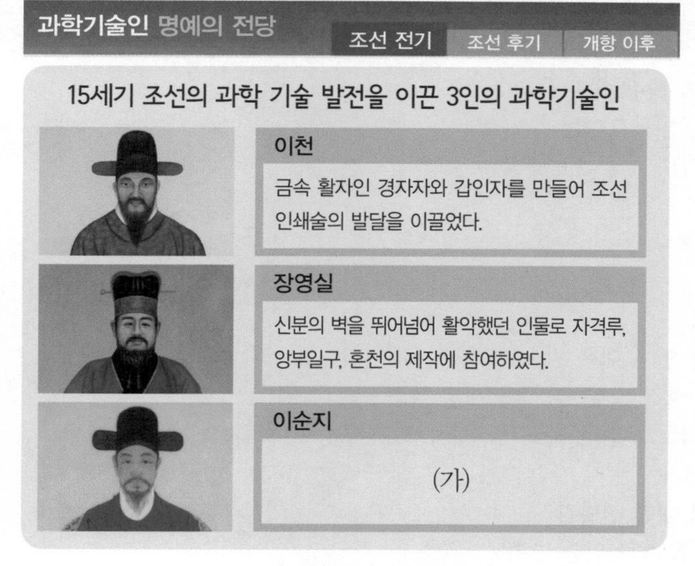

과학기술인 명예의 전당

15세기 조선의 과학 기술 발전을 이끈 3인의 과학기술인

금속 활자인 경자자와 갑인자를 만들어 조선 인쇄술의 발달을 이끌었다.

신분의 벽을 뛰어넘어 활약했던 인물로 자격루, 앙부일구, 혼천의 제작에 참여하였다.

① 『기기도설』을 참고하여 거중기를 설계하였다.
② 최초로 100리 척 축척법을 사용하여 지도를 만들었다.
③ 홍역에 관한 국내외 자료를 종합하여 의서를 편찬하였다.
④ 한양을 기준으로 천체 운동을 계산한 역법서를 저술하였다.
⑤ 체질에 따라 처방을 달리해야 한다는 사상 의학을 확립하였다.

정답 ④

정답 분석

조선 전기 까지 제작한 역법은 중국과 아라비아 등에서 만든 것이기 때문에 우리 실정에 맞지 않았다. 그리하여 세종은 이순지 등에게 명하여 우리 나라 한양을 기준으로 하여 칠정산을 만들었다.

오답 풀이

①, ③ 정약용, ② 정상기, ⑤ 이제마에 대한 설명이다.

임진왜란

핵심 톡톡

이순신, 한산도, 명량
조·명 연합군

1 임진왜란과 정유재란

1. 조선 전기 대일본 관계
   (1) 세종 때 이종무, 쓰시마 정벌 ➡ 3포 개항, 제한된 범위의 무역 허용
   (2) 3포 왜란(중종, 1510) 이후 3포 폐쇄 ➡ 을묘왜변(1555)을 계기로 비변사를 상설화
   (3) 16세기 말 도요토미 히데요시, 일본 통일 ➡ 내부 불만 해결을 위해 조선 침략

2. 임진왜란(1592)
   (1) 전쟁 발발과 육상전 패배: 부산진·동래성 전투에서 패배 ➡ 충주 방어선 함락(신립) ➡ 선조 의주 피란, 명에 원군 요청 ➡ 일본 평양 점령
   (2) 의병의 활약
      ① 의병장: 곽재우·조헌·고경명 등
      ② 향토 지리에 익숙한 이점을 살려 일본군에 큰 타격
      ③ 휴정·유정 등 승병의 활약
   (3) 수군의 활약
      ① 이순신이 이끄는 수군, 옥포·사천·한산도에서 일본군에 승리
      ② 일본군 보급 차단, 전라도 곡창 지대와 해안 지대 방위
   (4) 조·명 연합군: 평양성 탈환, 진주성(김시민)·행주산성(권율) 전투 승리
   (5) 휴전 회담
      ① 명–일본 사이의 휴전 회담
      ② 휴전 회담 중 훈련도감 설치, 속오법 실시, 화포 개량·조총 제작

훈련도감
류성룡의 건의로 임진왜란 도중 설치된 부대로, 급료를 받는 직업 군인이었다. 포수·사수·살수의 삼수병으로 구성되었다.

3. 정유재란(1597)
   (1) 직산 전투 승리, 이순신의 명량 해전 승리
   (2) 도요토미 히데요시 사망, 일본군 철수
   ▶ 노량 해전(이순신 전사)

2 왜란의 결과

1. 국내
   (1) 인명 살상, 기근·질병 ➡ 인구 대폭 감소
   (2) 토지 황폐화, 토지 대장·호적 소실 ➡ 국가 재정 악화
   (3) 불국사·경복궁·사고(史庫) 소실, 활자·그림·서적·도자기 등이 소실·약탈
   (4) 신분제 동요
      ① 무능한 정부와 양반에 대한 실망감
      ② 노비 문서 소실, 재정 확충을 위한 납속

2. 국외
   (1) 일본: 정권 교체
   (2) 명: 국력 쇠퇴
   (3) 여진: 급속한 성장, 명과 조선을 위협

❁ 임진왜란의 전개

자료 돋보기

진주성 전투 ≫38회 중급 21번

시 속의 세 장수는 임진왜란 당시 이 전투에서 최후를 맞이하였습니다. 비록 패배하였지만 이 전투는 왜군의 호남 진출을 좌절시켰다는 평가를 받기도 합니다.

→ 진주성 전투

촉석루에 오른 세 장수는
한잔 술을 들고 웃으며 강물을 가리키네.
긴 강물은 도도히 흐르나니
물결은 마르지 않으며 혼 또한 죽지 않으리.

논개가 순절한 곳으로 알려진 촉석루와 의암

훈련도감 ≫40회 중급 22번

역사신문

제△△호 1594년 ○○월 ○○일

훈련도감, 왜군을 무찌를 첨병으로 기대감 높아

조정은 유성룡의 건의에 따라 훈련도감을/를 편제하기로 하였다. 신분에 관계없이 병사를 모집하여 매월 쌀로 급료를 지급할 예정이다. 또한 우수한 병사에게는 양인의 경우 국왕의 친위군인 금군으로 발탁될 기회가, 천인의 경우 면천의 혜택이 주어진다고 한다. 한 관계자는 "모집에 응하는 자가 사방에서 모여들 것"이라고 기대감을 드러내었다.

평양성 전투

명 제독 이여송이 많은 군대를 거느리고 평양성 밖에 이르러 여러 장군에게 부대를 나누어 성을 포위하게 하였다. 이에 왜적들이 성 북쪽의 모란봉으로 올라가 함성을 지르며 총포를 쏘았다. 명군의 한 부대는 조선의 관군과 함께 함구문으로 들어가고, 한 부대는 보통문으로 들어가고, 또 다른 한 부대는 밀덕의 적성에 올라가 사방에서 공격하여 왜적들을 무너뜨렸다. – 『선조실록』

비변사 ≫43회 중급 23번

이 기구는 외적의 침입에 대응하기 위해 설치되었다가 임진왜란을 거치면서 기능이 확대되어 국정 전반을 총괄하게 되었습니다. 비국, 주사라고도 불린 이 기구는 무엇일까요?

→ 비변사

기출 맛보기

다음 일기의 훼손된 부분에 해당하는 시기의 사실로 옳은 것은? 45회 고급 24번 [2점]

임진년 ○○월 ○○일

왕은 세자에게 평안북도 강계로 가서 혼란한 정국을 안정시키고 수습하라고 하였다. 그 후 왕은 의주로 향하였고 세자는 강계로 향하였다. 오늘부터 조선에는 두 개의 조정이 있게 되었다.

계사년 ○○월 ○○일

조·명 연합군이 평양성을 탈환했다는 소식이 분조(分朝)에 들려왔다. 평양성의 탈환은 전쟁의 국면을 전환하는 매우 값진 승리였다.

① 이순신이 한산도 대첩에서 승리하였다.
② 정발이 부산진성 전투에서 전사하였다.
③ 휴전 회담의 결렬로 정유재란이 시작되었다.
④ 명의 요청으로 강홍립의 부대가 파견되었다.
⑤ 정봉수와 이립이 의병을 이끌고 활약하였다.

정답 ①

정답 분석

자료는 임진왜란 당시 선조가 피란하는 상황과 조·명 연합군이 평양을 탈환하는 상황이다. 전쟁 발발 직후 왜군은 부산진·동래성으로 들어와 파죽지세로 진군하였고, 신립이 지키던 충주 방어선마저 무너지자 선조는 의주로 피난하고 명에 원군을 요청하였다. 이 때 이순신이 이끄는 수군이 옥포·한산도 등에서 왜군을 물리쳐 보급로를 차단하였고, 명의 원군이 도착하면서 조·명 연합군은 평양을 탈환하였다.

오답 풀이

② 임진왜란 발발 직후 부산진의 첨사 정발이 왜군과 싸우다 전사하였다. ③ 주어진 자료 이후, ④ 임진왜란 발발 이전 광해군 때, ⑤ 정묘호란 때의 일이다.

주제 36

청에 대한 복수를 준비하다

태조 성종 연산군 명종 선조 정조 순조 철종
체제 정비 사화 붕당 정치 세도 정치

조선 후기의 정치 1

핵심 톡톡

중립 외교, 인조 반정
병자호란, 북벌

1 광해군의 중립 외교와 인조 반정

1. 광해군의 전후 복구 사업: 양안·호적 재작성, 『동의보감』 편찬, 사고 건립

2. 중립 외교: 누르하치의 여진족 통일, 명 압박 ➡ 명의 출병 요청 ➡ 광해군, 강홍립을 도원수로 삼아 출병은 하되 적극적으로 싸우지 말 것을 명령 ➡ 조·명 연합군 후금에 패배

3. 폐모살제: 서자 출신 국왕 광해군이 정권 안정을 위해 계비 인목 대비를 유폐시키고 인목 대비의 아들 영창 대군을 제거

4. 인조 반정
 (1) 중립 외교와 폐모살제를 구실로 한 서인들의 반정
 (2) 광해군 축출, 유폐되었던 인목 대비가 돌아오고 인조 즉위 ➡ 서인 집권

2 친명배금 정책과 호란

1. 광해군의 중립 외교를 구실로 반정을 일으킨 서인 정권의 친명배금 정책 추진

2. 정묘호란(1627)
 (1) 후금, 광해군 폐위에 대한 보복을 명분으로 조선 침략
 (2) 관군과 정봉수(용골산성)·이립(의주) 등이 일으킨 의병의 저항
 (3) 형제 관계를 맺고 강화

3. 병자호란(1636)
 (1) 후금이 국호를 '청'으로 바꾸고 조선에 군신 관계 체결 요구 ➡ 조선이 거절하자 침략
 (2) 임경업(백마산성) 등이 분전하였으나 패배 ➡ 청 한양 점령, 인조 남한산성에서 항전
 (3) 주전론(김상헌) vs 주화론(최명길) ➡ 주화론 우세, 군신 관계 체결 (→ 삼전도의 굴욕)

삼전도비

병자호란 때 승리한 청 태종이 자신의 공덕을 새긴 기념비를 세우도록 조선에 강요하여 세워진 비석이다.

3 북벌 운동과 나선 정벌

1. 북벌 운동
 (1) 청에 당한 치욕에 대한 복수 준비
 (2) 송시열·이완 등, 북한산성 수축 및 군대 양성 ➡ 실패

2. 나선 정벌: 러시아의 만주 공격 ➡ 청의 원병 요청 ➡ 조선 조총 부대 파견

자료 돋보기

광해군 1 ≫43회 중급 21번

광해군 은/는 이곳 덕수궁 석어당에 인목 대비를 유폐하였습니다. 이 사건은 서인 세력이 인조반정을 일으키는 명분이 되기도 하였습니다.

광해군 2 ≫40회 고급 25번

며칠 전 역적의 입을 통해 김제남과 함께 영창 대군을 옹립하기로 모의한 사실이 밝혀졌습니다. 영창 대군이 비록 아무 것도 모르는 어린아이라 할지라도 용서받을 수 없는 죄가 있사오니, 법대로 처리하게 하소서.

병자호란 ≫41회 중급 23번

심양일기에 대해 소개해 주시기 바랍니다.
이 전쟁의 결과 청에 볼모로 잡혀간 소현 세자 일행이 심양에서 겪은 일들을 정리한 것입니다.
병자호란
심양일기

주화론

정묘년 때 맹약을 잠시라도 지켜서 몇 년이나마 화(禍)를 늦춰야 합니다. 그 사이 어진 정치를 베풀어 민심을 수습하며 성을 쌓고 군량을 비축해야 합니다. 또 방어를 더욱 튼튼히 하고 군사를 집합시켜 일사불란하게 해야 합니다. 그런 다음 적의 허점을 노리는 것이 우리로서는 최상의 계책일 것입니다.

－『지천집』

기출 맛보기

다음 가상 뉴스 보도 이후에 전개된 사실로 옳은 것은? 43회 중급 22번 [2점]

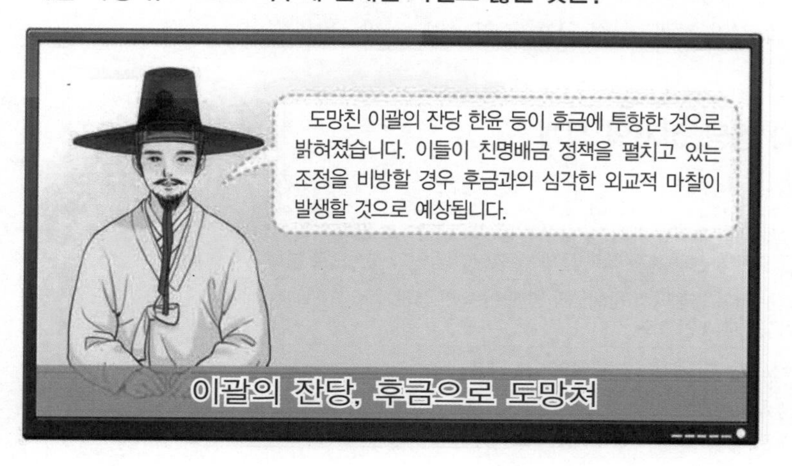

도망친 이괄의 잔당 한윤 등이 후금에 투항한 것으로 밝혀졌습니다. 이들이 친명배금 정책을 펼치고 있는 조정을 비방할 경우 후금과의 심각한 외교적 마찰이 발생할 것으로 예상됩니다.
이괄의 잔당, 후금으로 도망쳐

① 정묘호란이 일어났다.
② 4군 6진이 개척되었다.
③ 기유약조가 체결되었다.
④ 정동행성이 설치되었다.
⑤ 천리장성이 축조되었다.

정답 ①

정답 분석

자료는 인조반정 직후 논공행상에 불만을 품고 난을 일으킨 이괄의 난이 실패한 직후의 상황이다. 광해군을 몰아낸 서인 세력이 친명 배금 정책을 펴자, 후금이 조선을 침략하였다(정묘호란, 1627). 정봉수와 이립 등이 의병을 일으켜 맞서 싸웠으나 조선은 후금을 막기에 힘이 부족했고, 조선은 후금과 형제 관계를 맺고 전쟁을 끝냈다.

오답 풀이

② 세종, ③ 광해군, ④ 원 간섭기, ⑤ 고구려와 고려 시대의 일이다.

조선 후기의 정치 2

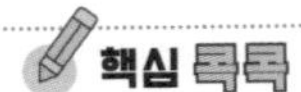

예송
환국

예송
'예절에 관한 논란'이란 의미로, 효종과 효종 비가 죽자 효종의 계모인 자의 대비가 상복을 얼마 동안 입을 것인가의 문제를 둘러싸고 발생한 서인과 남인 간의 논쟁이다. 차남으로 왕위에 오른 효종의 정통성 문제와도 관련이 있어 정치적 논란이 되었다.

노론과 소론
노론(송시열 계열)은 대의명분을 강조하고 숙종의 후계자로서 숙빈 최씨의 아들이었던 영조를 지지하였다. 반면, 소론(윤증 계열)은 실리를 중시하고 후계자로서 희빈 장씨의 아들이었던 경종을 지지하였다.

1 예송(현종)

1. 배경
   (1) 인조의 장남 소현 세자 사망으로 둘째 아들 봉림 대군이 왕위에 오름(효종).
   (2) 효종 사후 인조의 계비 자의 대비가 상복을 입는 기간을 놓고 논쟁 발생
2. 기해예송(1659)
   (1) 효종 국장 기간에 대한 서인과 남인의 논쟁
   (2) 남인 3년 주장 vs 서인 1년 주장 ➡ 서인 승리
   (→ 왕자례부동사서) (→ 천하동례)
3. 갑인예송(1674)
   (1) 효종비 국장 기간에 대한 서인과 남인의 논쟁
   (2) 남인 1년 주장 vs 서인 9개월 주장 ➡ 남인 승리

2 환국(숙종)

1. 배경: 붕당 간 대립 격화, 숙종의 탕평론 제기
2. 전개: 실제로는 번갈아가며 한 당파가 권력을 쥐며 경쟁 심화
   (1) 경신환국(1680)
      ① 배경: 남인의 영수 허적이 국왕의 허락 없이 유악을 가져다가 사용
      ② 결과: 남인 몰락, 서인이 노론과 소론으로 분화
   (2) 기사환국(1689)
      ① 배경: 숙종이 희빈 장씨 아들을 원자로 책봉하려하자 서인이 반대
      ② 결과: 서인 몰락·남인 집권, 인현 왕후가 폐비되고 희빈 장씨 왕비 책봉
      (→ 송시열 사사)
   (3) 갑술환국(1674)
      ① 배경: 서인의 인현 왕후 복위 운동에 대한 남인의 탄압
      ② 결과: 남인 몰락·서인 집권, 인현 왕후 복위·희빈 장씨 사사

3 붕당의 출현과 붕당 정치의 전개

시기	전개
선조	• 이조 전랑직을 둘러싼 대립 ➡ 사림이 동인과 서인으로 분화 • 정여립 모반 사건과 세자 책봉 문제 ➡ 동인이 남인과 북인으로 분화
광해군	• 임진왜란 극복 과정에서 광해군과 함께 한 북인 집권 • 인조반정으로 서인 집권
인조 ~ 효종	서인이 주도하는 가운데 남인이 참여하는 양상
현종	• 기해예송: 서인 승리 • 갑인예송: 남인 승리 ➡ 남인 집권
숙종	• 경신환국: 서인 집권, 서인이 노론과 소론으로 분화 • 기사환국: 남인 집권 • 갑술환국: 서인 집권

자료 돋보기

붕당 정치의 전개 ≫39회 중급 23번

〈주제: 조선 후기 붕당 정치의 흐름〉
자의 대비의 복상 기간을 둘러싼 예송이 발생하였습니다.
붕당의 폐해를 경계하기 위해 탕평비가 건립되었습니다.
서인과 남인의 대립으로 경신환국이 일어났습니다.
1
2
3

갑술환국 1 ≫39회 고급 30번

기사년 원자 명호(名號)를 정한 것에 반대한 송시열의 관직을 회복시키고 제사를 지낼 수 있도록 하라.

갑술환국 2 ≫41회 중급 25번

중전 장씨가 희빈으로 강등되었다고 하네.
기사환국으로 득세했던 남인 세력이 이제 몰락하겠군.

숙종 ≫43회 중급 24번

이 책은 장희빈을 왕비로 책봉한 왕의 초상화 제작 과정을 기록한 의궤입니다. 그는 환국을 통해 정국을 주도하였습니다.

기출 맛보기

다음 상황 이후에 전개된 사실로 옳은 것은? 45회 고급 26번 [3점]

> 임금이 말하기를, "송시열은 산림(山林)의 영수로서 나라의 형세가 험난한 때에 감히 원자의 명호를 정한 것이 너무 이르다고 하였으니, 삭탈 관작하고 성문 밖으로 내쳐라. 반드시 송시열을 구하려는 자가 있겠지만, 그런 자는 비록 대신이라 하더라도 용서하지 않을 것이다."라고 하였다.

① 공신 책봉 문제로 이괄의 난이 일어났다.
② 정여립 모반 사건으로 옥사가 발생하였다.
③ 허적과 윤휴 등 남인들이 대거 축출되었다.
④ 북인이 서인과 남인을 배제하고 권력을 장악하였다.
⑤ 인현 왕후가 폐위되고 희빈 장씨가 왕비로 책봉되었다.

정답 ⑤

정답 분석

자료는 조선 숙종 때 송시열이 희빈 장씨 아들의 원자 책봉에 반대하다가 사사되는 상황이다. 1689년에 숙종은 인현 왕후가 살아있음에도 희빈 장씨의 아들을 원자로 책봉하겠다고 선언하였고, 송시열과 서인은 이에 반대하다가 큰 피해를 입었다(기사환국). 이로 인해 남인이 권력을 잡게 되었고, 인현 왕후가 폐위되고 희빈 장씨가 왕비로 책봉되었다.

오답 풀이

① 인조, ② 선조, ③ 기사환국 이전 경신환국, ④ 광해군 때의 일이다.

탕평 정치

핵심 톡톡

탕평비
규장각, 초계문신제
장용영, 화성

완론 탕평과 준론 탕평

영조의 탕평책을 노론을 중심으로 하는 온건한 탕평책이라는 의미에서 '완론 탕평'이라 하고, 정조의 탕평책을 적극적인 탕평책이라는 의미에서 '준론 탕평'이라고 한다.

탕평비

수원 화성 팔달문

1 영조

1. 이인좌의 난(1723)
   - (1) 경종 즉위 후 노론의 연잉군(→경종의 이복 동생, 영조) 세제 책봉 요구 ➡ 소론의 노론 제거
   - (2) 영조 즉위 후 소론이 경종의 사망에 영조가 관여되어 있다는 이유로 반란

2. 탕평 정치
   - (1) **완론(소극적) 탕평**: 강력한 왕권으로 붕당 간 대립을 억누른 것에 불과
   - (2) **탕평파 육성**: 탕평 정책에 동의하는 온건하고 타협적인 인물을 등용하여 정국 운영
   - (3) 산림의 존재를 부정, 서원을 대폭 정리
   - (4) 이조 전랑의 후임자 천거권·3사 관리 선발권 폐지
   - (5) 성균관 앞에 탕평비를 세워 탕평 의지를 천명

3. 민생 안정책
   - (1) **균역법**: 군포 부담 경감
   - (2) 신문고 제도 부활
   - (3) 가혹한 형벌 폐지, 사형수에 대한 삼심제 실시

4. 문물 제도 정비: 『속대전』, 『속오례의』, 『동국문헌비고』 편찬

2 정조

1. 탕평 정치
   - (1) **준론(적극적) 탕평**: 권력에서 배제되었던 소론·남인 계열 중용
   - (2) **규장각 설치**
     - ① **정책 연구·인재 양성**: 서얼 출신 규장각 검서관 등용
     - ② **초계문신제**: 규장각 소속 인재들에 대한 재교육
   - (3) **장용영 설치**: 국왕 친위 부대, 군사권 장악
   - (4) 지방 사림이 주관하던 향약을 수령이 주관하게 하여 지방 사족의 향촌 지배력 억제
   - (5) **화성 건설**: 왕권 강화의 거점으로 삼음.

2. 민생 안정책
   - (1) 서얼과 노비에 대한 차별 완화
   - (2) **신해통공**: 육의전을 제외한 시전 상인들의 금난전권 폐지

3. 문물 제도 정비
   - (3) **『대전통편』 편찬**: 통치 규범 재정리
   - (4) 『일성록』, 『통문휘고』, 『탁지지』, 『무예도보통지』 편찬

자료 돋보기

영조 1 ≫39회 중급 28번

이것은 영조 이/가 왕세손이던 정조에게 내린 은도장입니다. 사도 세자에 대한 세손의 효심에 감동하여 만들어준 것으로, 효손(孝孫)이라는 글자가 새겨져 있습니다.

영조 2 ≫38회 고급 24번

팔순을 맞이하여 재위 기간의 치적을 쓰신 어제문업에는 어떤 내용이 있나요?
탕평, 청계천 준설 등 여섯 가지의 치적을 기록하였소.

정조 1

왕은 행차 때면 길에 나온 백성들을 불러 직접 의견을 들었다. 또한, 척신 세력을 제거하여 정치의 기강을 바로 잡았고, 당색을 가리지 않고 어진 이들을 모아 학문을 장려하였다. 침전에는 '탕탕평평실(蕩蕩平平室)'이라는 편액을 달았으며, "하나의 달빛이 땅 위의 모든 강물에 비치니 강물은 세상 사람이요, 달은 태극이며 그 태극은 바로 나다."라고 하였다.

– 『정조실록』

정조 2 ≫39회 고급 28번

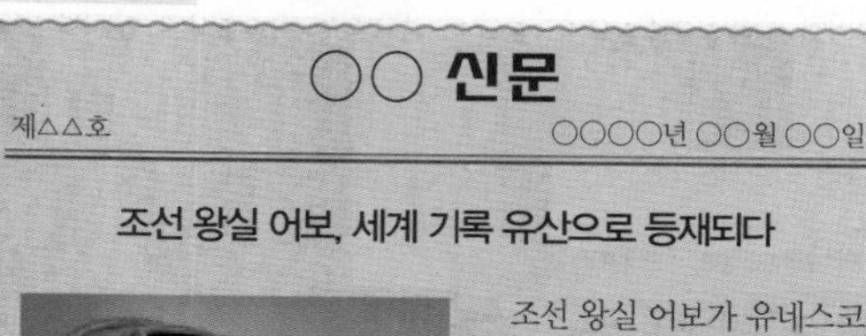
○○ 신문

제△△호 ○○○○년 ○○월 ○○일

조선 왕실 어보, 세계 기록 유산으로 등재되다

조선 왕실 어보가 유네스코 세계 기록 유산으로 등재되었다. 이 가운데에는 왕세손이던 정조 의 사도 세자에 대한 효심에 감동하여 영조가 내린 은도장이 포함되어 있다. 여기에는 역대 어보 가운데 유일하게 왕의 친필이 새겨져 있다.

기출 맛보기

밑줄 그은 '이 왕'의 업적으로 옳은 것은? 45회 고급 28번 [2점]

이곳 만석거(萬石渠)는 이 왕이 수원 화성을 건립하면서 축조한 수리 시설 중 하나입니다. 수갑(水閘) 및 수도(水道)를 만든 기술의 혁신성, 백성들의 식량 생산에 이바지 한 점, 풍경의 아름다움 등 역사 문화적 가치를 인정받아 2017년 세계 관개 시설물 유산으로 등재되었습니다.

① 집현전을 계승한 홍문관을 설치하였다.
② 군역의 부담을 줄이고자 균역법을 제정하였다.
③ 초계문신제를 실시하여 문신들을 재교육하였다.
④ 붕당의 폐해를 경계하기 위해 탕평비를 건립하였다.
⑤ 삼정의 문란을 해결하기 위해 삼정이정청을 설치하였다.

정답 ③

정답 분석

'수원 화성'을 통해 '이 왕'은 정조임을 알 수 있다. 정조는 규장각을 설치하고 초계문신제를 실시하여 인재를 양성하였으며, 친위 부대인 장용영을 설치하였다. 그리고 수원에 화성을 건설하여 자신의 개혁 정치를 실현할 이상 도시로 키우려 하였다.

오답 풀이

① 조선 성종, ②, ④ 영조, ⑤ 철종에 대한 설명이다.

주제 39

세도 정치

핵심 톡톡

삼정의 문란
홍경래의 난
임술 농민 봉기

세도 정치
- 안동 김씨: 순조가 11살의 어린 나이로 즉위하자, 왕의 장인이었던 김조순이 정치적 실권을 장악하였다.
- 풍양 조씨: 헌종이 8살의 나이로 즉위하자 왕의 외조부인 조만영이 권력을 잡았다.

1 세도 정치의 전개

1. 세도 정치
   (1) 순조~헌종 때 까지의 3대왕 60여년 간
   (2) 정조 사후 어린 왕들이 즉위하면서 국왕의 외척 가문에 권력이 집중
   → 안동 김씨, 풍양 조씨

2. 정치 기강 문란
   (1) 비변사가 핵심 기구로 성장
   (2) 매관매직·과거 시험에서의 부정 성행
   (3) 삼정의 문란
   ① 전정: 과도한 소작료, 지주들이 조세를 소작농에게 전가
   ② 군정: 인징·족징, 죽은 사람·어린이에게 군포를 부과
   → 백골징포 → 황구첨정
   ③ 환곡: 과도한 이자, 강제 대여 등으로 농민층에 극심한 고통

2 농민들의 저항

1. 소극적 저항(탐관오리 비방, 괘서 등) ➡ 적극적 저항(납세 거부, 시위, 관아 습격 등)

2. 홍경래의 난(1811)
   (1) 배경: 부정부패와 서북 지역(평안도) 차별
   (2) 경과: 몰락 양반 출신 홍경래의 주도로 봉기 ➡ 농민·상인·광산업자 가세·청천강 이북 지역 장악 ➡ 정주성 전투 패배로 진압

홍경래의 격문

평서 대원수는 급히 격문을 띄우노라. 무릇 관서 지방은 단군 조선의 터전으로 예부터 문물이 융성한 곳이다. 임진왜란 때는 나라를 지키는 데 공을 세웠다. 그러나 조정에서는 서쪽 땅을 더러운 흙처럼 버렸다. 심지어 권세 있는 가문의 노비들조차 서쪽 땅 사람들을 보면 반드시 평안도놈이라 일컫는다. 어찌 억울하고 원통하지 않겠는가?

3. 임술 농민 봉기(1862)
   (1) 배경: 경상 우병사 백낙신의 과도한 수탈
   (2) 경과: 진주 지역 몰락 양반 유계춘의 주도로 봉기 ➡ 삼남 지방을 비롯, 함흥 및 제주도까지 전국적으로 확산
   (3) 정부의 대응
   ① 안핵사·암행어사 파견
   ② 삼정이정청 설치
   → 별다른 성과를 거두지 못함.

자료 돋보기

홍경래의 난 ≫41회 중급 28번

이 그림은 순무영진도입니다. 1811년 평안도 지역에서 일어난 홍경래의 난 을/를 진압하기 위해 파견된 순무영군이 정주성을 포위하고 있는 모습을 그린 것입니다.

임술 농민 봉기

금번 진주의 난민들이 소란을 일으킨 것은 오로지 전 경상 우병사 백낙신이 탐욕스러워 백성을 침학했기 때문입니다. 경상 우병영의 환곡 결손[還逋] 및 도결(都結)*에 대해 시기를 틈타 한꺼번에 6만 냥의 돈을 가호(家戶)에 배정하여 억지로 부과하려고 하니, 민심이 크게 들끓고 백성들의 분노가 폭발하여 전에 듣지 못했던 소란이 발생하기에 이른 것입니다.

– 『철종실록』

*도결: 각종 명목의 조세를 토지에 부과하여 징수함.

비변사

변방의 일은 병조가 주관하는 것입니다. …… 그런데 근래 변방 일을 위해 비변사를 설치했고, 변방에 관계되는 모든 일을 실제로 다 장악하고 있습니다. …… 혹 병조 판서가 참여하는 경우가 있기는 하지만 도리어 지엽적인 입장이 되어버렸고, 참판 이하의 당상관은 전혀 일의 내용을 모르고 있습니다. …… 청컨대 혁파하소서.

철종 ≫39회 중급 30번

이곳은 강화 도령으로 알려진 왕의 옛 거처에 세운 용흥궁입니다. 안동 김씨의 영향력 하에서 보위에 오른 이 왕은 그들의 세도에 눌려 제대로 된 정치를 펼치기 힘들었습니다.

기출 맛보기

밑줄 그은 '봉기'에 대한 정부의 대책으로 옳은 것은? 45회 중급 23번 [2점]

소식 들었나? 진주 농민들이 경상 우병사 백낙신의 탐학을 견디지 못해 관아를 습격했다고 하더군.
자네 소식이 늦구먼. 진주뿐만 아니라 전국적으로 봉기가 일어나고 있다네.

① 집강소를 두었다.
② 소격서를 폐지하였다.
③ 과전법을 실시하였다.
④ 삼정이정청을 설치하였다.
⑤ 전민변정도감을 운영하였다.

정답 ④

정답 분석

경상 우병사 백낙신의 이름과 진주라는 지명을 통해 '봉기'는 임술 농민 봉기(1862)임을 알 수 있다. 삼정의 문란으로 인한 폐해가 극에 달한 가운데, 경상도 진주에서 농민 봉기가 일어났다. 농민 봉기는 다른 지역으로 확산되어 1862년 한 해 동안 전국 70여 곳에서 봉기가 일어났다. 정부는 사태 수습을 위해 안핵사와 암행어사를 파견하였고, 삼정이정청을 설치하였다.

오답 풀이

① 집강소는 동학 농민 운동 당시 농민들의 자치 기구이다. ② 중종 때 조광조가 소격서를 폐지하였다. ③ 조선 건국 직전의 일이다. ⑤ 고려 말 공민왕 때의 일이다.

조선 후기 수취 체제의 개편

영정법
대동법
균역법

1 전세

1. 배경
   (1) 전분 6등법·연분 9등법 체제에서 매년 세율을 계산하는 것에 어려움을 느낌.
   (2) 관리들의 과도한 수취로 인한 농민들의 고통

2. 영정법
   (1) 1635년 인조 때 제정됨.
   (2) 전세를 풍흉에 관계없이 토지 1결당 미곡 4두로 고정
   (3) 전세 부담이 줄었지만 각종 명목의 부가세가 징수되어 큰 도움이 되지 못함.

2 공납

1. 배경
   (1) 특산물 품목 선정과 조달 과정에서 어려움을 느낌.
   (2) 16세기 이후 관리들이 특정 상인과 결탁하여 이득을 취하는 방납의 폐단 발생

2. 대동법
   (1) 1608년 광해군이 경기도에서 시범적으로 시행
   (2) 1708년 숙종 때 함경도와 평안도를 제외한 전국에서 실시
   (3) 가호 단위로 징수하던 현물 대신 토지 1결당 미곡 12두 징수(공납의 전세화)
   (4) 쌀 대신 삼베·무명·동전으로도 납부 가능(조세의 금납화)
   (5) 현물은 공인을 고용하여 구매 ➡ 상품 화폐 경제의 발전

공인
조선 후기 중앙의 각 관부에 필요한 물자의 조달을 맡았던 상인으로, 이들 중 일부는 자본을 축적하여 독점적 도매 상인인 도고로 성장하였다.

3 역

1. 배경
   (1) 5군영 성립으로 모병제 일반화 ➡ 1년에 2필의 군포를 납부하는 것으로 군역 대체
   (2) 군포 이중·삼중 징수, 도망자 증가로 인한 농민의 부담 증가

2. 균역법
   (1) 1750년 영조가 균역청을 설치하고 균역법을 제정
   (2) 군포 납부량을 1년 1필로 경감
   (3) 재정 부족분 보충
      ① 결작 징수: 지주들에게 토지 1결당 미곡 2두 징수
      ② 선무군관포: 일부 부유한 상민에게 선무군관이라는 칭호를 주고 군포를 부과
      ③ 어장세, 선박세, 어염세 등 징수
   (4) 결작의 부담이 소작농에 전가, 군적 문란으로 농민 고통

선무군관포
지방의 토호나 부유한 집안의 자제 중에서 선발한 무관을 선무군관이라고 하는데, 이들은 해마다 국가에 베 1필을 납부하였다.

자료 돋보기

영정법 ≫33회 고급 24번

영정법 의 실시

○ 배경
- 재정 수입 감소, 농민 생활 피폐
- 전분 6등, 연분 9등의 복잡한 징수 절차로 인한 수취의 어려움

○ 결과
- 안정적인 국가 재정의 확보
- 부가세 증가로 인해 농민의 실질적 부담 감소 효과는 미흡

대동법 1

좌의정 이원익의 건의로 이 법을 비로소 시행하여 백성의 토지에서 미곡을 거두어 서울로 옮기게 했는데, 먼저 경기에서 시작하고 드디어 선혜청을 설치하였다. …… 우의정 김육의 건의로 충청도에도 시행하게 되었으며 …… 황해도 관찰사 이언경의 상소로 황해도에도 시행하게 되었다.

–『만기요람』

대동법 2 ≫41회 중급 22번

학습 내용 정리

대동법 의 시행

1. 배경: 방납의 폐단
2. 내용
   - 공납을 토지 결수 기준으로 부과
   - 특산물 대신 쌀, 베, 동전 등으로 납부
3. 과정: 광해군 대 경기도에서 처음 시행된 후 점차 확대
4. 영향: 상품 화폐 경제의 발달

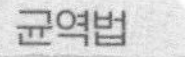

균역법

50만 호가 져야 할 양역을 10여만 호가 감당해야 하니 한 집안에 남자가 4, 5명이 있어도 모두 군역에서 벗어나지 못합니다. 그리고 한 사람의 신포(身布) 값이 4, 5냥이니 한 집안의 4, 5명에 모두 소용되는 비용은 20여 냥이나 됩니다. …… 비록 날마다 매질을 하여도 그것을 마련할 수 없어 마침내는 죽지 않으면 도망을 가게 됩니다.

–『영조실록』

기출 맛보기

(가) 제도에 대한 설명으로 옳은 것은? 45회 중급 22번 [2점]

영조 시기 수취 제도 개편

죽은 남편과 이 갓난아이도 세금을 내라고 하다니 우리는 어찌 살란 말입니까.

논의를 잘 들었다. 양역의 폐단을 시정하기 위해 (가) 을/를 시행하라.

1결당 쌀 2두를 부과하는 결작이 추가로 생겼어. 우리 지주들의 부담이 늘어나는군.

① 군포 납부액을 1필로 정하였다.
② 전지와 시지를 품계에 따라 지급하였다.
③ 전세를 토지 1결당 4~6두로 고정하였다.
④ 지계아문을 설치하여 지계를 발급하였다.
⑤ 토지를 비옥도에 따라 6등급으로 나누었다.

정답 ①

정답 분석

'양역의 폐단'과 '결작'을 통해 (가)는 균역법임을 알 수 있다. 조선 후기 양인 장정들은 1년에 2필의 군포를 내었는데, 이것이 큰 부담이 되자 영조는 1년에 군포 1필로 경감하는 균역법을 실시하였다. 그리고 줄어든 재정을 보충하기 위해 결작을 징수하고 어장세·선박세·선무군관포 등을 거두었다.

오답 풀이

② 전시과, ③ 영정법, ④ 광무개혁, ⑤ 전분 6등법에 대한 설명이다.

이앙법이 널리 보급되다

조선 후기의 경제

핵심 콕콕

이앙법
상품 작물
사상

1 농업의 발전과 변화

1. 이앙법 확산
   (1) 벼·보리의 이모작
   (2) 이앙법 확산 ➡ 노동력 절감·수확량 증가로 생산성 증대 ➡ 부농층 성장, 광작 현상

2. 상품 작물 재배
   (1) 장시 발달, 인삼·목화·담배·채소 등 상품 작물 재배 증가
   (2) 쌀의 상품화 ➡ 밭을 논으로 바꾸는 현상이 나타남.

3. 농업 경영의 변화
   (1) 수조권 제도 소멸로 지주전호제 확산, 소작 쟁의 빈발
   (2) 소작료 수취 방식 변화
      ① 타조법(비율제) ➡ 도조법(정액제)
      ② 지주와 소작인의 관계가 사회적·종속 관계에서 경제적·계약적 관계로 전환

4. 농민층의 분화
   (1) 광작과 지주 전호제 일반화로 소수의 지주가 경작지 독점, 경제·사회적 성장
   (2) 토지가 없는 농민들은 노동자로 전환 ➡ 상공업 종사, 광산·포구의 임노동자로 종사

2 산업 발달

1. 수공업
   (1) 민영 수공업 발전: 장인세를 납부하고 자유롭게 제품을 생산하여 판매
   (2) 선대제 수공업: 제품 생산 전 자본과 원료를 받아 제품을 생산하는 방식

선대제
상인이 농민이나 수공업자에게 생산에 필요한 자금이나 원료를 미리 빌려주고 생산하게 하는 체제이다.

2. 상업
   (1) 상품 화폐 경제의 발달
   (2) 사상의 성장
      ① 객주·여각: 포구에서 매매 중개·금융업·숙박업 등에 종사
      ② 경강상인(한강), 송상(개성), 만상(의주), 유상(평양), 내상(동래) 등이 유명함.
      ③ 일부는 독점적 도매 상인인 도고로 성장, 매점매석 행위로 이윤 확보
   ③ 통공 정책(신해통공): 육의전을 제외한 시전 상인의 금난전권 폐지

3. 민영 광산의 증가
   (1) 설점수세제: 민간에 채굴을 허용하고 세금 징수
   (2) 청과의 무역 증가로 은 수요 증가 ➡ 은광 개발 활발, 잠채 성행
   (3) 덕대가 물주로부터 자본을 조달받아 노동자를 고용하여 운영

설점수세제
17세기 중엽 정부가 민간인에게 광산 경영을 허용하고 그 대가로 세금을 거두었던 제도이다.

잠채
광물을 몰래 채굴하거나 채취하는 것을 뜻한다.

덕대
광산 주인과 계약을 맺고 광물을 채굴하는 광산 경영 전문가를 뜻한다.

4. 화폐: 동전 수요 급증, 상평통보 전국 유통, 전황 발생

5. 대외 무역
   (1) 대청 무역: 개시(공무역)와 후시(사무역)
   (2) 대일 무역: 동래에 설치된 왜관에서 거래

자료 돋보기

조선 후기의 경제

이른바 도고는 도성 백성이 견디기 어려운 폐단입니다. 근래에 물가가 뛰어오르는 것은 전적으로 부유한 도고가 돈을 많이 가지고서 높은 값으로 경향의 물건을 마구 사들여 저장해 두었다가, 때를 보아 이득을 노리기 때문입니다. 귀한 것, 천한 것 모두 그들이 장악하고 가격도 그들의 마음대로하니 그 폐단으로 백성은 더욱 어렵습니다.

– 『비변사등록』

이앙법의 확산

○ 남쪽이나 북쪽이나 농사짓는 방법이 똑같고, 높고 평탄한 땅과 낮고 습한 땅을 구별하지 않은 채 이앙하는 경우가 많고 직파하는 경우는 드물다.

– 『정조실록』

○ 이앙법은 노동력을 크게 덜어주기 때문에 지금은 삼남 지방 외에 다른 도에서도 모두 이를 본받아 이미 풍속을 이루었다.

– 『증보문헌비고』

오늘부터 평시서에서는 30년 이내에
새로 생긴 영세한 시전을 모두 혁파한다.
형조와 한성부에서는 육의전 외에
금난전권을 행사하는 자를 처벌할 것이다.

상품 화폐 경제의 발달

이현과 종루 그리고 칠패,
이는 도성(한양)의 3대 시장이라네.
온갖 수공업자가 다 모여 있고 사람들은 분주한데,
수많은 화물이 값을 다투며 수레가 줄을 이었네.
봉성의 털모자, 연경의 비단실,
함경도의 마포, 한산의 모시,
쌀, 콩, 기장, 조, 피, 보리 ……

– 『성시전도시』

기출 맛보기

다음 자료에 나타난 시기의 경제 상황으로 옳지 않은 것은? 44회 중급 25번 [2점]

> 모시, 삼, 오이, 참외 등 온갖 채소와 약재 농사도 잘 지으면 밭 한 고랑에서 얻는 이익이 헤아릴 수 없이 크다. 한성 내외 및 번화한 도시의 파 밭, 마늘 밭, 배추 밭, 오이 밭 10무(畝) 넓이에서 거두는 수입이 수 만 전(錢,) 즉 수 백 냥을 헤아린다. 황해도·평안도의 담배 밭, 함경도의 삼 밭, 한산의 모시 밭, 전주의 생강 밭, 강진의 고구마 밭, 황주의 지황 밭에서 얻는 이익은 상상(上上) 등급의 논에 비해 10배에 달한다.
>
> – 『경세유표』

① 덕대가 광산을 경영하였다.
② 모내기법이 전국적으로 확산되었다.
③ 벽란도에서 송과의 교역이 성행하였다.
④ 독점적 도매 상인인 도고가 활동하였다.
⑤ 정기 시장인 장시가 전국 각지에서 열렸다.

정답 ③

정답 분석

자료는 조선 후기 실학자 정약용의 저서인 『경세유표』의 일부로, 상품 작물 재배가 확대된 상황을 보여주고 있다. 조선 후기에는 모내기법의 전국 보급으로 농업 생산성이 크게 향상되었고, 수공업 생산과 광산 개발 역시 발달하여 상품 화폐 경제가 발달하였다. 전문적으로 광산을 경영하는 덕대가 나타났고, 장시가 전국적으로 확산되어 사상들의 활동이 활발해졌다. 사상들 중 일부는 독점적 도매 상인인 도고로 발전하기도 하였다.

오답 풀이

③ 벽란도는 고려 시대 최대 무역항으로, 이곳을 통해 송·아라비아 상인들과 교역하였다.

조선 후기의 사회

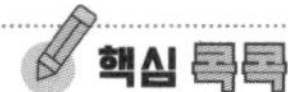

양반 몰락
부계 중심 가족 제도

1 신분제의 변동

1. 양반 몰락
   (1) 특정 붕당의 권력 독점 현상으로 다수의 양반이 정권에서 멀어짐.
   (2) 밀려난 양반들은 향촌에서 겨우 위세를 유지하거나 평민과 비슷한 처지가 됨.

2. 양반 수의 증가
   (1) 농업 발달과 상품 화폐 경제 발달로 부를 축적한 부농과 상인 증가
   (2) 납속·공명첩 등 합법적 신분 상승과 족보 매입·위조 등으로 양반 수 증가

3. 중간 계층의 신분 상승
   (1) 서얼 허통 운동
      ① 꾸준한 상소로 허통 주장 (→ 조선 시대 서얼들에게 금고법을 풀어 과거에 응시하도록 허락한 제도)
      ② 정조 때 유득공·이덕무·박제가 등이 규장각 검서관으로 등용
   (2) 중인들의 신분 상승 운동
      ① 시사(詩社)를 결성하여 양반과 비슷한 인문 교양 함양
      ② 철종 때 중인들의 대규모 소청 운동

4. 노비 해방
   (1) 양반 증가로 인한 국가 재정 악화 ➡ 상민 수 증가 필요
   (2) 노비종모법(영조), 공노비 해방(순조)

공명첩

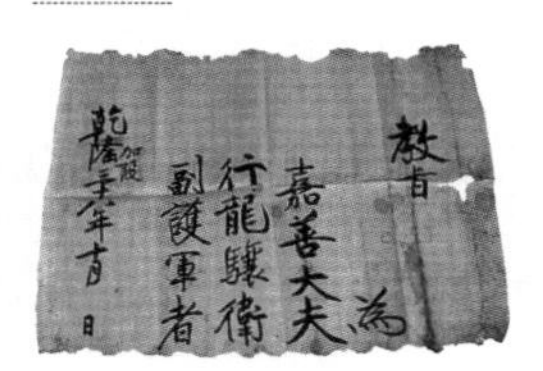

국가의 재정을 보충하기 위해 부유층에게 팔았던 명예직 임명장으로 이름 쓰는 부분이 비어있어서 공명첩이라고 하였다

2 가족 제도와 향촌 사회의 변화

1. 부계 중심 가족 제도 확립
   (1) 혼인 후 남자 집에서 생활, 과부 재가 금지, 부계 위주 족보 편찬
   (2) 장자가 제사 전담·재산 상속에서도 유리, 아들이 없으면 양자를 들이는 것이 일반적

2. 향촌 질서의 변화
   (1) 양반층 분화와 부농층 성장으로 양반(사족)의 권위 약화
   (2) 향전: 새롭게 양반층으로 성장한 부농층(신향)과 기존의 양반들(구향)의 대립
   (3) 신향은 수령과 결탁하여 기존 양반 세력을 약화시키고 향촌 사회를 장악
   (4) 향회는 부세 자문 기구로 전락

향전
사족 중심의 향촌 지배 질서가 무너지고 지방관에 의한 통제가 강화되던 18세기 이후에 벌어진 구향과 신향의 대립을 뜻한다.

자료 돋보기

중인 ≫40회 고급 21번

이향견문록

이 책은 [중인] 출신인 유재건이 지은 인물 행적기로, 위항 문학 발달에 크게 기여하였다. [중인]은 자신들의 신분에 따른 사회적인 차별에 불만이 많았는데, 시사(詩社)를 조직하는 등의 문예 활동을 통해 스스로의 위상을 높이고자 하였다. 책의 서문에는 이항(里巷)*에 묻혀 있는 유능한 인사들의 행적을 기록하여 세상에 널리 알리고자 이 책을 썼다고 밝히고 있다.

*이항: 마을의 거리

시사 ≫36회 고급 29번

이 그림은 김홍도가 중인들의 시사(詩社) 광경을 그린 「송석원 시사야연도」입니다. 당시 중인들은 시사를 조직해 활발한 문예 활동을 전개하기도 하였습니다. 이 그림이 그려진 시기의 문화에 대해 발표해 볼까요? 노래와 사설로 줄거리를 풀어가는 판소리가 발달하였습니다.

서얼 허통

지난 을축년 영중추부사 이원익이 정승으로 있을 때에, …… 서얼의 관직 진출을 허용하도록 정하였습니다. 양첩 소생은 손자 대에 가서 허용하고, 천첩 소생은 증손 대에 가서 허용하며, 과거에 급제한 뒤에는 요직은 허용하되 청직은 허용하지 않는 것으로 임금님의 재가를 받았습니다. …… 지금부터는 전교하신 대로 재능에 따라 의망(擬望)* 하는 것이 어떻겠습니까?

-『인조실록』

*의망: 관직 후보자를 추천하는 것

공노비 해방

임금이 백성을 대할 때는 귀천이 없고 내외 없이 균등하게 적자(赤子)로 여겨야 하는데, 노(奴)라고 하고 비(婢)라고 하여 구분하는 것이 어찌 똑같이 동포로 여기는 뜻이겠는가. 내노비(內奴婢) 36,974명과 사노비(寺奴婢) 29,093명을 모두 양민으로 삼도록 허락하고 승정원에 명을 내려 노비 문서를 모아 돈화문 밖에서 불태우도록 하라.

-『순조실록』

기출 맛보기

다음 대화가 이루어진 시기에 볼 수 있는 모습으로 적절하지 않은 것은? 42회 중급 23번 [2점]

요즘 향회 소식 들었는가? 양반도 아니었던 자들이 향회 운영에 참여하고 있다네.

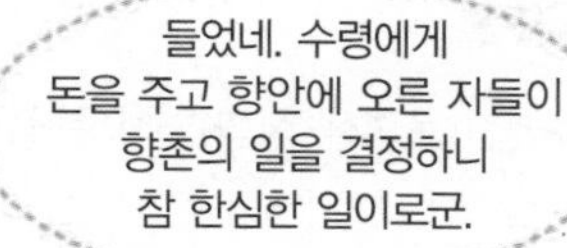

들었네. 수령에게
돈을 주고 향안에 오른 자들이
향촌의 일을 결정하니
참 한심한 일이로군.

① 팔만대장경 조판에 참여하는 승리
② 나루터에서 탈춤 공연을 벌이는 광대
③ 시사(詩社)를 조직하여 활동하는 중인
④ 고추, 인삼을 상품 작물로 재배하는 농민
⑤ 저잣거리에서 이야기책을 읽어주는 전기수

정답 ①

정답 분석

양반이 아닌 사람이 향회에서 영향력을 행사하고 있다는 것을 통해 조선 후기의 모습임을 알 수 있다. 조선 후기에는 이앙법 확산과 상품 작물 재배로 인한 서민들의 경제·사회적 지위 향상으로 서민들도 문화 생활을 즐기는 이들이 늘었다. 한글 소설과 판소리, 탈춤이 유행하고 전문 이야기꾼이 나타났으며, 수많은 민화가 남겨졌다. 한편 중인들은 시사를 조직하여 활동하기도 하였다.

오답 풀이

① 팔만대장경은 고려 시대 몽골의 침입 당시 강화도에서 제작되었다.

실학의 발달

정약용, 여전론
박지원, 박제가
#『목민심서』,『열하일기』

1 실학의 등장

1. 성리학의 교조화: 성리학이 조선 후기 사회 모순에 대한 해결책을 제시하지 못함.
2. 성리학의 한계를 극복하고 현실 문제를 해결하려는 유학자들 등장
   → 이수광, 김육, 한백겸 등

2 농업 중심 개혁론

1. 농업 중심 개혁론(경세치용 학파): 토지 제도 개혁을 통한 자영농 육성 주장
2. 유형원:『반계수록』
   (1) 신분에 따라 차등을 둔 토지 재분배 주장
   (2) 양반 문벌 제도·과거 제도·노비 제도의 모순 비판
3. 이익:『성호사설』
   (1) 한전론: 영업전 설정, 영업전 매매 금지로 농민들의 생계 안정 추구
   (2) 6좀(양반 문벌 제도, 과거 제도, 노비 제도, 사치와 미신, 게으름, 승려) 규정
4. 정약용:『목민심서』,『경세유표』,『흠흠신서』
   → 지방 행정 → 중앙 행정 → 형벌
   (1) 신유박해에 연루, 전남 강진에서 18년간 유배 생활
   (2) 여전론: 토지 공동 소유·공동 경작·공동 분배 방식의 공동 농장 제도 주장
   (3) 정전제: 토지를 9등분하여 8곳을 농민에게 나누어 주고 한 곳의 수확물은 조세로 납부
   (4) 거중기 설계 ➡ 화성 건설에 이용, 배다리 설계 ➡ 정조의 화성 행차시 이용

한전론과 영업전

한전론이란 한 가정의 생활을 유지하는 데 필요한 규모의 토지를 영업전으로 정하고 영업전의 매매는 금지하되, 영업전 이외의 토지 매매는 허용하도록 하자는 주장이었다.

3 상공업 중심 개혁론

1. 상공업 중심 개혁론(북학파, 이용후생 학파): 청 문물 수용과 상공업 발전·기술 혁신 주장
2. 유수원:『우서』
   (1) 상공업 진흥과 기술 혁신을 통한 생산성 증대 주장
   (2) 사농공상의 직업적 평등·전문화 주장
3. 홍대용:『의산문답』
   (1) 기술 혁신·문벌 제도 철폐·성리학 극복 강조
   (2) 지전설·무한 우주론 주장, 중국 중심 세계관 비판
4. 박지원:『열하일기』,「호질」,「허생전」,「양반전」
   (1) 청에 다녀온 뒤 저술한 "열하일기"를 통해 수레·선박의 이용과 화폐 유통 주장
   (2) 양반 문벌 제도의 비생산성 비판
   (3) 토지 소유의 상한선을 설정하는 한전론 주장
5. 박제가:『북학의』
   (1) 청 문물 수용 주장
   (2) 생산 자극을 위해 소비 권장(우물론)

자료 돋보기

유형원 ≫34회 중급 23번

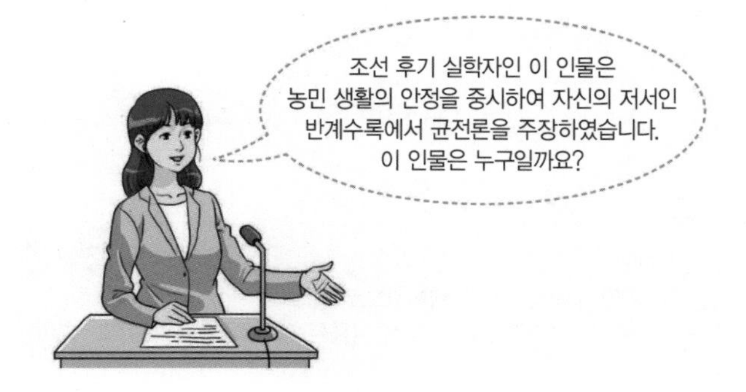

조선 후기 실학자인 이 인물은
농민 생활의 안정을 중시하여 자신의 저서인
반계수록에서 균전론을 주장하였습니다.
이 인물은 누구일까요?

박지원 ≫40회 중급 27번

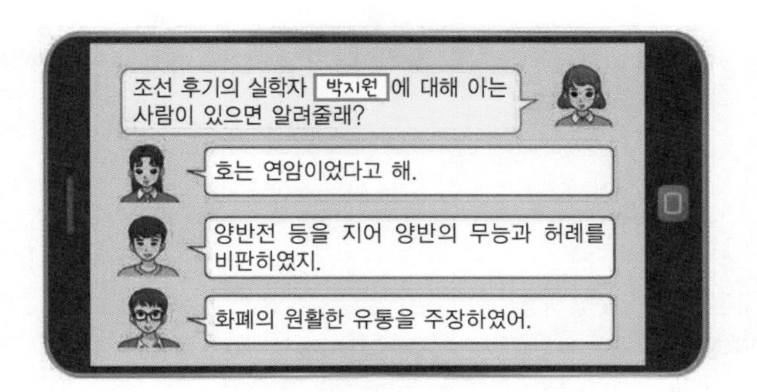

조선 후기의 실학자 박지원 에 대해 아는 사람이 있으면 알려줄래?
호는 연암이었다고 해.
양반전 등을 지어 양반의 무능과 허례를 비판하였지.
화폐의 원활한 유통을 주장하였어.

정약용

호는 사암, 당호는 여유당인데 '주저하기를 겨울에 개울을 건너듯, 조심하기를 이웃을 두려워하듯'이란 뜻에서 지었다. …… 화성 쌓는 일을 끝마쳤을 때 임금이 말씀하시기를, "다행히 기중가(起重架)*를 사용하여 4만 냥의 비용을 절약했다."라고 하셨다.

– 「자찬묘지명(自撰墓誌銘)」

*기중가(起重架): 거중기를 다르게 이르는 말.

박제가 ≫43회 중급 26번

이 책은 박제가 이/가 청나라의 풍속과 제도를 살펴보고 돌아와서 저술한 것입니다. 여기에는 적극적인 청 문물 도입, 소비 촉진을 통한 생산력 증대 등의 주장이 담겨 있습니다.
오늘 알아볼 책에 대해서 말씀해 주세요.
「북학의」

기출 맛보기

다음 글을 쓴 인물에 대한 설명으로 옳은 것은? 43회 고급 28번 [1점]

> 중국의 재산이 풍족할뿐더러 한 곳에 지체되지 않고 골고루 유통함은 모두 수레를 쓴 이익일 것이다. …… 평안도 사람들은 감과 귤을 분간하지 못하며, 바닷가 사람들은 멸치를 거름으로 밭에 내건만 서울에서는 한 움큼에 한 푼씩 하니 이렇게 귀함은 무슨 까닭인가. …… 사방이 겨우 몇천 리 밖에 안 되는 나라에 백성의 살림살이가 이다지 가난함은 한마디로 표현한다면 수레가 국내에 다니지 못한 까닭이라 하겠다.
>
> – 「열하일기」

① 「양반전」에서 양반의 위선과 무능을 풍자하였다.
② 『북학의』에서 절약보다 적절한 소비를 강조하였다.
③ 『곽우록』에서 토지 매매를 제한하는 한전론을 제시하였다.
④ 『우서』에서 사농공상의 직업적 평등과 전문화를 주장하였다.
⑤ 『색경』에서 담배, 수박 등의 상품 작물 재배법을 소개하였다.

정답 ①

정답 분석

『열하일기』는 박지원의 저서이다. 박지원은 생산과 유통이 중요하다고 보고, 수레와 선박의 이용, 화폐 유통의 필요성을 강조하였다. 또한, 「양반전」과 「호질」 등의 한문 소설에서 놀고먹는 양반을 호되게 비판하였다.

오답 풀이

② 박제가, ③ 이익, ④ 유수원, ⑤ 박세당에 대한 설명이다.

우리 민족의 역사·지리·언어를 연구하다

국학 연구의 확대

핵심 톡톡

『발해고』
대동여지도
『임원경제지』

1 국사

저자	저서	특징
안정복	『동사강목』	• 고조선~고려 말까지의 역사를 체계적으로 정리 • 단군–기자–삼한으로 이어지는 독자적 정통론 제시
이긍익	『연려실기술』	조선의 정치와 문화를 실증적으로 정리
한치윤	『해동역사』	중국과 일본의 자료 500여 종을 참고하여 편찬
유득공	『발해고』	남북국사 정리
이종휘	『동사』	고구려 중심 역사 서술

2 지리

저자	저서	특징
한백겸	『동국지리지』	고대 지명 고증
정약용	『아방강역고』	우리나라 강역 고증
이중환	『택리지』	인문 지리서, 각 지방의 환경과 인심·풍속 등을 기록
정상기	동국지도	최초로 100리 척 사용
김정호	대동여지도	산맥·하천·포구 등을 자세히 표시

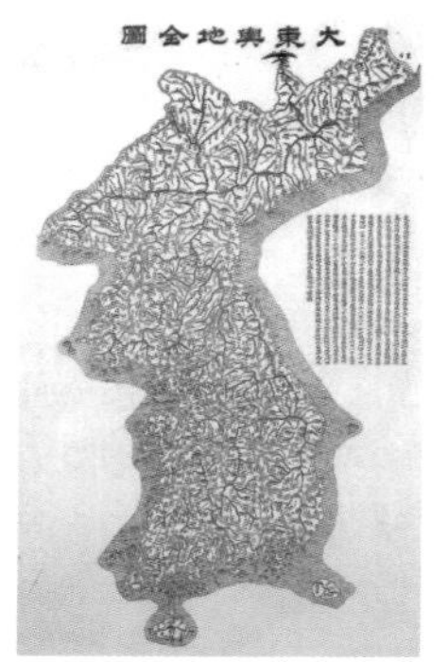

❁ 대동여지도

3 기타 서적

분야	저자	저서	특징
의서	허준	『동의보감』	전통 한의학 체계 정리
	정약용	『마과회통』	서양의 종두법 소개
	이제마	『동의수세보원』	사상의학 확립
농서	신속	『농가집성』	이앙법 보급에 기여
	박세당	『색경』	상품 작물 재배 확대에 기여
언어	신경준	『훈민정음운해』	국어 음운 연구서
	유희	『언문지』	한글 및 한자음 관계 연구서
백과사전	이수광	『지봉유설』	조선과 중국의 문물 정리
	(관찬)	『동국문헌비고』	왕명으로 국가에서 편찬, 문물 정리
	서유구	『임원경제지』	농촌 생활 백과사전
금석문	김정희	『금석과안록』	북한산비가 진흥왕 순수비임을 밝힘.

자료 돋보기

국학 연구 ≫32회 고급 29번

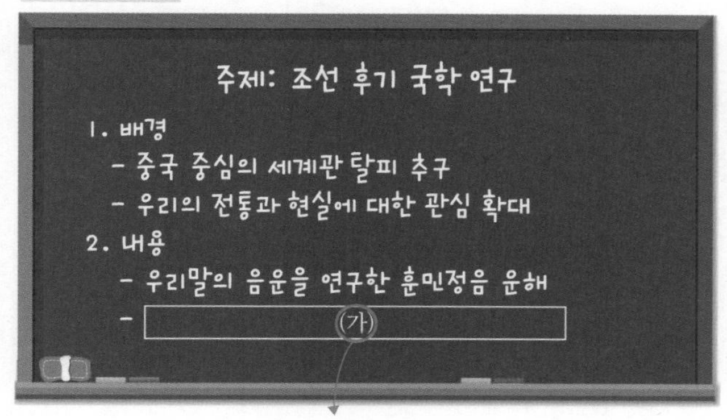

주제: 조선 후기 국학 연구
1. 배경
- 중국 중심의 세계관 탈피 추구
- 우리의 전통과 현실에 대한 관심 확대
2. 내용
- 우리말의 음운을 연구한 훈민정음 운해
- (가)

- 남북국 시대론을 제시한 발해고
- 우리나라 역사 지리를 정리한 아방강역고

『언문지』

한자의 음으로 다른 한자음을 표현하면 정확히 전달되지 않는데 한글을 가지고 음을 기록하면 바르게 전해지니 올바른 음을 제대로 유지할 수 있다. 또 한문은 간결하게 뜻을 전하는 것을 중시하니 정확한 의미를 전달하기 어려우나 한 글은 뜻을 그대로 전하여 조금도 의심나는 곳이 없으니 부녀자들이 쓰는 글이라고 해서 소홀히 해서는 안 된다.

김정희 ≫39회 고급 29번

역사 인물 카드

- 생몰: 1786년 ~ 1856년
- 호: 추사(秋史), 완당(阮堂) 등
- 출신지: 충청남도 예산
- 주요 활동
  - 역대 서체를 연구하여 추사체 창안
  - 제주도 유배 생활 중 세한도를 그림
  - 옹방강, 완원 등 청의 학자들과 교류

기출 맛보기

밑줄 그은 '이 인물'에 대한 설명으로 옳은 것은? 41회 중급 24번 [2점]

『금석과안록』은 이 인물이 지은 책입니다. 그는 북한산비를 판독하여 진흥왕이 세운 비석이라는 것을 고증하였습니다.

① 추사체를 창안하였다.
② 인왕제색도를 그렸다.
③ 『북학의』를 저술하였다.
④ 사상 의학을 정립하였다.
⑤ 대동여지도를 제작하였다.

정답 ①

정답 분석

『금석과안록』은 김정희의 저서이다. 19세기 김정희는 여러 필법을 연구하여 독창적인 추사체를 창안하였으며, 금석학에도 조예가 깊어 『금석과안록』을 지어 북한산비가 신라 진흥왕 순수비임을 밝혔다.

오답 풀이

② 정선, ③ 박제가, ④ 이제마, ⑤ 김정호에 대한 설명이다.

사상계의 변화

양명학
서학, 동학
보국안민, 제폭구민

1 성리학의 변화

1. 성리학의 교조화
   (1) 성리학 절대화, 타 학문 배척 경향 심화
   (2) 윤휴·박세당
      ① 6경과 제자백가 등 원시 유학에서 조선 후기의 문제 해결 방안을 찾으려 노력
      ② 사문난적으로 몰려 비판 받음.

2. 양명학의 수용
   (1) 16세기 중반 명으로부터 양명학 수용
   (2) 명분보다는 지행합일(知行合一)의 실천성을 강조
   (3) 18세기 정제두가 양명학을 본격적으로 연구하면서 강화학파를 형성

강화학파
정제두가 1709년 강화도로 이주하면서 정제두의 후손과 인척에게 가학(家學)의 형태로 양명학이 계승되면서 강화학파가 형성되었다. 정제두의 문하에서 이긍익·정동유 등이 배출되었고, 박은식·정인보에게까지 이어졌다.

3. 호락 논쟁: 인간과 사물의 본성에 대한 노론 내부의 논쟁

호론(인물성이론)	낙론(인물성동론)
• 주로 충청도 지방의 노론이 주장 • 인간과 사물의 본성이 다르다는 입장	• 서울 지역의 노론이 주장 • 인간과 사물의 본성이 같다는 주장 • 개화파의 사상으로 계승

2 새로운 사상의 유행

1. 예언 사상의 유행: 비기·도참 사상 유행, 미륵 신앙 확산

2. 서학(천주교)
   (1) 17세기 청에 다녀온 사신들에 의해 전래
   (2) 초기에는 학문의 형태로 전래 ➡ 18세기 후반 신앙으로 발전
   (3) 평등 사상으로 큰 호응을 얻으며 확산, 유교 제사 의례 거부 ➡ 사교로 규정, 탄압
   (4) 서적 수입 금지, 신해박해, 신유박해, 황사영 백서사건

3. 동학
   (1) 경주 지역의 잔반 출신 최제우가 창시(1860)
   (2) 유·불·선에 민간 신앙을 절충, '시천주', '인내천' 사상을 내세워 신분 질서 부정
   (3) 평등 사상으로 큰 호응 ➡ 백성을 현혹한다는 이유로 최제우 처형
   (4) 2대 교주 최시형에 의해 교리가 정리되며 세력 확대

자료 돋보기

서학

근일에 요사스럽고도 흉패한 서학이 열화(烈火)같이 치열해져서 형세의 위급함이 하늘을 뒤덮고 있으니, 진실로 국가의 화급한 근심이 되었습니다. …… 그런데 아! 저 정약전·정약용 형제는 정약종의 동기(同氣)로서, 몰래 이승훈에게 요사스러운 책을 받아 밤낮으로 탐혹하여 유교를 어지럽히고 윤리를 멸절시켰다고 세상에서 지목받은 지 여러 해가 되었습니다.

–「순조실록」

동학 ≫41회 중급 29번

역사신문

제△△호 ○○○○년 ○○월 ○○일

동학, 농민 사이에서 급속도로 확산

교조 최제우의 처형 이후에도 동학은/는 교세가 줄지 않고 있다. 제2대 교주 최시형이 교리와 교단을 정비하고 '사람이 곧 하늘'임을 강조하면서, 지배층의 폭정에 시달리는 농민들 사이에서 급속히 확산되고 있다.

신유박해 ≫38회 고급 28번

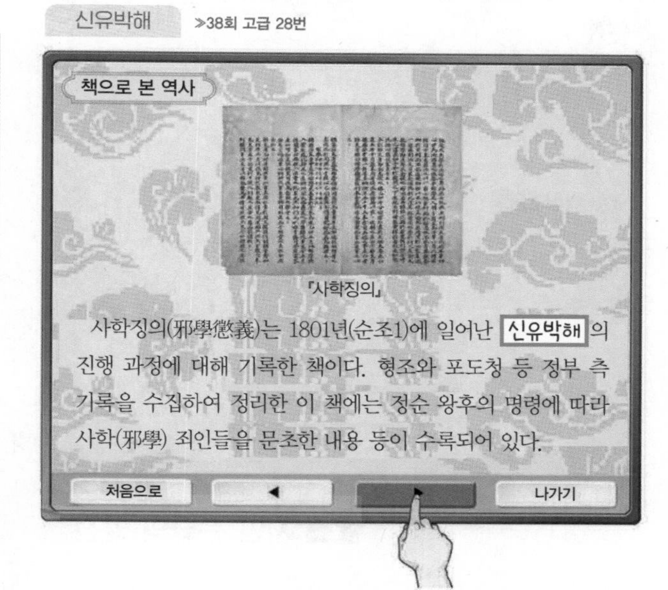

「사학징의」

사학징의(邪學懲義)는 1801년(순조1)에 일어난 신유박해의 진행 과정에 대해 기록한 책이다. 형조와 포도청 등 정부 측 기록을 수집하여 정리한 이 책에는 정순 왕후의 명령에 따라 사학(邪學) 죄인들을 문초한 내용 등이 수록되어 있다.

기출 맛보기

(가) 종교에 대한 설명으로 옳은 것은? 45회 중급 27번 [2점]

배론 성지

충청북도 제천에 소재한 배론 성지는 조선 정부의 탄압을 피해 숨어 들어온 (가) 신자들이 화전을 일구며 신앙생활을 하던 곳이다. 신유박해(1801) 당시 황사영은 이곳으로 피신하여 서양의 도움을 요청하는 백서를 작성하였다.

① 기관지로 만세보를 발간하였다.
② 미륵불이 세상을 구원한다고 예언하였다.
③ 하늘에 제사를 지내는 초제를 거행하였다.
④ 단군 숭배 사상을 통하여 민족의식을 높였다.
⑤ 중국에 다녀온 사신들에 의해 서학으로 소개되었다.

정답 ⑤

정답 분석

신유박해는 순조 때 천주교도들에 대한 탄압이 가해졌던 것을 말한다. 17세기경 베이징을 왕래하던 사신에 의해 전래된 서학은 18세기 후반 남인 계열의 일부 실학자에 의해 점차 신앙으로 받아들여졌다. 평등 사상으로 큰 호응을 얻었지만 유교 제사 의례에 대한 거부로 인해 배척받았고, 때때로 정부로부터 탄압을 받았다.

오답 풀이

① 천도교, ② 불교, ③ 도교, ④ 대종교에 대한 설명이다.

주제 46

문화의 새 경향

한글 소설
진경 산수화
김홍도, 신윤복

1 과학 기술

1. 서양 문물의 전래
   (1) 17세기 청에 다녀온 사신들에 의해 화포·천리경·자명종 등 전래
   (2) 효종 때 김육에 의해 시헌력 도입
2. 세계관 확대
   (1) 마테오리치의 세계 지도 '곤여만국전도' 전래로 세계관 확대
   (2) 김석문·홍대용: 지전설 주장, 중국 중심 세계관 비판

2 서민 문화의 발전

1. 배경: 상공업 발달·농업 생산력 증대 ➡ 서민들의 경제·사회적 지위 향상
2. 특징: 감정을 솔직하게 표현, 양반들의 위선·사회적 모순 비판

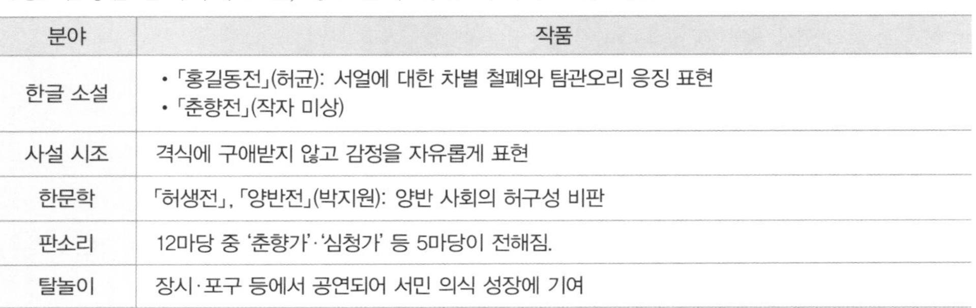

분야	작품
한글 소설	• 「홍길동전」(허균): 서얼에 대한 차별 철폐와 탐관오리 응징 표현 • 「춘향전」(작자 미상)
사설 시조	격식에 구애받지 않고 감정을 자유롭게 표현
한문학	「허생전」, 「양반전」(박지원): 양반 사회의 허구성 비판
판소리	12마당 중 '춘향가'·'심청가' 등 5마당이 전해짐.
탈놀이	장시·포구 등에서 공연되어 서민 의식 성장에 기여

씨름도

무동

3 예술·건축

1. 회화
   (1) 진경 산수화
      ① 중국의 화풍에서 벗어나 우리나라의 자연을 사실적으로 묘사
      ② 정선의 '인왕제색도'·'금강전도'가 유명
   (2) 풍속화
      ① 서민들의 실제 생활 모습을 사실적으로 표현
      ② 김홍도의 '서당'·'무동', 신윤복의 '월야밀회'·'단오풍정' 등이 유명
   (3) 강세황: '영통동구' 등에서 서양화 기법 사용
   (4) 민화: 서민들의 기복적 염원을 표현함. '호랑이와 까치'·'어해도' 등
2. 서예: 추사 김정희의 추사체
3. 자기: 다양한 형태의 안료로 무늬를 넣은 청화 백자 유행
4. 건축
   (1) 부농과 상공업 계층의 지원 아래 대규모 다층 불교 사원 건립
      ① 17세기: 금산사 미륵전, 화엄사 각황전, 법주사 팔상전 등
      ② 18세기: 논산 쌍계사, 부암 개암사, 안성 석남사 등
   (2) 수원 화성 축조: 거중기 이용

단오풍정

인왕제색도

자료 돋보기

진경 산수화 ≫40회 고급 22번

겸재 특별전
우리 미술관에서는 우리나라 산천의 아름다움을 사실적으로 그려낸 겸재의 그림을 만날 수 있는 특별전을 마련하였습니다.
• 기간: 2018년 ○○월 ○○일 ~ ○○월 ○○일
• 장소: △△미술관

→ 인왕제색도

풍속화 ≫43회 중급 27번

주제: 조선 후기 풍속화
조선 후기 풍속 화가에 대해 말해 보자.
단원 김홍도는 서민들의 일상생활 모습을 많이 그렸어.
혜원 신윤복 은/는 양반들의 풍류와 남녀 간의 애정을 소재로 삼기도 했지.

법주사 팔상전 ≫38회 중급 28번

문화 유산 카드

- 종목: 국보 제55호
- 시대: 조선 후기
- 위치: 충청북도 보은군
- 특징: 신라 때 창건된 것을 임진왜란 이후 다시 지은 것이다. 이 건물은 현존하는 가장 오래된 목조탑으로, 내부 벽면에 부처의 일생을 8장면으로 그린 그림이 있다.

기출 맛보기

(가)에 들어갈 작품으로 옳은 것은? 45회 중급 29번 [1점]

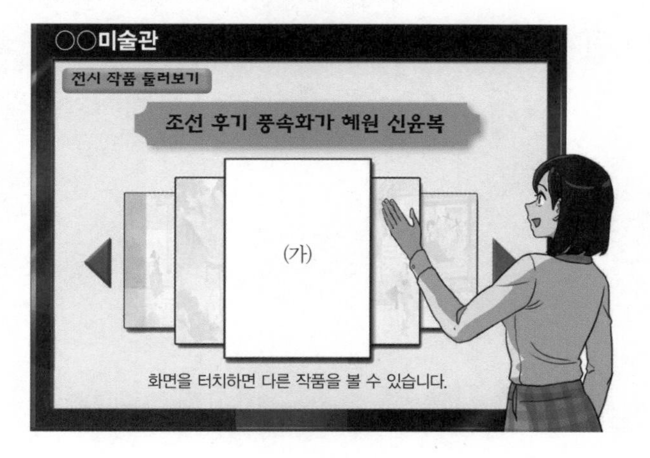

전시 작품 둘러보기

화면을 터치하면 다른 작품을 볼 수 있습니다.

① 고사관수도

② 
금강전도

③ 
대장간

④ 
월하정인

⑤ 
몽유도원도

정답 ④

정답 분석

조선 후기에는 김홍도와 신윤복이 당시 사람들의 일상적인 생활 모습을 그린 다양한 풍속화를 남겼고, 우리 문화에 대한 자부심이 높아져 정선이 진경 산수화라는 독자적인 화풍을 개척하였다. 또한 문학의 저변이 서민층까지 확대되면서 한글 소설과 사설시조가 유행하였다.

오답 풀이

① 강희안, ② 정선, ③ 김홍도, ⑤ 안견의 그림이다.

1863 고종 즉위

1876 강화도 조약

1882 임오군란

1884 갑신정변

1894 동학 농민 운동

근대 국민 국가 수립 운동

- 1896 독립 협회 조직
- 1897 대한 제국 수립
- 1905 을사늑약
- 1907 고종 강제 퇴위
- 1910 한·일 병합 조약

1863 고종 즉위 / 1876 강화도 조약 / 1882 임오군란 / 1884 갑신정변 / 1894 동학 농민 운동

흥선 대원군과 양요

핵심 톡톡

비변사, 당백전
호포법, 사창제
병인양요
신미양요

은결
탈세를 목적으로 전세의 부과 대상에서 부정·불법으로 누락시킨 토지를 뜻한다.

사창제
환곡이 관청에서 주관하여 강제력이 강했던 것에 비해 사창은 지역의 사족들이 주관하게 하여 농민들의 부담을 덜어주었다.

1 흥선 대원군의 개혁 정치

1. 왕권 강화책
   (1) 비변사 기능 축소, 의정부·삼군부 기능 부활
   (2) 『대전회통』·『육전조례』 편찬

2. 경복궁 중건
   (1) 왕실의 권위 회복 목적
   (2) 원납전 징수, 당백전 발행 ➡ 화폐 가치 하락, 물가 폭등
   (3) 백성들에 대한 무리한 부역 동원으로 불만 증가

3. 민생 안정·재정 확충 정책
   (1) 삼정의 문란 시정: 양전 실시, 은결 색출
   (2) 호포법: 양반에게도 군포 징수
   (3) 환곡제를 사창제로 대체
   (4) 만동묘 철폐, 서원 정리 ➡ 서원의 토지와 노비를 환수하여 재정 확보

2 통상 수교 거부 정책

1. 병인양요(1866)
   (1) 배경: 병인박해
      ① 프랑스 선교사를 이용, 프랑스군을 끌어들여 러시아 견제 시도
      ② 교섭 실패 후 프랑스 선교사와 조선인 신자 처형
   (2) 병인양요
      ① 병인박해를 구실로 프랑스가 통상을 요구하며 강화도로 침입
      ② 양헌수(정족산성)·한성근(문수산성) 등의 활약으로 프랑스군 격퇴
      ③ 프랑스군 퇴각 과정에서 외규장각에 보관 중이던 문화재와 서적 약탈

2. 오페르트 도굴 사건(1868): 독일 상인 오페르트의 남연군 무덤 도굴 시도 실패
   ▶ 흥선 대원군의 아버지

3. 신미양요(1871)
   (1) 배경: 제너럴 셔먼호 사건(1866)
      ① 미국 상선 제너럴 셔먼호가 평양에 나타나 통상 요구
      ② 교섭 실패 후 선원들이 관리를 살해하고 민가 약탈 ➡ 평양 관민들의 공격으로 제너럴 셔먼호 침몰
   (2) 신미양요
      ① 제너럴 셔먼호 사건을 구실로 로저스 제독이 이끄는 미국 함대가 강화도 침입
      ② 어재연(광성보 전투)의 활약 등 조선 군민의 저항으로 퇴각

4. 척화비 건립(1871): 신미양요 후 전국 각지에 척화비 건립, 통상 수교 거부 의지 천명

자료 돋보기

원납전 징수

어제와 오늘 이틀 사이에 모인 원납전이 10만 냥에 달하고 종친들이 보조한 돈도 몇 만 냥이 넘는다고 한다. …… 도성의 백성들이 원납한 것도 이러하다고 하니 지방사람의 마음이라고 해서 어찌 그와 다를 리 있겠는가. 의정부에서 전국 각지에 공문을 보내어 모든 마을의 부유한 백성들에게 일일이 잘 일러 주도록 하라.

만동묘 철폐, 서원 철폐

나라 안의 서원과 사묘(祠廟)를 모두 철폐하고 남긴 것은 48개소에 불과하였다. …… 만동묘는 철폐한 후 그 황묘 위판(皇廟位版)은 북원*의 대보단으로 옮겨 봉안하였다. ……서원을 창설할 때에는 매우 좋은 뜻으로 시작하였지만 오랜 세월이 흐르는 동안 날로 폐단이 심하였다. …… 그러므로 서원 철폐령을 내린 것을 어찌 막을 수 있겠는가? 그 일이 흥선 대원군으로부터 나온 것이라고 해서 모두 비방할 일은 아니다.

*북원: 창덕궁 금원

– 『매천야록』

오페르트 도굴 사건 ≫42회 중급 32번

며칠 전 서양 오랑캐들이 통상을 요구하며 남연군 묘를 도굴하려 했다는 소식 들었는가?
나도 들었네. 이양선이 평양에 들어와 행패를 부리다 불태워진 지 얼마 되지 않았는데 이게 무슨 일인지 모르겠군.

병인양요

지난 달 조선에서 국왕의 명령에 의해, 선교 중이던 프랑스인 주교 2명과 선교사 9명, 조선인 사제 7명과 무수히 많은 남녀노소 천주교도들이 학살되었습니다. …… 며칠 내로 우리 군대가 조선을 정복하기 위해 출발할 것입니다. ……이제 우리는 중국 정부의 조선 왕국에 대한 어떤 영향력도 인정하지 않을 것임을 선언합니다.

– 「베이징 주재 프랑스 대리공사 벨로네의 서한」

기출 맛보기

다음 상황이 전개된 배경으로 옳은 것을 〈보기〉에서 고른 것은? 45회 중급 31번 [2점]

이때에 이르러서는 돌을 캐어 종로에 비석을 세웠다. 그 비면에는 "서양 오랑캐가 침범하는데 싸우지 않으면 곧 화의하는 것이요, 화의를 주장함은 나라를 팔아먹는 것이다."라고 썼다. 또 그 옆에는 작은 글씨로 …… "병인년에 비문을 짓고 신미년에 세운다."라고 하였다.

– 『대한계년사』

보기

ㄱ. 일본군이 초지진을 공격하였다.
ㄴ. 영국군이 거문도를 점령하였다.
ㄷ. 미국 함대가 광성보를 함락하였다.
ㄹ. 양헌수 부대가 프랑스군을 물리쳤다.

① ㄱ, ㄴ ② ㄱ, ㄷ ③ ㄴ, ㄷ
④ ㄴ, ㄹ ⑤ ㄷ, ㄹ

정답 ⑤

정답 분석

자료는 흥선 대원군이 척화비를 건립하는 상황이다. 1866년, 병인박해를 구실로 프랑스 함대가 강화도를 공격하였으나 한성근과 양헌수 등의 분전으로 프랑스 군대를 격퇴시켰다. 한편 1866년 평양에서 일어난 제너럴 셔먼호 사건을 계기로 1871년 미국이 강화도를 침략하였다. 미군은 초지진을 함락시키고 광성보를 공격하였으나 어재연이 이끄는 조선군이 결사 항전을 벌였다. 두 차례의 침입을 막아낸 흥선 대원군은 전국에 척화비를 건립하여 통상 수교 거부에의 의지를 분명히 밝혔다.

오답 풀이

ㄱ. 1875년 일본이 강화도 부근을 공격한 것을 계기로 강화도 조약이 체결되었다.
ㄴ. 1885년 러시아의 남하를 견제하기 위해 영국이 거문도를 불법 점령하였다.

개항과 불평등 조약 체제

핵심 톡톡

\# 운요호 사건
\# 치외 법권
\# 최혜국 대우

1 조·일 수호 조규

1. 배경
   (1) 열강의 문호 개방 요구, 고종의 친정과 민씨 가문의 집권
   (2) 운요호 사건(1875)
      ① 일본의 운요호가 강화도 연안에서 무력 시위 ➡ 조선의 관군과 충돌
      ② 일본의 요구로 통상 조약 체결

포함 외교
자신들의 요구를 관철하기 위하여 다른 나라에 함대를 파견하고 압력을 가해 유리한 조건을 끌어내려는 외교 수단이다.

2. 조·일 수호 조규(강화도 조약, 1876)
   (1) 조선에 대한 청의 종주권 부인
   (2) 3개 항구 개항(부산, 원산, 인천)
   (3) 해안 측량권 규정
   (4) 치외 법권(영사 재판권) 규정

영사 재판권
타국에 파견된 영사가 자국민에 관계된 소송을 자기 나라 법률에 의해 재판하는 권리이다.

> **제1관** 조선국은 자주의 나라이며, 일본과는 평등한 권리를 갖는다.
> **제4관** 조선국은 부산 외에 두 개 항구를 개항하고, 일본인이 왕래 통상함을 허가한다.
> **제7관** 조선국은 일본국의 항해자가 자유로이 해안을 측량하도록 허가한다.
> **제10관** 일본인이 조선국 지정의 각 항구에 머무는 동안에 죄를 범한 것이 조선인에 관계되는 사건일 때에는 모두 일본국 관원이 심판할 것이다.

3. 조·일 수호 조규 부록
   (1) 일본 외교관의 여행 자유, 개항장 10리 이내 무역 허가(거류지 무역)
   (2) 개항장 내 일본 화폐의 유통 허용
4. 조·일 무역 규칙
   (1) 무관세 조항
   (2) 양곡의 무제한 유출을 허용

2 열강과의 조약 체결

1. 조·미 수호 통상 조약(1882)
   (1) 배경: 『조선책략』의 유포, 청의 알선
   (2) 내용
      ① 거중 조정
      ② 치외 법권과 최혜국 대우 규정
   (3) 조·미 수호 통상 조약 체결 이후 미국에 보빙사 파견

『조선책략』
수신사로 일본에 갔던 김홍집이 귀국할 때 들여온 책으로, 청 외교관인 황쭌셴이 저술한 책이다. 이 책에서 러시아의 남하를 막기 위해 조선은 중국과 더욱 친하고 일본과 결속하고, 미국과 연결해야 한다는 외교 방침을 제시하고 있다.

거중 조정
양국 중 한 나라가 다른 나라의 핍박을 받을 경우 서로 돕고 분쟁을 원만히 해결하도록 주선한다는 내용이다.

2. 각국과의 조약
   (1) 영국·독일(1883), 러시아(1884), 프랑스(1886) 등과 조약 체결
   (2) 프랑스와의 조약 체결로 천주교 포교권 인정

강화도 조약 1 ≫44회 중급 32번

왜란 이후, 통신사를 보내고 왜관에서 교역해 왔으니, 지금 일본 측에서 요구하는 수호 통상 조약에 대해 협상을 진행하는 것이 좋겠사옵니다.
윤허하노니, 이러한 조정의 뜻을 강화에 가 있는 접견대관 신헌에게 알리도록 하라.

강화도 조약 2 ≫43회 고급 33번

이번에 우리 측 대표 신헌과 일본 측 대표 구로다가 조약을 체결했다는군.
강화도 조약

그렇다네. 작년에 일어났던 운요호 사건을 빌미로 일본이 요구했다더군.

조·미 수호 통상 조약

제1관 사후 대조선국 군주와 대미국 대통령과 아울러 그 인민은 각각 모두 영원히 화평하고 우호를 다진다. 만약 타국이 어떤 불공평하게 하고 경시하는 일이 있으면 통지를 거쳐 반드시 서로 도와주며 중간에서 잘 조정해 두터운 우의와 관심을 보여준다.

⋮

제14관 현재 양국이 의논해 정한 이후 대조선국 군주가 어떤 혜택·은전의 이익을 타국 혹은 그 나라 상인에게 베풀면 …… 미국과 그 상인이 종래 점유하지 않고 이 조약에 없는 것 또한 미국 관민이 일체 균점하도록 승인한다.

『조선책략』

영남의 유생 이만손 등 만 명이 올린 연명 상소의 대략에, "방금 수신사 김홍집이 가지고 온 황준헌의 『조선책략』이 유포된 것을 보니, 저도 모르게 머리털이 곤두서고 가슴이 떨렸으며 이어서 통곡하면서 눈물을 흘렸습니다."라고 하였다.

– 『고종실록』

기출 맛보기

(가), (나) 조약에 대한 설명으로 옳은 것은? 45회 고급 31번 [2점]

> (가) 제7관 일본국 인민은 본국의 현행 여러 화폐로 조선국 인민이 소유한 물품과 교환할 수 있으며, 조선국 인민은 그 교환한 일본국의 여러 화폐로 일본국에서 생산한 여러 가지 상품을 살 수 있다.
>
> (나) 제6칙 조선국 항구에 거주하는 일본 인민은 양미와 잡곡을 수출, 수입할 수 있다.

① (가) – 임오군란을 계기로 체결되었다.
② (가) – 최혜국 대우를 처음으로 규정하였다.
③ (나) – 『조선책략』의 영향으로 체결되었다.
④ (나) – 거중 조정에 대한 내용을 포함하였다.
⑤ (가), (나) – 조·일 수호 조규의 후속 조치로 체결되었다.

정답 ⑤

정답 분석

(가)는 조·일 수호 조규 부록, (나)는 조·일 무역 규칙이다. 두 조약은 모두 1876년 8월 24일 조일 수호 조규(강화도 조약)의 후속 조치로 체결된 것이다.

오답 풀이

① 임오군란을 계기로 조청 상민 수륙 무역 장정과 제물포 조약이 체결되었다. ② 최혜국 대우가 처음 규정된 것은 조·미 수호 통상 조약이다. ③ 『조선책략』 유포 후 청의 알선으로 조·미 수호 통상 조약이 체결되었다. ④ 조·미 수호 통상 조약에 대한 설명이다.

1863 고종 즉위 · 1876 강화도 조약 · 1882 임오군란 · 1884 갑신정변 · 1894 동학 농민 운동

개화 정책 추진과 반발

핵심 톡톡

급진 개화파
위정척사파
수신사, 영선사

1 개화파와 위정척사파

1. 개화 사상의 형성
   (1) 북학파 실학 사상을 계승
   (2) 청의 양무운동과 일본의 문명개화론의 영향
   (3) 박규수·오경석·유홍기 등

2. 개화파의 분화

온건 개화파 (수구당, 사대당)	• 김홍집·김윤식·어윤중 등 • 양무운동 모방, 동도서기론에 입각한 점진적 개혁 추구 • 과학 기술 수용에 적극적, 정치·사상은 전통적 질서 유지
급진 개화파 (개화당, 독립당)	• 김옥균·박영효·홍영식·서광범 등 • 청의 내정 간섭과 정부의 사대 정책에 반발 • 메이지 유신 모방, 제도·사상 전반에 걸친 급진적 개혁 추구

동도서기(東道西器)
동양의 도를 지키며 서양의 그릇(껍데기) 을 받아들인다는 뜻이다. 청의 '중체서용', 일본의 '화혼양재'와 맥을 같이 한다.

3. 위정척사 운동

시기	주장	인물
1860년대	• 통상반대론 • 척화주전론	• 이항로 • 기정진
1870년대	• 개항불가론 • 왜양일체론	최익현
1880년대	• 개화 반대 운동 • 『조선책략』 반대	• 이만손(영남만인소) • 홍재학(만언척사소)
1890년대	항일 의병 운동	• 유인석 • 이소응

위정척사(衛正斥邪)
성리학적 질서인 정(正: 전제군주제, 지주제, 신분제, 성리학)을 지키고 서학의 사 (邪: 서학, 평등사상)를 배척한다는 의미이다.

2 개화 정책의 추진

1. 체제 정비
   (1) 개화 전담 기구로 통리기무아문과 12사 설치(1880)
   (2) 중앙군 5군영을 2영으로 정비
   (3) 일본인 교관을 초빙해 훈련하는 신식 군대 별기군 창설(1881)

2. 사절단 파견
   (1) 영선사(청, 1881): 귀국 후 기기창 설립, 박문국·전환국 설치
   (2) 조사시찰단(일, 1881): 비공식, 비밀리 추진(신사 유람단)
   (3) 수신사(일)
      ① 1차(1876), 2차(김홍집, 1880), 3차(1882)
      ② 황쭌셴의 『조선책략』 유포
   (4) 보빙사절단(미, 1883): 미국의 공사 파견에 대한 답례(민영익, 유길준)

보빙사

자료 돋보기

개화 정책의 추진과 반발 ≫43회 중급 31번

ㅇ 병인박해를 구실로 한 프랑스의 군사적 위협에 직면하여 동부승지 이항로는 서양 오랑캐와의 화친을 거부하고 끝까지 싸워야 한다는 상소를 올렸다.

ㅇ 미국과 수교하여 러시아를 견제해야 한다는 주장이 담긴 『조선책략』이 유포되자 경상도 유생 이만손 등은 미국과의 수교에 반대하는 상소를 올렸다.

통리기무아문 2 ≫41회 중급 32번

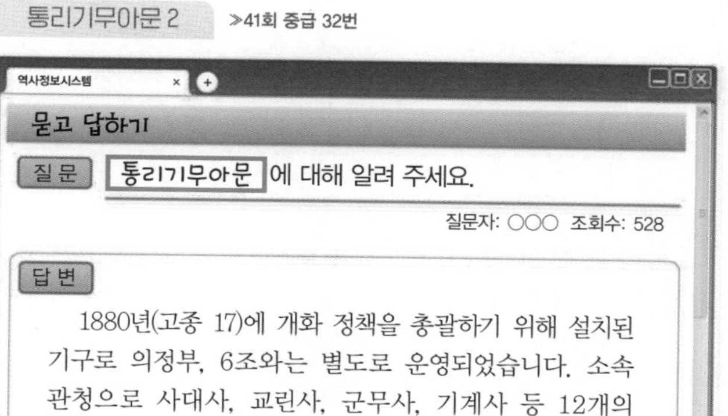
역사정보시스템

묻고 답하기

질문 | 통리기무아문 에 대해 알려 주세요.

질문자: ○○○ 조회수: 528

답변

1880년(고종 17)에 개화 정책을 총괄하기 위해 설치된 기구로 의정부, 6조와는 별도로 운영되었습니다. 소속 관청으로 사대사, 교린사, 군무사, 기계사 등 12개의 사(司)를 두었답니다.

통리기무아문 1 ≫42회 고급 31번

서술형 평가 ○학년 ○○반 이름: ○○○

◎ 밑줄 그은 '이 기구'에서 추진한 정책을 서술하시오.

이 기구(통리기무아문)는 변화하는 국내외 정세에 대응하고 개화 정책을 총괄하기 위해 1880년에 설치되었다. 소속 부서로 외교 업무를 담당하는 사대사와 교린사, 중앙과 지방의 군사를 통솔하는 군무사, 외국과의 통상에 관한 일을 맡는 통상사, 외국어 번역을 맡은 어학사, 재정 사무를 담당한 이용사 등 12사가 있었다.

답안 | 5군영을 2영으로 축소하고 별기군을 창설하였다.

영선사

통리기무아무에서 아뢰기를, "무기 제조법을 배워 오는 일과 관련하여 …… 사신의 호칭은 영선사라고 부르고, 무기 제조는 먼저 공도(工徒)들을 파견하여 만드는 법을 배우고, 기술은 교사를 초청해서 연습하며, 군사들을 정해서 보내기로 한 일은 당분간 보류한다는 내용으로 상세히 말을 구성해서 보내도록 하는 것이 어떻겠습니까?"라고 하니, 모두 윤허하였다.

– 『고종실록』

기출 맛보기

(가), (나) 사절단에 대한 설명으로 옳은 것은? 43회 고급 35번 [2점]

나는 (가) (으)로서 학생과 기술자를 인솔하여 청으로 가서 전기, 화학 등 선진 과학 기술을 배우게 하고, 우리나라와 미국과의 조약 체결에 관한 일을 이홍장과 협의하였습니다.

나는 미국공사의 부임에 대한 답례와 양국의 친선을 위해 파견된 (나) 의 전권대신으로 홍영식, 서광범 등과 미국 대통령 아서를 접견하고 국서와 신임장을 제출하였습니다.

① (가) – 귀국할 때 『조선책략』을 가지고 들어왔다.
② (가) – 무기 제조 공장인 기기창 설립의 계기를 마련하였다.
③ (나) – 보고 들은 내용을 『해동제국기』로 남겼다.
④ (나) – 『해국도지』, 『영환지략』을 들여와 국내에 소개하였다.
⑤ (가), (나) – 암행어사 형태로 비밀리에 파견되었다.

정답 ②

정답 분석

(가)는 청에 파견된 영선사, (나)는 미국에 파견된 보빙사이다. 강화도 조약 체결 후 김윤식 등이 청에 파견되어 근대적 무기와 자연 과학을 공부하고 귀국하였다. 귀국 후 우리나라 최초의 근대식 무기 공장인 기기창을 설립하였다(1883). 같은 해 인쇄소인 박문국과 조폐 발행 기관인 전환국도 마련되었다.

오답 풀이

① 수신사, ⑤ 조사 시찰단에 대한 설명이다. ③ 『해동제국기』는 세종 때 서장관으로 일본에 다녀온 신숙주가 남긴 기록이다. ④ 『해국도지』와 『영환지략』은 조선 말 역관들이 들여왔다.

구식 군인들의 봉기가 일어나다

1863 고종 즉위 · 1876 강화도 조약 · 1882 임오군란 · 1884 갑신정변 · 1894 동학 농민 운동

임오군란

별기군
조·청 상민 수륙 무역 장정

1 배경

1. 정부의 개화 정책에 대한 반발

2. 구식 군인에 대한 차별, 빈민의 생계 곤란

2 경과

1. 구식 군인들의 급여 미지급, 민겸호의 청지기의 농간
   ▶ 당시 군인들의 급여 지급을 담당하던 선혜청 당상

2. 군인들 봉기, 빈민층 합세 ➡ 고관 살해 및 일본 공사관 습격

3. 명성 황후 도피, 흥선 대원군 재집권
   (1) 통리기무아문·12사 폐지
   (2) 별기군 폐지, 5군영 체제 부활

4. 명성 황후, 청에 파병 요청 ➡ 청군에 의해 군란 진압, 흥선 대원군 청 압송

선혜청
대동법 체제에서 대동미를 관리하는 관청으로 설치되었다가, 임오군란 당시 군인들의 급여를 담당하고 있었다.

3 결과

1. 청의 내정 간섭: 고문 파견(묄렌도르프·마젠창), 청군 주둔

2. 민씨 정권의 친청 보수화: 개화 정책 추진 지연 ➡ 개화파 분화

3. 조·청 상민 수륙 무역 장정(1882)
   (1) 조선이 청의 속방임을 명시
   (2) 청 상인의 내륙 침투 허용 ➡ 일본 상인과 상권 경쟁

4. 제물포 조약: 일본에 배상금 지급, 일본 공사관 경비병 주둔

> 1. 지금부터 20일을 기한으로 하여 조선국은 흉도들을 잡아 그 수괴를 엄격히 심문하여 엄하게 징벌한다.
> 4. 흉도들의 포악한 행동으로 인하여 일본국이 입은 손해와 공사를 호위한 해군과 육군의 군비 중에서 50만 원을 조선국에서 보충한다.
> 5. 일본 공사관에 군사 약간을 두어 경비를 서게 한다. 병영을 설치하거나 수선하는 일은 조선국이 맡는다.
> 6. 조선국은 사신을 특파하여 국서를 가지고 일본국에 사과한다.

자료 돋보기

임오군란 1 ≫39회 중급 37번

임오군란에 대해
검색해 줘.
임오군란에 대한 검색 결과입니다.
임오군란
1882년 구식 군인에 대한 차별 대우와 개화 정책에 대한 반발로 일어난 사건
1. 전개 과정
1. 구식 군인들의 소요 발생
2. 구식 군인들과 도시 하층민의 일본 공사관 습격
3. 흥선 대원군의 재집권
4. 청군의 개입으로 군란 진압
2. 결과
청의 내정 간섭 심화

임오군란 2

대원군에게 군국사무를 처리하라는 명이 내려지자 대원군은 궐 내에서 거처하며 기무아문과 무위·장어 2영을 폐지하고 5영의 군제를 복구하라는 명령을 내려 군량을 지급하도록 하였다. 그리고 난병(亂兵)은 물러가라는 명을 내렸다. …… 이때 별안간 마건충 등은 호통을 치면서 대원군을 포박하여 교자(轎子) 안으로 밀어 넣어 그 교자를 들고 후문으로 나가 마산포로 가서 배를 타고 훌쩍 떠나버렸다. －『매천야록』

임오군란 3

1874년 이래 대궐에서 쓰이는 비용은 끝이 없었다. 호조나 선혜청에 저축해 온 것은 모두 비어서 경관(京官)의 월급도 주지 못했으며, 5영 군사들도 왕왕 급식을 결하였다. 5영을 파하고 2영을 세우니 또한 노약자는 쫓겨나게 되어 갈 곳이 없었다. 그래서 완력으로 난을 일으킬 것을 생각하게 되었다. －『매천야록』

기출 맛보기

다음 서술형 평가의 답안에 들어갈 내용으로 옳은 것은? 43회 중급 32번 [3점]

서술형 평가

○학년 ○반 이름: ○○○

◎ (가), (나) 조약이 체결된 공통적인 배경을 서술하시오.

(가) 제3관 조선국이 지불한 5만 원은 피해를 입은 일본 관원의 유족 및 부상자에게 지급하여 특별히 돌보아 준다.
⋮
제5관 일본 공사관에 일본군 약간 명을 두어 경비를 서게 한다.

(나) 제4조 규정에 따라 조선 상인이 북경에서 교역하는 경우와 중국 상인이 조선의 양화진과 서울에 들어가 영업소를 개설하는 경우를 제외하고, 각종 화물을 내지로 운반하여 상점을 차리고 파는 것을 허가하지 않는다.

답안

① 고종이 홍범 14조를 반포하였다.
② 구식 군인들이 임오군란을 일으켰다.
③ 김옥균 등이 갑신정변을 주도하였다.
④ 영국이 거문도를 불법으로 점령하였다.
⑤ 유길준이 조선 중립화론을 주장하였다.

정답 ②

정답 분석

(가)는 제물포 조약, (나)는 조·청 상민 수륙 무역 장정이다. 청이 임오군란을 진압함에 따라 조·청 상민 수륙 무역 장정이 체결되어 청의 내정 간섭을 받았고, 군란의 과정에서 일본 공사관이 불타고 별기군 교관이 살해당한 것에 대한 처리를 위해 일본의 요구로 제물포 조약이 체결되었다.

오답 풀이

① 1894년, ③ 1884년, ④, ⑤ 1885년의 일로 모두 (가)와 (나) 조약 이후의 일이다.

주제 51

급진 개화파가 개혁 정강을 발표하다

1863	1876	1882	1884	1894
고종 즉위	강화도 조약	임오군란	갑신정변	동학 농민 운동

갑신정변

핵심 톡톡

급진 개화파
우정총국
인민 평등권

1 배경

1. 임오군란 이후 청의 내정 간섭으로 인한 개화 정책 추진 지연
2. 재정 악화 해결을 위한 일본으로부터의 차관 도입 실패
3. 청·프 전쟁으로 국내에 주둔하던 청군의 일부 철수

2 경과

우정총국
1884년에 설치된 우리나라 최초의 우편 업무 관청이다.

1. 급진 개화파(→ 개화당), 우정총국 개국 축하연에서 정변
2. 민씨 고관을 살해, 개화당 정부 수립 후 14개조 개혁 정강 발표

14개조 개혁 정강

1. 흥선 대원군을 빨리 귀국시키고 종래 청에 대해 행하던 조공의 허례를 폐지한다.
2. 문벌을 폐지하고 인민 평등권을 제정하여 능력에 따라 관리를 임명한다.
3. 지조법(地租法)을 개혁하여 관리의 부정을 막고 백성을 보호하며 재정을 넉넉히 한다.
9. 혜상공국을 혁파한다.
12. 모든 재정은 호조에서 관할한다.
13. 대신과 참찬은 의정부에 모여 정령을 의결하고 반포한다.
14. 의정부와 6조 외에 필요 없는 관청을 없앤다.

3. 청에 파병 요청 ➡ 청군의 개입으로 3일 만에 개화당 정권 붕괴

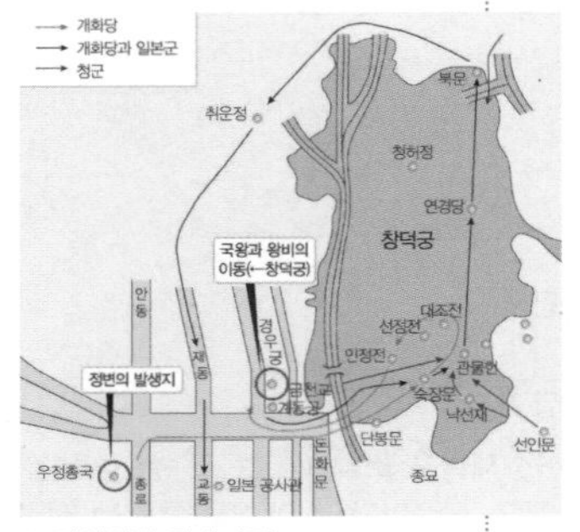

갑신정변 전개과정

3 결과

1. 청의 내정 간섭 강화
2. 한성 조약: 배상금 지불, 일본 공사관 신축 비용 부담
3. 톈진 조약(청·일): 양국 군대 동시 철수와 조선 파병 시 통고 약속

4 거문도 사건과 한반도 중립화론

1. 거문도 사건
   (1) 갑신정변 이후 청의 내정 간섭 심화 ➡ 조·러 비밀 협약 추진
   (2) 러시아의 남하를 견제한다는 명분으로 영국이 거문도를 불법 점령
   (3) 청의 중재로 영국군 철수 ➡ 청의 내정 간섭 강화
2. 한반도 중립화론
   (1) 부들러, 유길준
   (2) 조선이 열강의 각축장이 된 상황에서 긴장 관계 해소를 위해 제시

자료 돋보기

갑신정변 1

민영익이 우영사로서 우정국 낙성연에 참가하였다가 흉도 여러명이 휘두른 칼에 맞아 당상 위로 돌아와 쓰러졌다. …… 왕이 경우궁으로 거처를 옮기자 각 비빈과 동궁도 황급히 따라갔다.

– 『고종실록』

한성 조약

이번 경성에서의 사변은 작은 문제가 아니므로 대일본 대황제는 이노우에 가오루를 대조선국에 파견하고 …… 대조선국 대군주는 김홍집에게 전권을 위임하여 토의·처리하도록 임명하여 ……

⋮

제2조 이번에 피해를 입은 일본인의 유가족과 부상자를 돌보아 주고, 아울러 상인들의 화물이 훼손·약탈된 것을 보상하기 위해 조선국은 11만 원을 지불한다.

⋮

제4조 일본 공관을 신축해야 하므로 조선국은 땅과 건물을 내주어 공관 및 영사관으로 사용할 수 있도록 한다. 그것을 수축이나 증축할 경우 조선국이 다시 2만원을 지불하여 공사비로 충당하게 한다.

⋮

갑신정변 2

외무성 아시아국장 카프니스트 백작님께

요즘 상하이에 거주하는 유럽인들이 조선인 망명자 살해 사건으로 들썩이고 있습니다. 그는 일본인들의 협력을 기반으로 새로운 질서를 마련하기 위해 청프 전쟁이 벌어진 틈을 타서 자기의 뜻을 펼치기 시작하였습니다. 이에 [정변을 일으켜] 기존의 대신들을 대부분 몰아내고, 스스로 참판에 오르는 등 새로운 관료 조직을 구성하였습니다. 그러나 일본에 대한 뿌리 깊은 증오심으로 조선 민중은 일본인들의 협력을 전제로 한 그의 개혁에 적대감을 갖게 되었습니다. ……

– 베이징 주재 러시아 공사 보르

거문도 사건

김윤식이 영국 총영사 아스톤에게 거문도를 점거한 지 3개월이 경과하였을 뿐 아니라 우리나라 조야의 여론이 비등하고 있으므로 속히 섬을 점거하고 있는 군대를 철수시킬 것을 요청하였다.

기출 맛보기

(가) 사건에 대한 설명으로 옳은 것은? 45회 고급 34번 [2점]

역사 동영상 제작 계획안

개화당, 새로운 세상을 꿈꾸다

▣ 기획 의도

근대적 개혁을 추구하였던 (가) 을/를 다큐멘터리 형식의 동영상으로 제작하여 그 역사적 의미를 살펴본다.

▣ 장면별 구성 내용

- 박규수의 사랑방에 젊은이들이 모인 장면
- 우정총국 개국 축하연 때 거사 장면
- 거사 실패 후 주요 인물이 일본으로 망명하는 장면

① 김옥균, 박영효 등이 주도하였다.
② 김기수를 수신사로 일본에 파견하였다.
③ 구본신참에 입각한 개혁을 추진하였다.
④ 개화 정책을 총괄하는 통리기무아문을 설치하였다.
⑤ 개혁의 기본 방향을 제시한 홍범 14조를 반포하였다.

정답 ①

정답 분석

우정총국 개국 축하연에서의 거사라는 것을 통해 (가)는 갑신정변임을 알 수 있다. 김옥균·박영효 등의 급진 개화파는 우정총국 개국 축하연을 기회로 삼아 정변을 일으켜 민씨 고관을 살해하였다. 이어 개화당 정부를 수립하고 14개조 개혁 정강을 발표하였다. 하지만 왕비와 정부는 청에 도움을 요청하였고, 청군의 개입으로 3일 만에 개화당 정권이 무너지고 김옥균·박영효 등은 일본으로 망명하였다.

오답 풀이

② 강화도 조약 이후 1876년과 1880년 등 세 차례에 걸쳐 수신사가 파견되었다. ③ 광무개혁에 대한 설명이다. ④ 1880년 개화 정책을 총괄하는 통리기무아문이 설치되었다. ⑤ 2차 갑오개혁에 대한 설명이다.

동학 농민 운동

고부 농민 봉기
전주 화약
청·일 전쟁

『동경대전』
최제우가 지은 동학의 경전

『용담유사』
최제우가 지은 포교 가사집

만석보 사건
고부 군수 조병갑이 농민들을 동원해 보를 짓고 농민들에게 수세를 징수하여 농민들의 분노를 샀다.

집강소
동학농민운동 때 농민군이 호남지방의 각 군현에 설치하였던 농민 자치 기구

1 배경

1. 경제 악화: 외국 상인의 내륙 침투 심화, 부정부패, 배상금 지불로 국가 재정 악화
2. 동학의 확산
   (1) 2대 교주 최시형의 교단 정비: 『동경대전』·『용담유사』
   (2) 포접제 조직을 통한 동학 교도 규합

2 경과

1. 교조 신원 운동: 신앙 운동 ➡ 삼례, 서울, 보은 집회를 거치며 정치 운동으로 발전
   ↳ '보국안민', '척양척왜' 구호
2. 고부 농민 봉기(1894. 1.)
   (1) 배경: 고부 군수 조병갑의 가혹한 수탈
   (2) 경과: 전봉준이 이끄는 농민들이 봉기, 고부 관아를 점령 ➡ 정부의 시정 약속으로 해산 ➡ 안핵사 이용태의 농민 탄압
3. 1차 봉기(1894. 3.)
   (1) 농민군 백산에 집결, 격문과 4대 강령 발표
   (2) 황토현·황룡촌에서 관군에 승리를 거둔 후 전주성 점령
4. 전주 화약(1894. 5.)
   (1) 농민군의 전주 점령 후 정부는 화의를 제의하는 한편 청에 파병 요청
   (2) 청이 파병 사실을 일본에 알리자 일본도 파병
   (3) 청·일 양국 파병 소식에 농민들은 전주에서 정부와 화약 체결
      ① 농민: 집강소 설치, 폐정 개혁 실시
      ② 정부: 교정청 설치, 개혁 추진

폐정 개혁안(일부)
2. 탐관오리는 그 죄상을 조사하여 엄징한다.
5. 노비 문서는 모두 소각한다.
6. 7종의 천인 차별을 개선하고 백정이 쓰는 평량갓을 없앤다.
9. 관리 채용에는 지벌을 타파하고 인재를 등용한다.
10. 왜와 통하는 자는 엄징한다.
12. 토지는 평균하여 분작한다.

5. 일본의 경복궁 점령: 일본의 경복궁 무력 점령과 청·일 전쟁 도발, 군국기무처 설치
6. 2차 봉기(1894. 9.): 일본의 침략을 물리치기 위해 다시 봉기 ➡ 공주 우금치에서 관군과 일본군의 연합 부대에 패배

3 의의

1. 반봉건·반외세적 민족 운동
2. 아래로부터의 개혁 운동
3. 농민들의 주장 내용이 갑오개혁에 반영

자료 돋보기

최시형 ≫45회 중급 32번

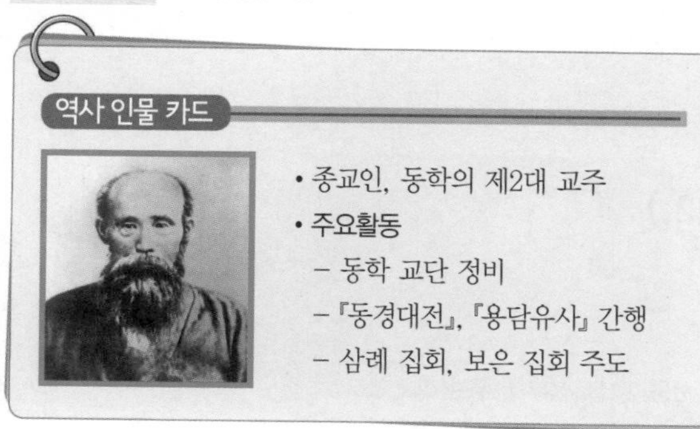

역사 인물 카드
• 종교인, 동학의 제2대 교주
• 주요활동
– 동학 교단 정비
–『동경대전』,『용담유사』 간행
– 삼례 집회, 보은 집회 주도

전봉준 1 ≫43회 중급 33번

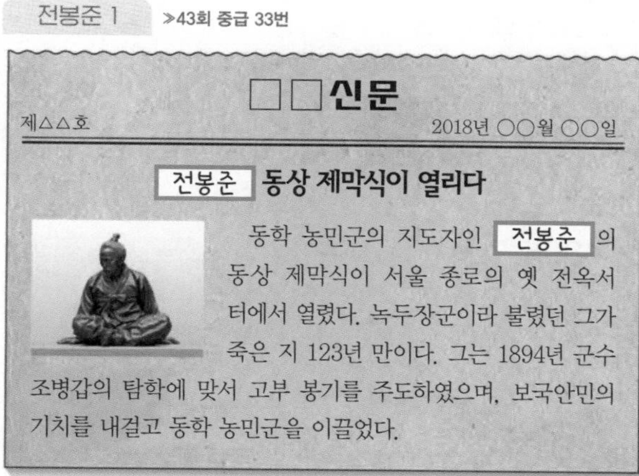
□□신문

제△△호　　2018년 ○○월 ○○일

전봉준 동상 제막식이 열리다

동학 농민군의 지도자인 전봉준의 동상 제막식이 서울 종로의 옛 전옥서 터에서 열렸다. 녹두장군이라 불렸던 그가 죽은 지 123년 만이다. 그는 1894년 군수 조병갑의 탐학에 맞서 고부 봉기를 주도하였으며, 보국안민의 기치를 내걸고 동학 농민군을 이끌었다.

동학 농민 운동의 전개 과정 ≫43회 고급 36번

전봉준 2

문: 다시 난을 일으킨 것은 무슨 이유인가?

답: 일본이 개화라 칭하고 처음부터 민간에게 일언반구의 말도 공포함이 없이 군대를 거느리고 우리 서울에 들어와 밤중에 왕궁을 공격하여 임금을 놀라게 하였다 하기로, 초야의 사민(士民)들이 충군 애국의 마음으로 분개함을 이기지 못하여 의병을 규합하여 일본인과 접전하여 이 사실을 1차 묻고자 함이었다.

–『전봉준 공초』

기출 맛보기

(가) 운동에 대한 설명으로 옳은 것은? 45회 고급 35번 [1점]

① 을사늑약에 반발하여 봉기하였다.
② 백낙신의 탐학이 발단이 되어 일어났다.
③ 집강소를 중심으로 폐정 개혁안을 실천하였다.
④ 유계춘을 중심으로 봉기하여 진주성을 점령하였다.
⑤ 홍의 장군으로 불린 곽재우가 의병장으로 활약하였다.

정답 ③

정답 분석

1894년 전봉준의 주도 아래 봉기한 농민들은 황토현 전투에서 관군을 물리친 뒤 전주성을 점령하였다. 이로 인해 청과 일본이 조선에 군대를 보내자 농민군은 정부와 화약을 맺고 집강소를 설치하여 개혁을 추진하였다. 그러나 일본이 경복궁을 점령하고 개혁을 강요하자 농민들은 재차 봉기하였고, 일본군에 맞서 싸웠으나 우금치 전투에서 크게 패배하였다.

오답 풀이

① 을사늑약은 1905년의 일이다. ②, ④ 임술 농민 봉기, ⑤ 임진왜란에 대한 설명이다.

신분 제도가 폐지되다

갑오개혁

핵심 톡톡

군국기무처
을미사변
단발령

1 제1차 갑오개혁(1894. 7. ~ 12.)

1. 군국기무처 주도(제1차 김홍집 내각)

2. 개혁 내용

정치	• 6조 ➡ 8아문, '개국' 연호 사용, 왕실·정부 사무 분리 • 과거제 폐지, 경무청 설치
경제	• 재정 일원화(탁지아문), 조세 금납화, 도량형 통일 • 왕실·국가 재정 분리, 은 본위제
사회	신분제 폐지(공·사노비법 타파), 조혼 금지, 과부 재가 허용, 고문·연좌제 폐지

2 제2차 갑오개혁(1894. 12. ~ 1895. 7.)

1. 군국기무처 폐지, 김홍집·박영효 연립 내각 주도

2. 「독립 서고문」 발표, 「홍범 14조」 발표

3. 개혁 내용

정치	8아문을 7부(중앙)로 개편, 8도의 행정 구역을 23부(지방)로 개편, 사법권 독립, 지방관 권한 축소
교육	교육 입국 조서 반포: 관립 학교 설립, 근대적 교과서 제도 마련, 근대적 교육 제도 (한성 사범 학교, 소학교 관제 등)

군국기무처

갑오개혁 추진을 위해 설치된 초입법 기구로, 1894년 6월 25일부터 12월 17일까지 존속하며 210여 개의 개혁안을 처리하였다.

「홍범 14조」

갑오개혁 당시 추진된 일련의 정치 혁신을 위한 기본 강령이다.

3 삼국 간섭과 을미사변

1. 삼국 간섭

(1) 청·일 전쟁에서 승리한 일본이 청으로부터 랴오둥 반도 등을 얻어냄.

(2) 러시아·독일·프랑스 3국의 압박으로 랴오둥 반도 청에 반환

2. 을미사변

(1) 삼국 간섭 이후 친러적 성격의 제3차 김홍집 내각 수립

(2) 일본이 명성 황후를 시해

4 제3차 갑오개혁(을미개혁, 1895. 8. ~)

1. 친일적 성격의 제4차 김홍집 내각 수립

2. 개혁 내용

정치	'건양' 연호 사용, 태양력 사용
사회	단발령 실시, 종두법 실시, 우편 업무 재개
군사	친위대(중앙)·진위대(지방) 설치

3. 아관파천(1896)으로 개혁 중단

아관파천

을미사변 이후 신변에 위협을 느낀 고종과 왕세자가 러시아 공사관으로 도피한 사건

자료 돋보기

군국기무처 ≫44회 고급 36번

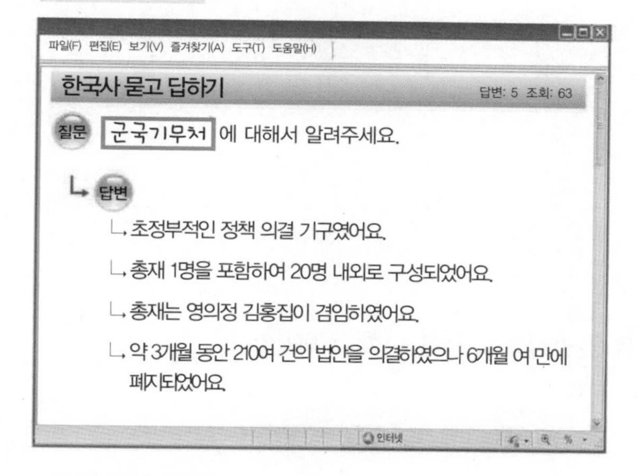

파일(F) 편집(E) 보기(V) 즐겨찾기(A) 도구(T) 도움말(H)
한국사 묻고 답하기
답변: 5 조회: 63
질문 군국기무처 에 대해서 알려주세요.
답변
초정부적인 정책 의결 기구였어요.
총재 1명을 포함하여 20명 내외로 구성되었어요.
총재는 영의정 김홍집이 겸임하였어요.
약 3개월 동안 210여 건의 법안을 의결하였으나 6개월 여 만에 폐지되었어요.
인터넷

제1차 갑오개혁 ≫40회 중급 34번

이것은 군국기무처에서 회의하는 장면을 그린 그림입니다. 이 기구에서 추진한 개혁의 내용을 말해주세요.
정치, 경제, 사회 전반에서 개혁이 추진되었는데 그 중 신분제 폐지, 과거제 폐지, 조혼 금지 등이 대표적입니다.

제2차 갑오개혁 ≫40회 고급 34번

이것은 고종이 종묘에 바친 독립서고문으로 홍범 14조가 포함되어 있습니다. 홍범 14조는 김홍집과 박영효의 연립 내각이 주도한 이 개혁의 기본 방향이 되었습니다.
갑오개혁

제3차 갑오개혁(을미개혁) ≫42회 중급 34번

내각 총리대신 김홍집과의 대담
이번에 새롭게 실시하는 개혁의 주요 내용은 무엇입니까?
태양력과 건양 연호 사용, 단발령 시행 등이 있습니다.

기출 맛보기

밑줄 그은 '개혁'의 내용으로 옳은 것은? 45회 중급 33번 [2점]

① 신분제를 폐지하였다.
② 비변사를 혁파하였다.
③ 단발령을 시행하였다.
④ 당백전을 발행하였다.
⑤ 원수부를 설치하였다.

정답 ①

정답 분석

군국기무처와 과거제 폐지를 통해 '개혁'은 1차 갑오개혁(1894)임을 알 수 있다. 1차 개혁에서는 김홍집을 총리대신으로 하는 내각이 군국기무처를 중심으로 왕실과 정부 사무의 분리, 재정 일원화, 은본위 화폐 제도 실시, 신분제 폐지, 과부의 재가 허용 등의 개혁을 추진하였다.

오답 풀이

②, ④ 흥선 대원군 집권기, ③ 을미개혁, ⑤ 광무개혁 때의 일이다.

관민 공동회에서 헌의 6조를 결의하다

1896	1897	1904	1905	1907
아관파천, 독립 협회	대한 제국	러·일 전쟁	을사조약	고종 강제 퇴위

독립 협회

핵심 톡톡

서재필
독립신문, 독립문
만민 공동회
헌의 6조

1 조직

1. 아관파천: 을미사변 이후 신변에 위협을 받은 고종이 러시아 공사관으로 피신
2. 아관파천 이후 열강의 이권 침탈 본격화
3. 서재필 등의 개화 지식층과 개화 관료들을 중심으로 독립 협회 조직(1896)

2 활동

독립신문

독립 신문

독립문

청 사신을 영접하던 영은문을 허물고 그 자리에 독립문을 건립하였다.

1. 계몽 운동
   (1) 독립 협회 창설 이전 독립신문 창간, 계몽 활동에 주력
   (2) 독립관·독립문 건립
   (3) 토론회·강연회 개최

2. 자주 국권 운동
   (1) 만민 공동회, 관민 공동회 개최
   (2) 러시아의 침략 정책과 이권 요구 규탄, 헌의 6조 결의(의회 설립 운동)

3. 자유 민권 운동: 국민의 신체 자유, 재산권, 언론·출판·집회·결사의 자유 등 주장

> **헌의 6조**
> 1. 외국인에게 기대하지 아니하고 관민이 합심하여 전제 황권을 공고히 할 것
> 2. 외국과 이권에 관한 계약과 조약은 각 대신과 중추원 의장이 합동 날인하여 시행할 것
> 3. 국가 재정은 탁지부에서 모두 관리하고 예산·결산을 국민에게 공포할 것
> 4. 중대 범죄를 공판하되, 피고의 인권을 존중할 것
> 5. 칙임관(1~2품의 최고 관직)을 임명할 때에는 정부에 그 뜻을 물어 중의에 따를 것
> 6. 장정을 실천할 것

3 해산

1. 보수파 관료와 황실 측근 세력의 모함
2. 황국 협회와의 충돌 후 고종의 해산 명령

황국 협회
정부에서 보부상들을 중심으로 조직한 어용 단체이다.

자료 돋보기

독립 협회 1

11월 4일 밤, 조병식 등은 건의소청 및 도약소의 잡배들로 하여금 광화문 밖의 내국 조방 및 큰길가에 익명서를 붙이도록 하였다. …… 익명서는 "독립 협회가 11월 5일 본관에서 대회를 열고, 박정양을 대통령으로, 윤치호를 부통령으로, 이상재를 내부대신으로 …… 임명하여 나라의 체제를 공화정치 체제로 바꾸려 한다."라고 꾸며서 폐하께 모함하고자 한 것이다.

- 『대한계년사』

독립 협회 2 ≫40회 고급 35번

<역사 다큐멘터리 기획안>

독립 협회, 근대적 자주 독립 국가를 꿈꾸다

▣ **기획 의도**

자주 독립 국가를 목표로 창립된 독립 협회의 활동을 3부작 다큐멘터리로 제작하여 그 역사적 의미를 살펴본다.

▣ **회차별 방송 내용**

- 1회. 만민 공동회를 통한 자주 국권 운동 전개
- 2회. 관민 공동회를 통한 헌의 6조 결의
- 3회. 황국 협회의 습격과 단체의 해산

독립 협회 3 ≫39회 중급 32번

이 단체는 1896년 서재필, 이상재 등을 중심으로 설립되었습니다. 만민 공동회를 주관하였으며, 러시아의 절영도 조차 요구에 반대한 이 단체의 이름은 무엇일까요?
한국사 저널
2017 여름호
독립 협회
자주 국권, 자유 민권, 자강 개혁 운동을 전개하다
기획 1. 서재필의 주도로 창립되다

독립 협회 4 ≫36회 고급 36번

기출 맛보기

(가)~(다) 학생이 발표한 내용을 일어난 순서대로 옳게 나열한 것은? 44회 중급 37번 [2점]

주제: 자주 독립 수호를 위한 노력

① (가) – (나) – (다)
② (가) – (다) – (나)
③ (나) – (가) – (다)
④ (나) – (다) – (가)
⑤ (다) – (나) – (가)

정답 ①

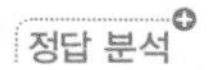
정답 분석

(가) 1896년 서재필이 귀국하여 독립신문을 창간하고 독립 협회를 창설하였다. (나) 1897년 고종이 러시아 공사관에서 돌아와 대한 제국을 수립하였다. (다) 1898년 독립 협회의 주최로 열린 관민 공동회에서 헌의 6조가 결의되었다.

대한 제국 수립과 광무개혁

광무
광무개혁
구본신참

환구단
천자가 하늘에 제사를 드리는 제천단을 뜻한다.

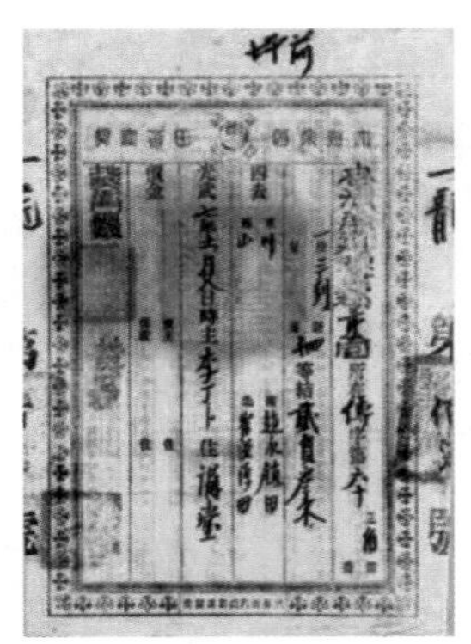
지계

1 대한 제국 수립

1. 배경: 독립 협회와 시민들의 환궁 요구, 유생들의 상소
2. 고종은 궁궐을 떠난 지 1년 만에 경운궁(덕수궁)으로 환궁
3. 국호는 '대한 제국', 연호는 '광무'로 정하고 환구단에서 황제 즉위식 거행

2 광무 개혁

1. 개혁 원칙: '구본신참(舊本新參)'을 내세워 점진적인 개혁 표방
2. 개혁 내용

군사	•원수부 설치: 황제가 국방과 군사에 관한 지휘권 직접 장악 •시위대 재조직, 진위대 증설
경제	•양전·지계 사업: 전국적 양전 시행 후 지계 발급 •식산흥업 정책: 근대적 공장·회사 설립 •상공 학교, 광무 학교 등 설립 •전화 가설, 전차·철도 부설 등
외교	이범윤을 간도 관리사로 파견, 간도 주민들에 대한 통치권 행사

3. 대한국 국제 반포
   (1) 대한국 국제: 1899년 제정한 일종의 헌법
   (2) 황제의 무한한 권한을 규정

대한국 국제

제1조 대한국은 세계 만국이 공인한 자주독립 제국이다.
제2조 대한국의 정치는 만세불변의 전제 정치이다.
제3조 대한국의 대황제는 무한한 군권을 누린다.
제5조 대한국 대황제는 육·해군을 통솔하고 군대의 편제를 정하고 계엄을 명한다.
제6조 대한국 대황제는 법률을 제정하여 그 반포와 집행을 명하고, 대사·특사·감형·복권 등을 명한다.
제9조 대한국 대황제는 각 조약 체결 국가에 사신을 파견하고, 선전·강화 및 제반 조약을 체결한다.

자료 돋보기

아관파천 ≫41회 중급 36번

이 사진은
옛 러시아 공사관의
모습이야.
아관파천
고종이 일본의
위협을 피해 거처를
옮긴 이 사건과 관련된
곳이지.

아관파천과 대한 제국의 수립 ≫39회 중급 36번

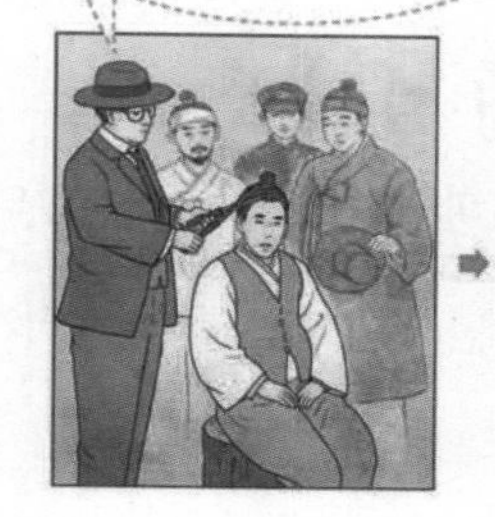

며칠 전 폐하께서
먼저 단발을 하셨으니 백성들도
이를 따라야 하지 않겠는가?

➡ 아관파천이 단행 되었다. ➡

국호를 대한이라 하고
올해를 광무 원년으로
삼노라.

대한 제국의 수립 1 ≫42회 고급 34번

이 어진은 황룡포를 입은 고종의 모습을 그린 것입니다. 본래 조선의 왕은 홍룡포를 입었는데, 고종은 황룡포를 입고 황제 즉위식을 올린 후 새로운 국호인 [광무] 을/를 선포하였습니다.

대한 제국의 수립 2

고종이 말하기를, "정사를 모두 새롭게 시작하는 지금에 모든 예가 다 새로워졌으니 환구단에 첫 제사를 지내는 지금부터 마땅히 국호를 정하여 써야 한다. …… 우리나라는 곧 삼한(三韓)의 땅인데, 국초에 천명을 받고 하나의 나라로 통합되었다. 지금 국호를 '대한(大韓)'이라고 정한다고 해서 안 될 것이 없다. 또한, 매번 각국의 문자를 보면 조선이라고 하지 않고 한(韓)이라 하였다. 이는 아마 미리 징표를 보이고 오늘이 있기를 기다린 것이니, 세상에 공표하지 않아도 세상이 모두 다 '대한'이라는 칭호를 알고 있을 것이다."라고 하였다.

– 『고종실록』

기출 맛보기

밑줄 그은 '이 관계'가 발급되던 시기에 있었던 사실로 옳은 것은? 45회 고급 1번 [2점]

하나. 대한 제국 인민으로 전답을 가진 자는 이 관계(官契)*를 반드시 소유하되, 구계(舊契)는 무효로 하여 본 아문에 수납할 것

*관계(官契): 관청에서 증명한 문서

하나. 대한 제국 인민 외에는 전답 소유주가 될 권리가 없으니, 외국인에게 명의를 빌려주거나 사사로이 매매·저당·양도하는 자는 모두 최고형에 처하고 해당 전답은 원주인의 소유를 인정하여 일체 몰수할 것

① 이만손 등이 영남 만인소를 올렸다.
② 박문국에서 한성순보가 발행되었다.
③ 조선 형평사 창립 대회가 개최되었다.
④ 러시아가 용암포를 점령하고 조차를 요구하였다.
⑤ 제너럴 셔먼호 사건을 구실로 미군이 강화도를 침략하였다.

정답 ④

정답 분석

자료는 대한 제국 시기 광무개혁의 일환으로 추진된 지계 발급에 대한 내용이다. 1903년 러시아는 압록강 상류에서의 삼림벌채권과 그 종업원을 보호한다는 구실 아래 약 100명의 군대로 용암포를 점령하였다. 이로 인해 한반도에 대한 경쟁이 격해져 다음 해에 러·일 전쟁이 발발하였다.

오답 풀이

① 1881년, ② 1883년, ③ 1923년, ⑤ 1871년의 일이다.

주제 56

을사조약으로 외교권을 빼앗기다

1896	1897	1904	1905	1907
아관파천, 독립 협회	대한 제국	러·일 전쟁	을사조약	고종 강제 퇴위

국권 피탈 과정

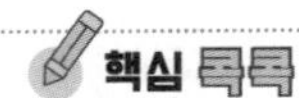

핵심 콕콕

을사조약
헤이그 특사
안중근

1 러·일 전쟁(1904)

1. 아관 파천 이후에는 러시아의 영향력 확대

2. 1904년 2월 일본 함대가 러시아 함대를 공격하면서 전쟁 시작 ➡ 일본의 승리

2 국권 피탈 과정

1. 한·일 의정서(1904): 군용지 약탈

2. 제1차 한·일 협약(1904): 외국인 고문 파견 ➡ 재정 고문 메가타, 외교 고문 스티븐스

3. 열강의 한반도에 대한 일본의 우위권 인정
   (1) 미국: 가쓰라-태프트 밀약(1905)
   (2) 영국: 제2차 영·일 동맹(1905)
   (3) 러시아: 포츠머스 조약(1905)

4. 제2차 한·일 협약(을사조약, 1905)
   (1) 외교권 박탈, 통감부 설치
   (2) 궁성을 포위한 채 조약 체결 강요 ➡ 일본의 일방적 체결 발표
   (3) 저항
      ① 자결: 민영환, 조병세
      ② 외교: 헤이그 특사 파견
      ③ 언론: 황성신문에 「시일야방성대곡」(장지연) 게재
      ④ 무력
         • 을사의병, 5적암살단 조직
         • 장인환·전명운: 스티븐스 사살(샌프란시스코, 1908)
         • 이재명: 이완용 습격, 실패(명동성당 앞, 1909)
         • 안중근: 이토히로부미 사살(하얼빈, 1909), 『동양평화론』

헤이그 특사 파견

고종은 이준 등의 특사를 네덜란드의 헤이그에서 열리는 만국 평화 회의에 보내 을사조약 체결이 한국 황제의 뜻에 반하여 일본의 강압에 의한 것임을 폭로하고자 하였다.

5. 고종 강제 퇴위(1907)

6. 한·일 신협약(정미7조약, 1907): 차관 정치, 부속 조약으로 군대 해산

7. 기유각서(1909): 사법권·경찰권 박탈

8. 국권 피탈(1910)

자료 돋보기

국권 피탈 과정

을사조약(1905)

○ 제3조 일본국 정부는 그 대표자로서 한국 황제 폐하의 아래에 1명의 통감을 두되, 통감은 전적으로 외교에 관한 사항을 관리하기 위해 서울에 주재하며 직접 한국 황제 폐하를 알현할 권리를 가진다.

○ 제1조 한국 황제 폐하는 한국 전부에 관한 일체의 통치권을 완전하고 영구히 일본국 황제 폐하에게 양여한다.

한·일 병합 조약(1910)

을사늑약

이토 히로부미 후작의 강압으로 대궐에서 회의가 소집되었다. 대신들은 조약에 찬성할 것을 강요당하였고, 그런 다음에 가장 강하게 반대하던 세 명의 대신이 일본 장교들에 의해 한 명씩 끌려 나갔다. …… 일본이 세계에 공표한 것과는 달리, 이 조약은 황제가 결코 서명하지 않았고 합법적으로 조인되지도 않았다.

헤이그 특사 파견

1905년 11월 17일, 이상설은 일본이 완전히 국제법을 무시하고 무력으로 우리나라와 여러분 나라와의 사이에 오늘날까지도 유지되는 우호적인 외교 관계를 강제적으로 단절하고자 했던 그 음모를 목격하였습니다.

……

1. 일본인들은 대한 제국 황제 폐하의 정식 허가 없이 행동하였다.

……

이상설
이준
이위종

한·일 의정서와 한·일 신협약

○ 제4조 …… 대한 제국 정부는 대일본 제국 정부의 행동이 용이 하도록 충분한 편의를 제공한다. 대일본 제국 정부는 …… 군사 전략상 필요한 지점을 수시로 사용할 수 있다.

○ 제2조 한국 정부의 법령 제정 및 중요한 행정상 처분은 미리 통감의 승인을 거칠 것

⋮

제5조 한국 정부는 통감이 추천하는 일본인을 한국 관리에 임명할 것

기출 맛보기

(가) 인물의 활동으로 옳은 것은? 45회 중급 34번 [2점]

이곳은 서울특별시 강북구 수유동에 있는 독립운동가 (가) 의 묘역입니다. 그는 1907년 이상설, 이위종과 함께 네덜란드 헤이그에 특사로 파견되었다가 그곳에서 순국하였습니다. 그의 유해는 1963년이 되어서야 고국의 품으로 돌아와 이곳에 안장되었습니다.

① 대종교를 창시하였다.
② 영남 만인소를 주도하였다.
③ 『한국 독립 운동 지혈사』를 저술하였다.
④ 친일 미국인 스티븐스를 사살하였다.
⑤ 을사늑약 체결의 불법성을 폭로하였다.

정답 ⑤

정답 분석

(가)에 들어갈 인물은 이준이다. 1905년 일제가 을사늑약 체결을 일방적으로 발표하여 대한 제국의 외교권을 빼앗자 고종은 을사늑약의 부당성을 알리기 위해 1907년 네덜란드 헤이그에서 열린 만국 평화 회의에 이상설, 이준, 이위종을 특사로 파견하였다.

오답 풀이

① 나철, ② 이만손, ③ 박은식, ④ 장인환·전명운에 대한 설명이다.

13도 창의군이 서울 진공 작전을 계획하다

항일 의병 전쟁

1896 아관파천, 독립 협회 / 1897 대한 제국 / 1904 러·일 전쟁 / 1905 을사조약 / 1907 고종 강제 퇴위

핵심 톡톡

신돌석
13도 창의군
서울 진공 작전

1 을미의병(1895)

1. 배경: 을미사변, 단발령
2. 의병장: 유인석(제천), 이소응(춘천) 등 양반 출신 유생층 중심
3. 특징
   (1) 동학 농민군 출신 대거 가담
   (2) 아관 파천 이후 고종의 해산 권고 조칙에 따라 해산
   (3) 해산 후 활빈당 활동

활빈당
1900년 충청남도 일대에서 시작하여 반봉건주의와 반제국주의의 기치를 들고 봉기했던 무장 민중 집단이다.

을미의병 – 유인석의 창의문
원통함을 어찌하리오. 국모의 원수를 생각하며 이를 갈았는데 참혹함이 더욱 심해져 임금께서 또 머리를 깎으시는 지경에 이르렀다.

2 을사의병(1905)

1. 배경: 을사조약(을사늑약) 강제 체결
2. 의병장: 민종식(홍성), 최익현(정읍·순창), 신돌석
   → 최익현: 쓰시마 섬에 유배되어 그곳에서 순절
3. 특징: 평민 출신 의병장 등장

을사의병 – 최익현의 격문
작년 10월에 저들이 한 행위는 오랜 옛날에도 일찍이 없던 일로서 억압으로 한 조각의 종이에 조인하여 500년 전해 오던 종묘 사직이 드디어 하룻밤에 망하였으니 ……

3 정미의병(1907)

1. 배경: 고종 강제 퇴위, 군대 해산
2. 의병장: 이인영, 허위 등
3. 특징
   (1) 해산 군인 합류로 전투력과 조직 강화, 의병 전쟁으로 발전
   (2) 13도 창의군 결성
      ① 전국 의병 부대 연합
      ② 각국 영사관에 통문을 보내 '국제법상 교전 단체'로 인정해 줄 것을 요구
      ③ 국내 진공 작전 전개
      ④ 1909년 남한 대토벌 작전 이후 약화 ➡ 만주·연해주로 이동하여 독립군 활동

정미의병 – 이인영 격문
군대를 움직이는 데 가장 중요한 점은 고립을 피하고 일치단결하는 것에 있다. 따라서 각도의 의병을 통일하여 둑을 무너뜨릴 기세로 서울에 진격하면, 전 국토가 우리 손 안에 들어오고 한국 문제의 해결에 있어서도 유리하게 될 것이다.

자료 돋보기

을미의병 ≫43회 고급 37번

이곳은 의암 유인석의 위패가 모셔져 있는 충청북도 제천의 자양영당입니다. 이곳에서 유인석은 국모의 원수를 갚고 전통을 보전한다는 복수보형(復讐保形)을 기치로 8도의 유림을 모아 의병을 일으키려는 비밀회의를 열었습니다.

정미의병 1 ≫36회 중급 34번

이 사진은 군대 해산 이후 전국 각지에서 의병이 일어났을 때 그들을 취재한 영국 기자 매켄지가 찍은 것이다. 이때 그가 만난 한 사람은 다음과 같이 말하였다.
"우리는 죽을 수밖에 없을 것입니다. 그러나 그것으로 좋습니다. 일본의 노예로 살기보다는 자유로운 인간으로서 죽는 편이 훨씬 낫습니다."

정미의병 2 ≫40회 고급 36번

이달의 역사 인물

일제의 침략에 맞서 싸운 의병장

왕산 허위(1854~1908)

경상북도 구미에서 출생하였다. 성균관 박사, 평리원 재판장 등을 역임하였다. 한·일 신협약 체결과 군대 해산에 반발하여 결성된 13도 창의군에서 군사장을 맡았다.

13도 창의군은/는 각지의 유생 의병장이 중심이 되어 결성한 의병 부대로 총 병력이 1만여 명에 이르렀으며, 총대장에는 대한관동창의대장 이인영을 추대하였다. 군사장 허위는 경기도 양평에서 일본 헌병에게 체포되어 서대문 감옥에서 순국하였다.

13도 창의군

군사장은 미리 군비를 신속히 정돈하여 철통과 같이 함에 한 방울의 물도 샐 틈이 없는지라. …… 3백 명을 인솔하고 선두에 서서 동대문 밖 삼십리 되는 곳에 나아가 전군이 모이기를 기다려 일거에 서울을 공격하여 돌아오기로 계획하더니, 전군이 모이는 시기가 어긋나고 일본군이 갑자기 진박하는지라.

–『대한매일신보』

기출 맛보기

밑줄 그은 '이 부대'의 활동으로 옳은 것은? 45회 중급 35번 [3점]

□□신문

제△△호 2018년 ○○월 ○○일

해외 거주 독립 유공자 후손 31명, 대한민국 국적 취득

해외 거주 독립 유공자 후손 31명이 대한민국 국적을 취득하였다. 취득 대상자 중에는 건국 훈장(대한민국장)을 받은 의병장 허위의 후손이 포함되어 있다. 허위는 1907년 대한 제국 군대가 강제 해산된 후, 이인영의 주도로 각 도의 의병이 모여 조직한 <u>이 부대</u>에 참여하였다. 당시 의병들은 자신들의 활동이 독립 전쟁이므로 국제법상 교전 단체로 인정되어야 한다고 주장하였다.

① 독립 공채를 발행하였다.
② 서울 진공 작전을 전개하였다.
③ 공화정 수립을 목표로 하였다.
④ 국채 보상 운동을 추진하였다.
⑤ 정부에 헌의 6조를 건의하였다.

정답 ②

정답 분석

대한 제국 군대 해산 후의 의병 연합이라는 것을 통해 '이 부대'는 13도 창의군임을 알 수 있다. 1907년 고종이 퇴위당하고 군대가 해산되자 해산 군인의 일부가 의병 부대에 합류하였고, 의병 부대는 13도 창의군을 결성하였다. 이들은 이인영을 창의대장에, 허위를 군사장으로 삼아 서울 진공 작전을 계획하고 각국 공사관에 의병을 국제법상의 전쟁 단체로 인정해 줄 것을 요구하였다.

오답 풀이

① 대한민국 임시 정부, ③ 신민회 등에 해당하는 내용이다. ④ 국채 보상 운동은 국채 보상 기성회가 주도하였고, 신민회의 기관지인 대한 매일 신보를 통해 널리 확산되었다. ⑤ 독립 협회에 대한 설명이다.

1896	1897	1904	1905	1907
아관파천, 독립 협회	대한 제국	러·일 전쟁	을사조약	고종 강제 퇴위

애국 계몽 운동의 전개

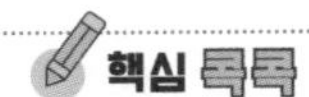

핵심 톡톡

황무지 개간권 반대 운동
고종 퇴위 반대 운동
대성 학교, 오산 학교
신흥 무관 학교

사회 진화론

영국의 사회학자이자 철학자였던 허버트 스펜서가 찰스 다윈의 생물진화론을 인간사회에 접목한 이론으로, 제국주의 열강의 약소국 지배를 정당화하는 이론으로 이용되었다.

대한 자강회 월보

1 애국 계몽 운동

1. 사회 진화론을 기반으로 함.
2. 교육·언론·산업 분야에서 민족의 실력을 양성하여 국권을 수호하려는 민족 운동
3. 학교 설립, 언론을 통한 계몽 활동, 경제적 실력 양성 등

2 애국 계몽 운동 단체

단체	내용
보안회 (1904)	• 일본의 황무지 개간권 요구 저지 • 농광 회사를 통해 황무지 개간 사업 전개
헌정 연구회 (1905)	• 독립 협회 계승 • 입헌 군주제 수립을 통한 민권 확대 운동 • 일진회의 활동을 규탄하다가 해산
대한 자강회 (1906)	• 헌정 연구회 계승 • 전국에 지회 설립, 『대한 자강회 월보』 간행, 강연회 개최 • 고종 퇴위 반대 운동을 벌이다 통감부에 의해 해산
대한 협회 (1907)	• 대한 자강회 계승 • 교육 보급과 산업 개발에 노력, 점차 친일화
신민회 (1907)	• 안창호, 양기탁, 신채호 등을 중심으로 한 비밀 결사 • 실력 양성을 통한 국권 회복과 공화정체의 국민 국가 건설 목표 • 대성 학교(평양)·오산 학교(정주) 설립 • 태극 서관·자기 회사(평양) 등을 통한 민족 산업 육성 • 독립군 기지 건설(서간도), 신흥 무관 학교 설립 • 『대한매일신보』를 기관지로 삼음. • 105인 사건(1911)으로 해체

신민회 취지서

신민회(新民會)는 무엇을 위하여 일어남이뇨? 민습(民習)의 완고 부패에 신사상이 시급하며, 민습의 우미(愚迷)에 신교육이 시급하며, 열심의 냉각에 신제창이 시급하며, 원기의 쇠퇴에 신수양(新修養)이 시급하며, 도덕의 타락에 신윤리가 시급하며, 문화의 쇠퇴에 신학술이 시급하며, 실업의 초췌에 신모범이 시급하며, 정치의 부패에 신개혁이 시급이라, 천만가지 일에 신(新)을 기다리지 않는 바 없도다. …… 이것이 신민회가 원하는 바이며, 신민회가 품어 생각하는 소이이니, 간단히 말하면 오직 신정신을 불러 깨우쳐서 신단체를 조직한 후에 신국을 건설할 뿐이다.

자료 돋보기

보안회 ≫42회 중급 36번

<주제: 애국 계몽 운동>

1. 목적: 실력 양성을 통한 국권 수호
2. 주요 단체의 활동
   - 보안회: (가) → 일제의 황무지 개간권 요구 저지
   - 헌정 연구회: 근대적 입헌 정치 추구
   - 대한 자강회: 교육과 산업의 진흥 강조
     고종 강제 퇴위 반대 운동 전개

신민회 ≫45회 중급 36번

판결문

주문

피고 윤치호, 양기탁, 이승훈, …… 6명을 각 징역 10년에 처한다.

이유

피고 이승훈은 오산 학교를 창립하고 …… 안창호 등과 서로 호응하여 신민회 라 칭하는 한편으로 구(舊) 청국 영토 내에 있던 서간도에 무관 학교를 설립하고 청년에게 군사 교육을 실시하여 ……국권 회복에 이바지하는 것을 목적으로 비밀 단체를 조직하였다.

대성 학교 ≫44회 중급 34번

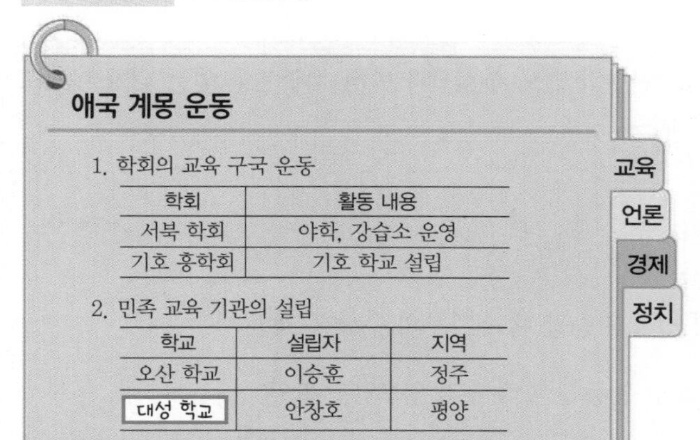

애국 계몽 운동

1. 학회의 교육 구국 운동

학회	활동 내용
서북 학회	야학, 강습소 운영
기호 흥학회	기호 학교 설립

2. 민족 교육 기관의 설립

학교	설립자	지역
오산 학교	이승훈	정주
대성 학교	안창호	평양

대한매일신보

우리가 이 신문을 출판하는 것은 이익을 보려 하는 것이 아니므로 가격을 저렴하게 했고, 모두 한글로 써서 남녀 상하 귀천이 모두 보게 했으며, 또 구절을 띄어 써서 알아보기 쉽게 하였다. …… 또 한쪽에 영문으로 기록하는 것은 외국의 인민이 조선 사정을 자세히 모르므로 혹 편파적인 말만 듣고 조선을 잘못 생각할까 봐 실제 사정을 알게 하고자 영문으로 조금 기록한 것이다.

기출 맛보기

(가) 단체에 대한 설명으로 옳은 것은? 45회 고급 33번 [1점]

(가) 은/는 안창호, 양기탁, 이승훈이 중심이 되어 조직한 비밀 결사 단체로, 국권을 회복한 뒤 공화 정체의 국가를 수립하고자 하였다. 이를 위해서는 실력 양성에 온 힘을 쏟아야 한다고 규정하고 무엇보다 국민을 새롭게 할 것을 주장하였다.

① 연통제를 통해 독립운동 자금을 모았다.
② 일제의 황무지 개간권 요구를 저지하였다.
③ 중추원 개편을 통해 의회 설립을 추진하였다.
④ 복벽주의를 내세우며 의병 전쟁을 준비하였다.
⑤ 남만주 삼원보에 독립운동 기지를 건설하였다.

정답 ⑤

정답 분석

안창호·양기탁의 이름과 공화 정체를 목표로 하였다는 것을 통해 (가)는 신민회임을 알 수 있다. 신민회는 대성 학교·오산 학교를 설립하고 태극 서관과 자기 회사를 운영하여 산업과 교육을 진흥시키는 실력 양성을 추진하는 한편, 서간도 삼원보에 독립 운동 기지를 건설하고 신흥 강습소(신흥 무관 학교)를 설립하여 장기적인 무장 독립 투쟁을 준비하였다.

오답 풀이

① 대한민국 임시 정부, ② 보안회, ③ 독립 협회, ④ 독립 의군부에 대한 설명이다.

간도와 독도

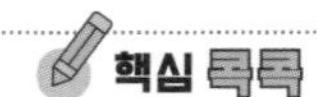

백두산 정계비
간도 협약
이사부
안용복

1 간도 영유권 문제

1. 배경: 17세기 후반 이후 청과의 무역 증대, 양국 국민 간 충돌로 외교 분쟁 빈발

2. 백두산 정계비(1712)
   (1) 조선과 청은 서쪽으로는 압록강, 동쪽으로는 토문강을 경계로 한다. → 비문의 내용
   (2) 19세기 후반 '토문강'에 대한 해석이 엇갈리면서 간도 영유권 문제 발생

3. 간도 관리사 파견: 1903년 이범윤을 간도 관리사로 파견

4. 간도 협약(1909)
   (1) 을사조약으로 인해 외교권 박탈
   (2) 일본이 청과 간도 협약을 체결, 만주의 철도 부설권과 탄광 채굴권을 얻는 대가로 간도에 대한 영유권을 청에 넘겨줌.

간도 협약
- 제1조 두 나라 정부는 토문강을 청국과 한국의 국경으로 하고 강원천지에 있는 정계비를 기점으로 하여 석을수(石乙水)를 두 나라의 경계로 한다.
- 제6조 청 정부는 앞으로 길장 철도를 연길 이남으로 연장하여 한국의 회령에서 한국의 철도와 연결할 수 있다.

2 독도 문제

1. 삼국 시대 이래 우리 영토: 6세기 신라 지증왕 때 이사부의 우산국 정벌

2. 조선 숙종 때 안용복이 두 번의 도일 활동을 통해 우리 영토임을 확인

3. 일본 메이지 정부의 인식: 태정관이 독도와 울릉도가 자국의 영토가 아님을 명심하라는 지시를 내림(1877).

4. 대한 제국: 1900년 칙령 41호를 통해 울릉도를 군으로 승격시켜 독도 관할

5. 일제의 독도 강탈: 러·일 전쟁 중 독도를 불법적으로 자국 영토에 편입(1905)

자료 돋보기

백두산 정계비문

오라총관 목극등이 황제의 뜻을 받들어 변경을 답사해 이곳에 와서 살펴보니 서쪽은 압록강이 되고 동쪽은 토문강이 되므로 그 분수령 위에 돌을 새겨 기록한다.

독도 연표

512년	신라 지증왕 13년 이사부, 우산국 복속
1416년	쇄환 정책(왜구의 침략을 예방하기 위해)
1693~6년	안용복, 2차례 도일 활동
1900년	대한 제국 칙령 제41호, 울릉군의 관할 구역으로서 독도를 정함.
1905년	시마네 현 고시 제40호로 독도의 동현 편입을 발표
1965년	한·일 어업 협정 체결

간도 관리사 파견

대한 제국은 1901년 회령에 변계 경무서를 설치하고 이듬해 이범윤을 간도 시찰사로 파견하였다. 1903년에는 간도 지역에 대해 사실상 영유권을 확보하는 정책을 추진하였다. 이는 국내와 간도 지역의 한국인 사이에서 일고 있던 간도 영유권 주장에 힘입은 것이었다.

47~62

기출 맛보기

(가)에 들어갈 인물로 옳은 것은? 42회 중급 30번 [2점]

이 자료는 1696년 일본에서 작성된 문서로 (가) 이/가 가져간 조선의 지도 내용을 일본 측이 옮겨 적은 것입니다. 여기에는 울릉도와 독도가 강원도에 속한 섬이라고 기록되어 있습니다.
朝鮮之八道
京畿道
江原道
全羅道
忠清道
平安道
咸鏡道
黃海道
慶尚道
강원도, 이 도(道) 안에 죽도(울릉도), 송도(독도)가 있다.

① 심흥택　② 안용복
③ 이범윤　④ 이사부
⑤ 이종무

정답 ②

정답 분석

(가)에 들어갈 인물은 안용복이다. 독도는 6세기 신라 지증왕 때 우산국을 정복하면서 우리 영토로 편입되었고, 조선 숙종 때 어부 안용복이 두 차례 일본으로 건너가 울릉도와 독도가 우리 땅임을 확인받고 돌아왔다. 또 일본 메이지 정부 최고 기관 태정관에서 독도가 조선 영토라고 인정하는 문서를 시마네 현에 보내기도 하였다. 그러나 러·일 전쟁 중 일본이 독도를 자국 영토로 일방적으로 편입하였고, 지금까지 영토 분쟁을 일으키고 있다.

오답 풀이

① 심흥택은 대한 제국 시기의 울릉군수로, 독도라는 이름을 최초로 사용한 인물로 알려져 있다. ③ 이범윤은 대한 제국 시기에 간도 관리사로 파견된 인물이다. ④ 이사부는 6세기 지증왕 때 우산국을 정복한 인물이다. ⑤ 이종무는 세종 때 쓰시마 섬을 정벌한 인물이다.

외국 상인들의 내륙 지방 상권에 침투하다

주제 60 열강의 경제 침탈

조·청 상민 수륙 무역 장정
화폐 정리 사업
이권 침탈

거류지 무역
개항장 내 외국인 거류지(조계)를 중심으로 이루어진 무역 형태로, 개항 초기 외국인들은 개항장 10리 안에서만 활동할 수 있었다. 그래서 조선 상인을 통해 내륙 지방에 물건을 사고팔았다.

1 외국 상인의 경제 침투

1. 개항 초기(1876~1882)
   (1) 일본 상인 독점 진출: 거류지 무역(10리), 중계 무역(미면 교환 체제)
   (2) 국내 일부 중개 상인(객주, 여각, 보부상 등) 부 축적

2. 임오군란 이후(1882~)
   (1) 조·청 상민 수륙 무역 장정(1882): 청 상인의 내지 침투
   (2) 조·일 통상 장정 개정(1883): 관세 설정, 방곡령, 최혜국 대우
   (3) 청·일 상인의 내지 침투로 중개 상인 몰락, 서울 상인 상권 위협

3. 청·일 전쟁(1894) 이후
   (1) 청 상인의 세력 약화, 일본 상인이 조선 시장 독점적 지배
   (2) 일본산 면직물 판매 비중 증가로 조선의 면방직 수공업 쇠퇴

2 열강의 경제적 침탈

1. 화폐 정리 사업(1905)
   (1) 재정고문 메가타 주도, 백동화 교환
   (2) 부등가 교환으로 국내 자본 및 상인 타격
   (3) 일본으로부터의 차관 도입 증대 ➡ 일본에 경제적 예속

> **화폐 정리 사업**
> 상태가 매우 양호한 갑종 백동화는 개당 2전 5리의 가격으로 새 돈과 교환하여 주고, 상태가 좋지 않은 을종 백동화는 개당 1전의 가격으로 정부에서 매수하며, …… 단, 형질이 조악하여 화폐로 인정하기 어려운 병종 백동화는 매수하지 않는다.

2. 토지 약탈
   (1) 러·일 전쟁(1904): 철도 부지, 군용지 요구(한·일 의정서)
   (2) 동양 척식 주식회사(1908) 설립 후 토지 대규모 약탈

3. 이권 침탈
   (1) 러시아: 산림 채벌권, 광산 채굴권
   (2) 미국: 운산 금광 채굴권, 철도·전기
   (3) 일본: 철도(경인선, 경부선, 경의선 등), 금광 채굴권

동양 척식 주식회사
1908년 일본이 조선의 토지와 자원을 빼앗기 위해 만든 기구

열강의 이권 침탈

자료 돋보기

조·청 상민 수륙 무역 장정 ≫40회 고급 32번

요즘은 공주, 전주 등에도 장이 열리면 청 상인들이 물건을 팔러 온다고 하네.

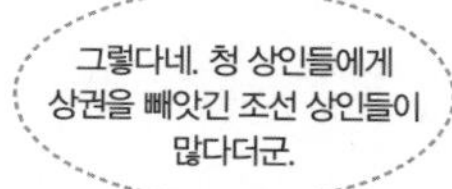

그렇다네. 청 상인들에게 상권을 빼앗긴 조선 상인들이 많다더군.

화폐 정리 사업 1

기한을 정하여 구 화폐를 교환하는 것에 대한 건

……

제3조 구 백동화의 교환과 환수는 광무 9년 7월 1일부터 시작한다.

제4조 구 백동화의 교환을 끝내는 기한은 만 1년 이상으로 탁지부 대신이 편의에 다라 정한다.

제5조 구 백동화의 교환 기간이 끝난 후에는 그 통용을 금지한다. 단, 통용을 금지한 후 6개월 동안에는 조세 납부에 쓸 수 있게 한다.

……

화폐 정리 사업 2

상태가 매우 양호한 갑종 백동화는 개당 2전 5리의 가격으로 새 돈과 교환하여 주고, 상태가 좋지 않은 을종 백동화는 개당 1전의 가격으로 정부에서 매수하며, …… 단, 형질이 조악하여 화폐로 인정하기 어려운 병종 백동화는 매수하지 않는다.

미국의 이권 침탈

1896년 4월 미국의 알렌 공사가 주선한 미국인이 운산 금광의 채굴권을 얻었다. …… 1902년 1년 동안에 이 회사가 일본에 수출한 금만 1,255,700여 원에 달했는데, 이에 비해 총경비는 60만 원 정도였다고 하니 그러기에 노다지라는 광산 용어가 생기기까지 하였다. 노다지란, 미국인이 운산 금광에서 새로 채굴된 금덩어리를 인부들에게 노터치(No Touch)라고 호통친 데서 나온 말로 널리 알려진 사실이다.

기출 맛보기

밑줄 그은 '장정'에 대한 설명으로 옳은 것은? 42회 중급 35번 [3점]

역사신문

제△△호 ○○○○년 ○○월 ○○일

〈논설〉

청 상인의 내지 통상을 우려한다

최근 조선과 청 사이에 맺어진 장정으로 청 상인은 허가만 받으면 개항장 밖 내지에서도 활동할 수 있게 되었다. 이들의 활동 범위가 넓어진다면 조선 상인들의 상권은 크게 위협받을 수밖에 없다. 이러한 상황이 지속되면 조선의 상업이 무너지는 것은 시간문제이다. 따라서 정부는 한성, 양화진 이외 지역에서 청 상인들의 내지 통상을 불허해야 한다.

① 거중 조정 조항을 명시하였다.
② 임오군란을 계기로 체결되었다.
③ 방곡령 시행 규정을 포함하였다.
④ 임술 농민 봉기의 원인이 되었다.
⑤ 강화도 조약 체결의 배경이 되었다.

정답 ②

정답 분석

'장정'은 청 상인의 내지 무역을 허용한 조·청 상민 수륙 무역 장정이다. 임오군란을 진압한 청은 조·청 상민 수륙 무역 장정을 체결하여 조선이 청의 속방임을 명문화하고 조선의 내정과 외교에 간섭하였다. 이후 최혜국 대우 적용을 받은 외국 상인들의 침투가 이어졌다.

오답 풀이

① 조·미 수호 통상 조약, ③ 조·일 통상 장정에 대한 설명이다. ④ 경상 우병사 백낙신의 수탈을 계기로 임술 농민 봉기가 일어났다. ⑤ 운요호 사건에 대한 설명이다.

나랏빚을 갚기 위해 모금 운동이 벌어지다

경제적 구국 운동의 전개

방곡령
국채 보상 운동
대한매일신보

1 경제적 침탈 저지 운동

1. 상권 수호 운동
   (1) 상회사 설립: 대동 상회(평양), 장통 회사(서울) 등
   (2) 철시 투쟁(1890): 시전 상인이 외국 상점의 퇴거를 요구
   (3) 황국 중앙 총상회(1898): 시전 상인 단체, 외국 상인의 상업 활동 저지

2. 독립 협회의 이권 수호 운동
   (1) 러시아의 절영도 조차 요구 저지
   (2) 러시아 군사 교관 및 재정 고문 철수, 한·러 은행 폐쇄
   (3) 헌의 6조를 통해 이권 침탈에 대한 제도적 저지 규정

절영도 조차 요구 저지

1897년 러시아 공사 스페이에르가 석탄고 설치를 목적으로 부산의 절영도에 대한 조차를 요구했고, 정부가 이를 허락하였다는 사실이 알려지자 독립 협회는 저지 운동을 벌였다.

3. 방곡령
   (1) 배경: 일본 상인의 곡물 유출 심화(입도선매)
   (2) 조·일 통상 장정(1883)으로 규정 마련, 지방관의 직권으로 시행 한 달 전 통고
   (3) 함경도·황해도(1889~1890) 방곡령 선포 ➡ 한 달 전 통고 약속을 어겼다는 이유로 배상금 지불

4. 토지 약탈 저지: 황무지 개간권 반대 운동(보안회)

2 국채 보상 운동

1. 일제 통감부의 거액 차관 제공 ➡ 1,300만 원의 국채 상환 운동

2. 국채 보상 기성회(대구, 양기탁)

3. 대한매일신보를 통해 확산

국채 보상 운동

근일에 들리는 말이 국채 1,300만 원에 전국 흥망이 갚고 못 갚는 데 있다고 떠드는 말을 듣고 …… 대저 2천만 중 여자가 1천만이요, 1천만 중에 지환(반지)있는 이가 반을 넘을 터이오니 지환 매 쌍에 2천 원씩만 셈하고 보면 1천만 원이 여인 수중에 있다 할 수 있습니다. …… 국채를 갚고 보면 국권만 회복할 뿐 아니라 우리 여자의 힘이 세상에 전파되어 남녀동등권을 찾을 터이니 …….

자료 돋보기

경제적 구국 운동 1 ≫43회 중급 34번

개항 이후 경제적 구국 운동

우리 학회에서는 열강의 경제 침탈에 맞서 일어난 저항 활동을 재조명하는 자리를 마련하였습니다. 관심 있는 분들의 많은 참여 바랍니다.

⊙ 강의 주제 ⊙

제1강 방곡령의 선포 ································· (가)
제2강 독립 협회의 활동 ······························ (나)
제3강 황국 중앙 총상회의 활동 … (다)
제4강 보안회의 활동 ·················· (라)
제5강 국채 보상 운동의 전개 …… (마)

- 일시: 2019년 ○○월 ○○일 10:00~17:00
- 장소: □□대학교 소강당
- 주최: △△학회

경제적 구국 운동 2 ≫39회 고급 36번

〈수행 평가 보고서〉

경제적 구국 운동

이름: ○○○

1. 배경: 아관 파천 이후 심화된 외세의 경제 침탈에 맞서 경제적 구국 운동이 전개되었다.
2. 주요 사례

단체	활동 내용
독립 협회	러시아의 절영도 조차 요구를 저지하였다.
황국 중앙 총상회	외국 상인들의 활동을 저지하였다.
보안회	일제의 황무지 개간권 요구를 철회시켰다.
국채 보상 기성회	금주·금연을 통한 차관 갚기 운동을 전개하였다.

국채 보상 운동

이런고로 뜻있는 이들이 술, 담배를 끊는다, 밥을 줄인다 하여 여러 가지로 나라 빚 갚을 길을 연구하니 기쁘고도 기쁘다. 나라 빚 1,300만 원이 얼마나 많은지는 모르나, 빚 갚을 방침이 우리 동포들 마음속에 있으니 기쁘기 한량없다.

-『대한매일신보』

기출 맛보기

(가) 운동에 대한 설명으로 옳은 것은? 40회 중급 36번 [2점]

이 글은 (가) 운동 당시 만들어진 단연상채광고가의 일부입니다. 담배를 끊어 나라 빚을 갚을 것을 독려하고 있습니다.

국채로만 알지 마소 사람마다 자기채라
토지산천 없사오면 살려한들 어이살리
보조금은 빠르고 늦음 없소 부디부디 단연하소
단연이 제일이요 보조금은 둘째로다

① 정부에 헌의 6조를 건의하였다.
② 중국의 5·4 운동에 영향을 주었다.
③ 황국 중앙 총상회를 중심으로 전개되었다.
④ 조선 사람 조선 것이라는 구호를 내세웠다.
⑤ 김광제, 서상돈 등의 제창으로 확산되었다.

정답 ⑤

정답 분석

(가)는 국채 보상 운동(1907)이다. 통감부 설치 이후 차관이 크게 증가하면서 대한 제국이 일본에 진 빚은 1,300만 원에 달하였다. 그러자 서상돈 등은 대구에서 국채 보상 기성회를 조직하고 국민의 성금으로 국채를 갚고 국권을 지키자는 국채 보상 운동을 전개하였다.

오답 풀이

① 관민 공동회, ② 3·1 운동, ③ 상권 수호 운동, ④ 물산 장려 운동에 대한 설명이다.

서구식 문화가 유입되다

근대 문물 수용

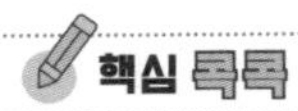

경인선, 경부선
원산 학사, 육영 공원
대한매일신보

명동 성당

덕수궁 석조전

1 근대 시설의 도입

통신	전신(인천–서울–의주,1885), 전화(1898), 우편(1884)
교통	전차(서대문~청량리,1899), 경인선(1899), 경부선(1905), 경의선(1906)
의료	• 광혜원(1885, 알렌) ➡ 제중원 ➡ 세브란스 병원(1904) • 광제원(1900, 지석영) ➡ 대한 의원(1907, 국립 중앙 병원), 자혜 의원(1909)
건축	독립문(1896~7), 명동성당(1898), 덕수궁 석조전(1910)

2 근대 교육

초기	원산 학사(1883, 사립, 근대 교육+무술), 동문학(1883, 외국어 교육 기관) 육영 공원(1886, 공립 학교, 상류층 자제 대상)
갑오개혁기	• 교육 입국 조서 반포(1895): 근대 교육 제도 마련, 관립 학교 설립 • 한성 사범 학교, 소학교, 외국어 학교 등 설립
광무개혁기	실업 학교, 기술 학교 설립, 유학생 파견
애국 계몽 운동기	대성 학교, 오산 학교 등 민족주의계 사립 학교 설립

3 언론

한성순보(1883)	순한문, 박문국에서 간행한 최초의 관보, 개화 시책 홍보
독립신문(1896)	독립 협회, 순한글(영문판)
제국신문(1898)	순한글, 일반 서민 및 부녀자층 대상 신문
황성신문(1898)	국한문 혼용, 유생층 대상, 「시일야방성대곡」
대한매일신보(1904)	베델·양기탁, 신민회 기관지, 국채 보상 운동
만세보(1906)	천도교, 여성 교육 및 민중 계몽

4 국학 연구

국어	국한문 혼용(한성순보), 국문 연구소(1907, 지석영, 주시경), 주시경 『국어문법』
국사	계몽사학: 민족 영웅전, 외국 흥망사, 신채호 『독사신론』

5 문예와 종교

문예	신소설(「혈의누」, 「금수회의록」), 신체시(「해에게서 소년에게」), 외국 문학 번역
종교	천도교(1905, 손병희, 동학의 후신), 대종교(1909, 나철, 단군 신앙) 유교(「유교구신론」, 박은식), 불교(「조선 불교 유신론」, 한용운) 천주교(고아원, 양로원 설치 등), 개신교(서양 의술과 근대 교육 보급)

자료 돋보기

철도 부설: 경인선

경인 철도 회상에서 어제 개업 예식을 거행하는데 …… 화륜거 구르는 소리는 우레 같아 천지가 진동하고 기관차 굴뚝 연기는 반공에 솟아오르더라. 수레를 각기 방 한 칸씩 되게 만들어 여러 수레를 철구로 연결하여 수미상접하게 이었는데, 수레 속은 상·중·하 3등으로 수정하여 그 안에 배포한 것과 그 밖에 치장한 것은 이루 형언할 수 없더라.

– 『고종실록』

원산학사

본 덕원부는 해안의 요충에 위치해 있고 아울러 개항지입니다. 이곳을 빈틈없이 미리 대비하는 방도는 인재를 선발하여 쓰는 데 있고, 그 핵심은 가르치고 기르는 데 있습니다. 그래서 원산사(元山社)에 학교를 설치하였습니다.

– 『독립신문』

육영 공원 ≫43회 중급 37번

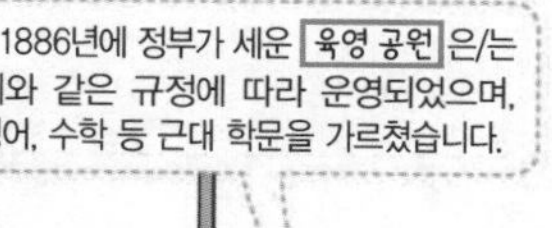

1886년에 정부가 세운 육영 공원 은/는
이와 같은 규정에 따라 운영되었으며,
영어, 수학 등 근대 학문을 가르쳤습니다.

- 외국인 3명을 교사로 초빙한다.
- 문벌 가문의 인재를 선발하여 서양어도 공부하게 한다.
- 월말, 연말 등에 정기적으로 시험을 본다.
- 섣달 말과 한여름에는 방학을 한다.

대한매일신보 ≫42회 고급 35번

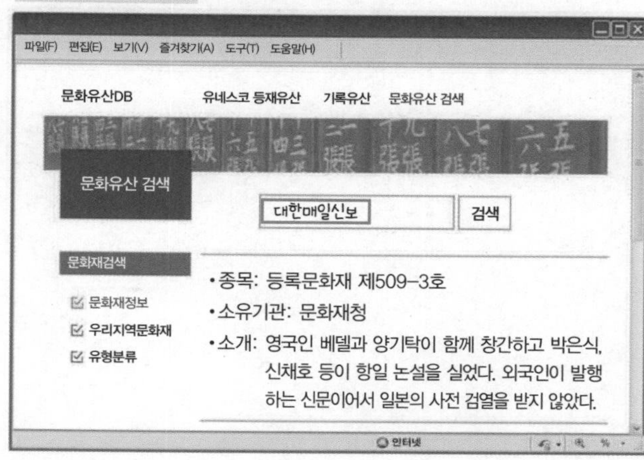

파일(F) 편집(E) 보기(V) 즐겨찾기(A) 도구(T) 도움말(H)
문화유산DB
유네스코 등재유산
기록유산
문화유산 검색
문화유산 검색
대한매일신보
검색
문화재검색
문화재정보
우리지역문화재
유형분류
•종목: 등록문화재 제509-3호
•소유기관: 문화재청
•소개: 영국인 베델과 양기탁이 함께 창간하고 박은식, 신채호 등이 항일 논설을 실었다. 외국인이 발행하는 신문이어서 일본의 사전 검열을 받지 않았다.
인터넷

기출 맛보기

밑줄 그은 '이 신문'으로 옳은 것은? 45회 중급 37번 [2점]

> 정부는 1883년 10월 1일부터 최초의 근대 신문인 이 신문을 발간하였다. 이 신문은 정부에서 발표한 새로운 행정 사항 및 해외 여러 나라의 소식을 실어 열흘에 한 번 발행되었다.

① 
독립신문

② 
제국신문

③ 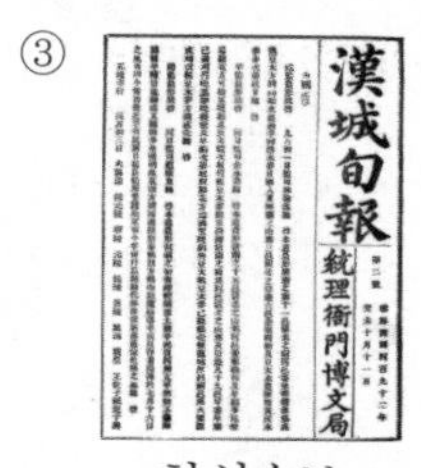
한성순보

④ 
해조신문

⑤ 
황성신문

정답 ③

정답 분석

우리나라 최초의 근대 신문은 한성순보이다. 1882년 박영효 일행이 수신사로 일본에 다녀오면서 대중의 계몽을 위한 신문 발간의 필요성을 절감하였다. 귀국 후 고종에 신문의 필요성을 역설하고 신문 발간을 진언하였으며, 이후 1883년 한성순보가 발간되었다.

1910 토지 조사 사업

1919 3·1 운동

1920 산미 증식 계획 시행

1925 치안 유지법 제정

1927 신간회 조직

일제 식민지 지배와 민족 운동의 전개

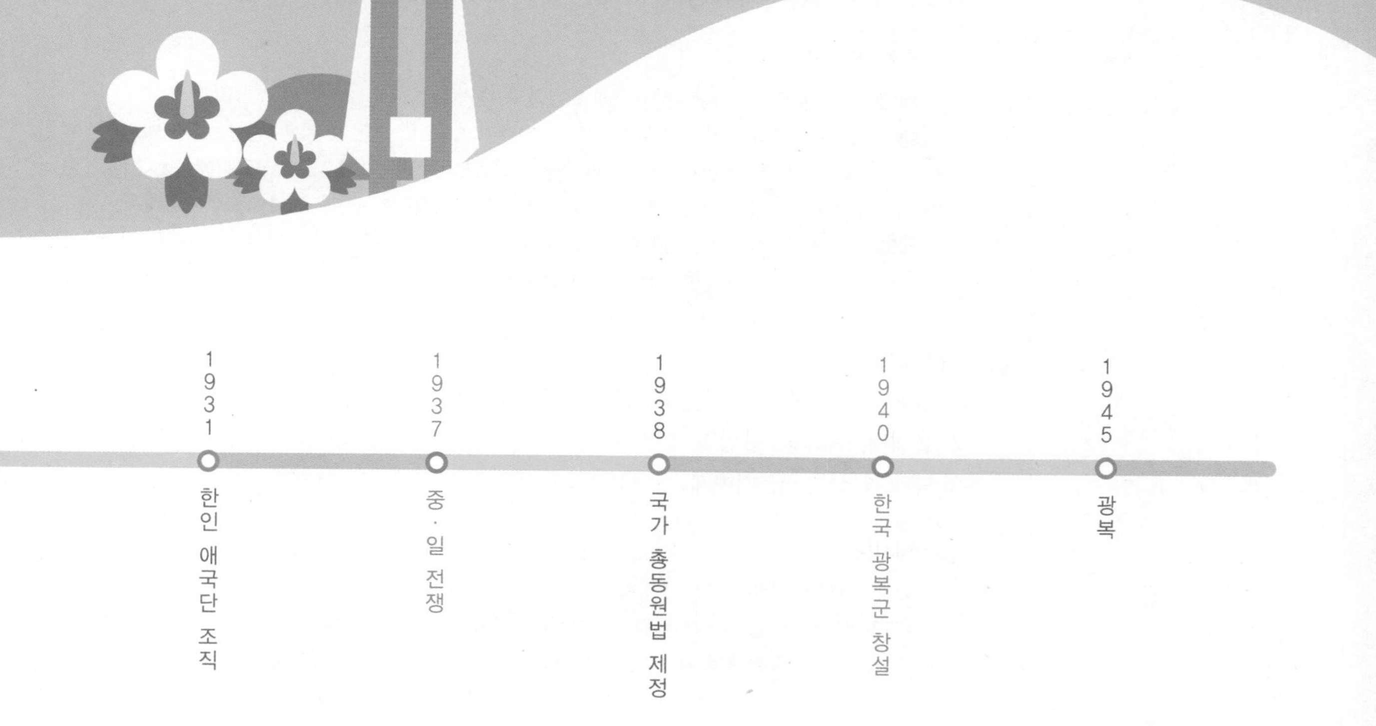

- 1931 한인 애국단 조직
- 1937 중·일 전쟁
- 1938 국가 총동원법 제정
- 1940 한국 광복군 창설
- 1945 광복

헌병 경찰이 태형을 집행하다

1910년대 1920년대 1930년대 –
3·1 운동

일제의 통치 정책(1910년대)

핵심 톡톡

헌병 경찰, 태형
토지 조사 사업

중추원
조선인의 정치 참여를 선전할 목적으로 친일파로 구성된 중추원을 설치하였지만, 3·1 운동 이전까지 한 번도 소집한 적이 없었다.

경작권
지주가 특별한 사유 없이 소작농을 교체하지 못하는 소작농의 권리

1 정치

1. 무단 통치: 헌병 경찰 제도를 바탕으로 한 강압적인 통치
2. 내용
   (1) 조선 총독부: 군인 출신 총독, 중추원 설치
   (2) 헌병 경찰: 즉결 처분권, 조선 태형령 제정(1912)
   (3) 출판·언론·결사의 자유 박탈: 민족 신문 폐간
   (4) 교육의 기회 박탈
      ① 제1차 조선 교육령: 충량한 국민 육성(실업 교육, 우민화 교육)
      ② 사립 학교 규칙(1911) 서당 규칙(1918)
      ③ 교사와 관리들이 제복을 입고 칼을 휴대

2 경제

1. 토지 조사 사업(1910~1918)
   (1) 근대적 토지 소유권 확립 목적(➡ 토지 약탈, 지세 수입 증가)
   (2) 토지 소유자가 정해진 기간 내 신고해야 소유권 인정
   (3) 국·공유지, 미신고 토지 약탈(동양 척식 주식회사)
      ➡ 일본 토지 소유 증가 ➡ 일본 이주민 증가
   (4) 조선 소작농 몰락: 경작권 부정, 계약제 소작농 전락, 해외 이주

토지 조사령

제1조 토지의 조사 및 측량은 본령에 의한다.

제4조 토지 소유자는 조선 총독이 정하는 기간 내에 주소, 씨명 또는 명칭 및 소유지의 소재, 지목, 자번호(字番號), 사표(四標), 등급, 지적, 결수를 임시 토지 조사 국장에게 신고해야 한다. 단, 국유지는 보관 관청이 임시 토지 조사 국장에게 통지해야 한다.

제6조 토지의 조사 및 측량을 할 때, 조사 측량 지역 내의 2인 이상의 지주로 총대를 선정하고 조사 및 측량에 관한 사무에 종사하게 할 수 있다.

2. 산업 통제
   (1) 회사령(1910) 공포: 허가제 ➡ 한국인 회사 설립 제한
   (2) 삼림령, 어업령, 광업령 제정
   (3) 담배·인삼·소금 전매제

회사령

제1조 회사의 설립은 조선 총독의 허가를 받아야 한다.

제5조 회사가 본령이나 혹 본령에 의거하여 발하는 명령과 허가 조건에 위반하거나 또는 공공질서와 선량한 풍속에 반하는 행위를 할 때 조선 총독은 사업의 정지, 폐쇄, 회사의 해산을 명할 수 있다.

자료 돋보기

헌병 경찰 제도 ≫43회 중급 45번

이 사진에서 경무부와 헌병대 간판이 나란히 걸려 있는 이유가 무엇인가요?
헌병 경찰 제도가 시행되고 있었던 시기이기 때문입니다. 당시에는 조선 주차 헌병대 사령관이 경무총감부의 수장까지 겸하며 치안을 총괄했습니다.
1910년대

조선 태형령 ≫44회 중급 41번

여보게, 들었는가. 과일 장사 하는 이씨가 익지 않은 감을 판매하였다는 이유로 순사에게 적발되어 15대의 태형에 처해졌다고 하네.

정말인가? 어처구니가 없군. 우리 조선인에게만 태형을 적용하는 법령이 있다니!

토지 조사 사업 ≫43회 중급 41번

이 사진은 1910년대 일제가 정해진 기한 내에 본인 소유의 토지를 신고하도록 한 사업의 시행 모습을 담고 있습니다. 지주, 서기, 측량원, 인부 등이 보입니다.

회사령 ≫41회 중급 38번

제1조 회사의 설립은 조선 총독의 허가를 받아야 한다.
제2조 조선 외에서 설립한 회사가 조선에 본점이나 또는 지점을 설립하고자 할 때는 조선 총독의 허가를 받아야 한다.
⋮

기출 맛보기

밑줄 그은 '이 시기'에 볼 수 있는 일제의 정책으로 옳은 것은? 44회 고급 41번 [2점]

이 그림은 토지 조사 사업이 진행되던 이 시기에 총독부가 조선에 대한 식민 통치를 미화하고, 그 실적을 선전하기 위해 개최한 조선 물산 공진회의 회의장 전경을 그린 것입니다. 그림에는 경복궁 일부를 헐어내고 물산 공진회장으로 조성한 모습이 그대로 드러나 있는데, 이는 일제가 조선의 정통성과 존엄성을 훼손하려는 의도였습니다.

① 국가 총동원법을 제정하여 인력과 물자를 수탈하였다.
② 도 평의회, 부·면 협의회 등의 자문 기구를 설치하였다.
③ 재정 고문 메가타의 주도 아래 화폐 정리 사업을 실시하였다.
④ 회사 설립 시 총독의 허가를 받도록 하는 회사령을 적용하였다.
⑤ 독립운동을 탄압하기 위해 조선 사상범 보호 관찰령을 공포하였다.

정답 ④

정답 분석

'토지 조사 사업'을 통해 '이 시기'는 1910년대 무단 통치기임을 알 수 있다. 1910년대 일제는 회사령을 공포하여 기업을 세울 때 총독의 허가를 맡게 했고, 허가 조건을 어길 때는 총독이 기업을 해산할 수 있게 하였다. 이 시기 일제는 한국인의 집회와 결사의 자유를 제한하고, 한국인이 한글로 발행하던 신문을 폐간하였다. 이뿐만 아니라 일반 관리와 교사들에게까지 제복을 입고 칼을 차게 하였다.

오답 풀이

① 1938년 이후, ② 1920년대, ③ 1905년, ⑤ 1936년의 일이다.

1910년대 1920년대 1930년대 –
3·1 운동

일제의 통치 정책(1920년대)

핵심 콕콕

기만 통치
치안유지법
산미 증식 계획

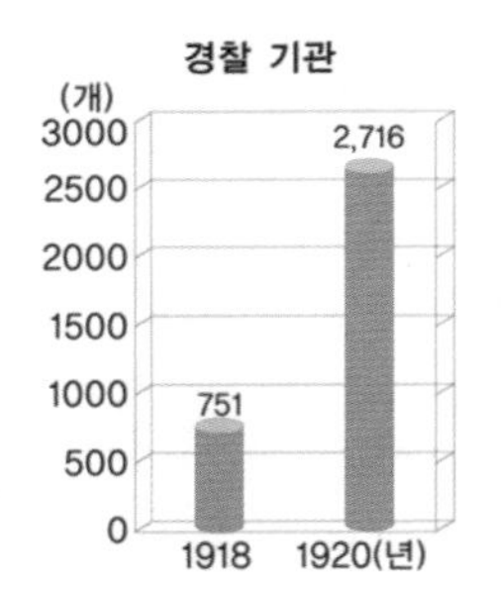

경찰 인원의 변화

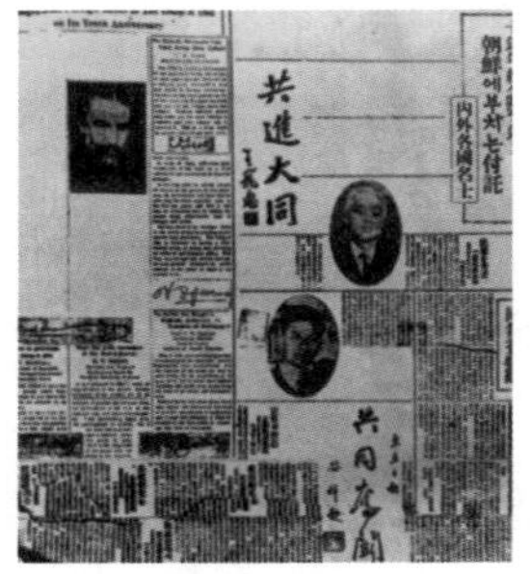

일제에 검열당한 신문

1 정치

1. 통치 방식 변화: 3·1 운동 이후 식민 지배에 대한 반발 무마, 친일파 양성
   (1) 문화 통치: 유화적인 통치를 표방하지만 실제로는 우리 민족을 속이는 기만적 통치
   (2) 민족 분열 통치: 친일파를 양성하여 우리 민족을 분열시키기 위한 정책
2. 문관 총독 임명이 가능하게 법령을 고쳤지만 실제 임명 사례는 없음.
3. 헌병 경찰 제도 폐지
   (1) 보통 경찰제 시행, 관리·교원 등의 제복과 대검 착용 폐지
   (2) 경찰 기관, 인원, 장비 등은 이전에 비해 대폭 증가
   (3) 치안유지법(1925): 사회주의자와 독립운동가 탄압
4. 언론 활동 허용
   (1) 민족 신문의 발간을 허용하여 동아일보·조선일보 등이 창간됨.
   (2) 수시로 삭제·검열·정간·폐간을 통해 탄압
5. 참정권 확대
   (1) 도 평의회, 부·면 협의회 등 구성
   (2) 일부 친일 자산가만 참여
6. 교육의 확대
   (1) 제2차 조선 교육령(1922): 조선어 필수, 한국인과 일본인에 동일한 학제 적용
   (2) 실제 교육에 있어서는 차별

치안 유지법

제1조 국체를 변혁 또는 사유 재산 제도를 부인할 목적으로 결사를 조직하거나 또 그 뜻을 알고 이에 가입한 자는 10년 이하의 징역 또는 금고에 처한다.

2 경제

1. 산미 증식 계획(1920~1934)
   (1) 배경: 일본 내 식량 부족으로 쌀 가격 폭등
   (2) 내용
      ① 품종 개량, 수리 시설 확충, 경지 정리, 개간 등을 통한 한반도 내 쌀 생산 증가
      ② 증산된 쌀을 일본으로 반출하여 일본의 식량 문제 해결
   (3) 결과
      ① 국내 쌀 생산 증가량보다 더 많은 양을 반출하여 국내 양곡 부족
      ② 수리 조합비 등 증산 비용을 소작농에게 전가 ➡ 소작농의 몰락 현상 가속화
      ③ 몰락 농민들의 해외 이주 증가, 쌀 단작화로 국내 농업 기반 붕괴
      ④ 만주로부터의 잡곡 수입 증가
2. 자본 침탈
   (1) 회사령 폐지(1920): 회사 설립 신고제 전환 ➡ 일본 자본의 한국 진출 용이
   (2) 관세령 철폐(1923): 국내 기업 몰락 ⬌ 물산 장려 운동

자료 돋보기

기만 통치

1. **친일 단체 조직의 필요**

…… 암암리에 조선인 중 …… 친일 인물을 물색케 하고, 그 인물로 하여금 …… 각기 계급 및 사정에 따라 각종의 친일적 단체를 만들게 한 후, 그에게 상당한 편의와 원조를 제공하여 충분히 활동토록 할 것.

⋮

1. **농촌 지도**

…… 조선 내 각 면에 ○재회 등을 조직하고 면장을 그 회장에 추대하고 여기에 간사 및 평의원 등을 두어 유지가 단체의 주도권을 잡고, 그 단체에는 국유 임야의 일부를 불하하거나 입회를 허가하는 등 당국의 양해 하에 각종 편의를 제공할 것.

– 「사이토 마코토 문서」

치안 유지법 1

○ 국체를 변혁하는 것을 목적으로 결사를 조직하는 자 또는 결사의 임원, 그 외 지도자로서 임무에 종사하는 자는 사형, 무기, 또는 5년 이상의 징역 또는 금고에 처한다.

○ 사유 재산 제도를 부인하는 것을 목적으로 결사를 조직하는 자, 결사에 가입하는 자, 또는 결사의 목적 수행을 위한 행위를 돕는 자는 10년 이하의 징역 또는 금고에 처한다.

치안 유지법 2 ≫38회 중급 40번

역사 돋보기 **신출귀몰 독립운동가 이재유**

경성 트로이카를 이끌던 사회주의자 이재유는 신출귀몰한 독립운동가였다. 그는 체포되었다가도 경찰서를 탈출하였고, 뛰어난 변장술로 일본 경찰을 따돌리며 활동을 계속하였다.

1925년, 일제는 이재유처럼 식민 통치에 반대하고 사유 재산 제도를 부인하는 인물들을 탄압할 목적으로 [치안 유지법] 을/를 제정하였다.

친일파 양성 정책 ≫35회 중급 39번

○ 총독은 문·무관 어느 쪽이라도 임용될 수 있는 길을 열고, 나아가 헌병 경찰 제도를 바꿔 보통 경찰 제도를 채택할 것이다.

○ 핵심적 친일 인물을 골라 그 계급과 사정에 맞게 각종 친일적 단체를 조직하게 한다.

기출 맛보기

다음 문서가 작성된 당시에 실시된 일제의 정책으로 옳은 것은? 45회 고급 43번 [2점]

안으로는 세계적 불안의 여파를 받아서 우리 조선 내부의 민심도 안정되지 못하였다. …… 다른 한편으로는 지방 자치를 실시하여 민의 창달의 길을 강구하고, 교육 제도를 개정하여 교화 보급의 신기원을 이루었고, 게다가 위생적 시설의 개선을 촉진하였다. …… 일본인과 조선인 사이의 차별 대우를 철폐하고 동시에 조선인 소장층 중 유력자를 발탁하는 방법을 강구하여, 군수·학교장 등에 발탁된 자가 적지 않다.

– 사이토 마코토, 「조선 통치에 대하여」

① 노동력 동원을 위해 국민 징용령을 시행하였다.
② 한국인에 한해 적용되는 조선 태형령을 공포하였다.
③ 쌀 수탈을 목적으로 하는 산미 증식 계획을 실시하였다.
④ 독립운동 탄압을 위한 조선 사상범 보호 관찰령을 공포하였다.
⑤ 회사 설립 시 총독의 허가를 받도록 하는 회사령을 제정하였다.

정답 ③

정답 분석

자료는 1920년대 일제의 친일파 육성 정책에 대한 내용이다. 1920년대 일본은 자국의 식량 부족 문제를 해결하기 위해 조선의 쌀을 증산하여 반출하려는 계획을 세웠다. 쌀 증산을 위해 논의 비율을 높이고 수리조합을 설립하였으며, 벼 품종 개량을 시도하고 비료의 사용량도 늘렸다. 이를 통해 쌀 생산량이 증가하였으나 수탈량이 이를 넘어서서 한국인의 식량 사정이 악화되었고, 부족해진 식량은 만주에서 잡곡을 수입해 충당하였다.

오답 풀이

① 1939년 이후, ②,⑤ 1910년대, ④ 1936년의 일이다.

주제 65

일제가 한국인의 민족 정체성을 없애려 하다

1910년대 1920년대 1930년대 -
3·1 운동

일제의 통치 정책(1930년대 이후)

핵심 콕콕

황국신민화, 창씨개명
징용, 징병
일본군 위안부

내선일체

'내'는 일본인, '선'은 조선인을 가리키는데, 일본인과 조선인이 한 몸이라는 뜻이다

1 정치

1. 민족 말살 통치
   (1) 만주사변(1931), 중·일 전쟁(1938) 등 일본의 대륙 침략 본격화
   (2) 한국인을 전쟁에 동원하기 위해 민족 말살 정책 도입
2. 내용
   (1) 황국 신민화 정책
      ① '내선일체', '일선동조', '황국신민' 등의 각종 이데올로기와 구호 선전
      ② '황국 신민 서사' 강제 암송
      ③ 신사 참배와 궁성 요배 강요
      ④ 창씨개명: 한국인의 성과 이름을 일본식으로 변경
   (2) 언론 활동 금지: 조선일보와 동아일보를 자진 폐간 형태로 정리
   (3) 민족 교육 금지
      ① 제3차 조선 교육령(1938): 조선어 교육을 사실상 폐지, 일본어 사용 강제
      ② 소학교의 명칭을 국민학교로 개칭
      ③ 제4차 조선 교육령(1943): 민족 교육 금지, 군사 훈련 강화

황국 신민 서사

- 우리는 황국 신민이다. 충성으로써 군국에 보답하련다.
- 우리 황국 신민은 신애협력하여 단결을 굳게 하련다.
- 우리 황국 신민은 인고단련 힘을 길러 황도를 선양하련다.

2 경제

1. 병참 기지화
   (1) 남면북양 정책: 한반도 남쪽에서는 면화, 북쪽에서는 양 생산에 주력
   (2) 식민지 공업화: 군수 물자 생산을 위한 공업화 정책
   (3) 농촌 진흥 운동(1932): 농민의 긴축 생활과 납세 이행 독려
2. 전시 총동원 체제: 국가 총동원령(1938)을 선포, 전쟁 물자 및 인력 수탈
   (1) 물자 수탈: 미곡 공출제, 식량 배급제, 금속 공출제
   (2) 인력 수탈
      ① 지원병제(1938), 학도지원병제(1943), 강제 징병제(1944)
      ② 강제 징용령(1939), 여자 정신 근로령(1944), 일본군 위안부

국가 총동원법

제4조 정부는 전시에 국가 총동원상 필요할 때에는 칙령이 정하는 바에 따라 제국 신민을 징용하여 총동원 업무에 종사하게 할 수 있다.

제20조 정부는 전시에 국가 총동원상 필요할 때는 칙령이 정하는 바에 따라 제국 신민을 징용하여 총동원 업무에 종사하게 할 수 있다.

자료 돋보기

일제의 교육 정책 ≫45회 중급 45번

<일제에 의한 교육 정책의 변화>
경성 제국 대학을 설립하여 한국인의 민립 대학 설립 운동을 무마하였어요.
통감부의 간섭으로 소학교의 명칭이 보통학교로 바뀌고 수업 연한이 단축되었어요.
조선어 과목을 선택 과목으로 바꾸고 황국 신민 교육을 강화하였어요.

민족 말살 통치 1 ≫44회 중급 43번

이것은 홋카이도의 우류 댐 공사 등에서 죽어 간 강제 노동 희생자를 기리기 위해 세워진 조각상입니다. 일제는 중·일 전쟁 이후 침략 전쟁을 확대한 이 시기에 조선인을 포함한 많은 사람들을 전쟁에 동원하였습니다.

민족 말살 통치 2

중·일 전쟁이 시작된 이후 지금 막 두 번째 겨울을 났다. 우리는 벌써 난방용 석탄이나 심지어 연탄을 구하는 데 큰 어려움을 겪고 있다. 터무니없이 비싼 값을 치르고 산 연탄이라는 것도 고작 석탄 가루를 묻힌 진흙덩이에 불과하다. 전쟁이 1년만 더 지속된다면, 석탄은 고사하고 지금은 그나마 구할 수 있는 연탄조차 그림의 떡이 될 것이다. 총독부는 주민들에게 갖고 있는 금붙이를 팔라고 요구한다. 아녀자들은 가보로 내려오던 패물을 내놓고 있다. -『윤치호 일기』

지원병 제도

제1조 호적법의 적용을 받지 않는 연령 17년 이상 제국 신민인 남자로서 육군 병역에 복무하기를 지원하는 자는 육군 대신이 정한 바에 따라 전형 후 이를 현역 또는 제1 보충 병역에 편입할 수 있다.

⋮

제3조 보충 병역 혹은 국민 병역에 있는 자, 또는 병역을 마친 자로서 전시 또는 사변 시 육군 부대 편입을 지원하는 자는 육군 대신이 정한 바에 따라 전형 후 이를 적의한 부대에 편입할 수 있다.

기출 맛보기

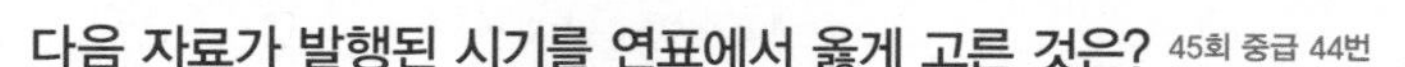

다음 자료가 발행된 시기를 연표에서 옳게 고른 것은? 45회 중급 44번 [2점]

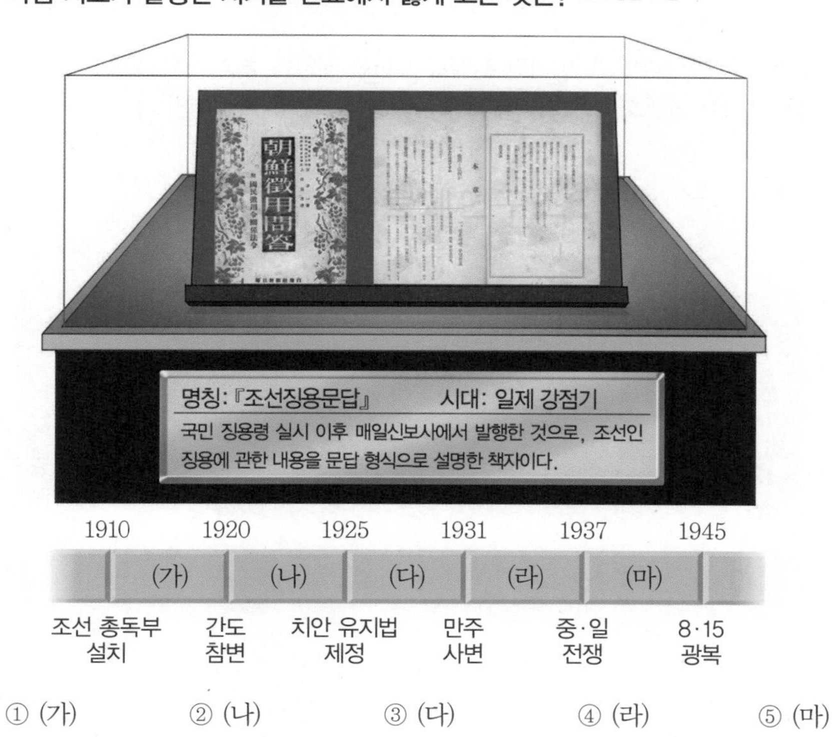

명칭: 『조선징용문답』 시대: 일제 강점기
국민 징용령 실시 이후 매일신보사에서 발행한 것으로, 조선인 징용에 관한 내용을 문답 형식으로 설명한 책자이다.
1910 1920 1925 1931 1937 1945

조선 총독부 설치

① (가) ② (나) ③ (다) ④ (라) ⑤ (마)

정답 ⑤

정답 분석

자료는 1939년의 국민 징용령 실시에 대한 내용이다. 1930년대 후반 대륙 침략을 본격화한 일제는 전쟁에 한국인을 동원할 목적으로 민족 말살 통치를 실시하였다. 조선인의 민족성을 말살하고자 '내선일체', '일선동조' 등의 각종 이데올로기와 구호를 만들어냈고, '황국 신민 서사'를 강제로 암송시키고 신사 참배와 궁성 요배를 강요하였다. 또한 창씨개명을 통해 민족정기를 말살하고자 하였다.

1910년대의 민족 운동

독립 의군부
대한 광복회
경학사

복벽주의

나라를 되찾고, 군주정을 회복하려는 사상이다.

1 국내 비밀 결사의 민족 운동

1. 독립 의군부(1912)
   (1) 고종의 밀명을 받은 임병찬이 전국의 의병장과 유생들을 모아 조직
   (2) 복벽주의 지향, 전국적인 의병 투쟁 목표
   (3) 일본 총리 대신과 조선 총독에게 국권 반환 요구서를 보내려다 발각되어 해체

2. 대한 광복회(1915)
   (1) 사령관 박상진, 부사령관 김좌진
   (2) 공화정체의 국가 수립을 목표로 함.
   (3) 친일파 처단, 군자금 모금 활동

2 국외 독립 운동 기지 건설

1. 만주
   (1) 서간도: 경학사, 부민단, 서로 군정서, 신흥 강습소(신흥 무관 학교)
   (2) 북간도: 중광단 ➡ 북로 군정서(→ 대종교), 서전서숙·명동 학교, 밀산부 한흥동

2. 연해주: 신한촌(1911)(→ 한인 거주지)에서 권업회 조직 ➡ 대한 광복군 정부(→ 대통령 이상설, 부통령 이동휘)

3. 미주
   (1) 1903년 시작된 한국인 하와이 노동 이민을 계기로 미주 지역에 동포 사회 형성
   (2) 대한인 국민회, 흥사단(안창호), 대조선 국민군단(박용만)(→ 하와이 지역), 숭무 학교(멕시코)(→ 무장 투쟁 준비)

4. 중국 관내: 신한 청년단 조직(상하이), 파리 강화 회의에 김규식 파견

자료 돋보기

1910년대의 민족 운동 ≫37회 중급 38번

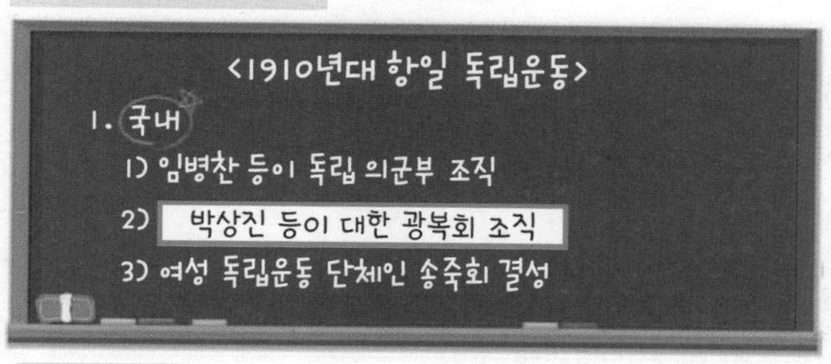

명동 학교 ≫45회 중급 40번

이 건물은 간도 지역의 민족 교육을 위해 설립되었던 이 학교를 복원한 것입니다. 이 학교 출신 인물로는 윤동주와 나운규 등이 있습니다. → 명동 학교

대한 광복회 ≫45회 중급 39번

- 대한 광복회
  - 주요 인물: 박상진, 채기중
  - 목표: 공화 정체 국가 수립, 국권 회복
  - 활동: 군자금 모금, 친일 부호 처단

기출 맛보기

(가) 단체에 대한 설명으로 옳은 것은? 45회 고급 41번 [3점]

이것은 총사령 박상진이 이끌었던 (가) 소속의 김한종 의사 순국 기념비입니다. 김한종 의사는 이 단체의 충청도 지부장으로, 군자금 모금을 방해한 아산의 도고 면장인 박용하 처단을 주도하였습니다. 일제 경찰에 체포되어 박상진과 함께 대구 형무소에서 순국하였습니다. 1963년 건국 훈장 독립장이 추서되었습니다.

① 공화 정체의 국가 건설을 지향하였다.
② 대한민국 임시 정부의 주도로 결성되었다.
③ 봉오동에서 일본군을 상대로 승리를 거두었다.
④ 구미 위원부를 설치하여 외교 활동을 전개하였다.
⑤ 중국군과 함께 영릉가 전투에서 큰 전과를 올렸다.

정답 ①

정답 분석

(가)는 대한 광복회(1915)이다. 대한 광복회는 의병 계열과 애국 계몽 운동 계열의 비밀 결사들이 통합하여 결성된 조직으로, 독립군을 길러 일제를 몰아내고 민주 공화제의 근대 국가를 수립하는 것을 목표로 하였다. 그러나 군자금 마련 과정에서 일제 경찰에게 조직이 드러나 해체되었다.

오답 풀이

② 한인 애국단, ③ 대한 독립군, ④ 대한민국 임시 정부, ⑤ 조선 혁명군에 대한 설명이다.

주제 67

3·1 운동

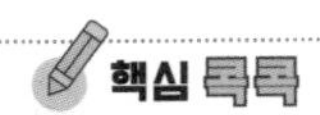

독립 선언서
민족 대표, 탑골 공원
유관순, 제암리

1 배경

1. 러시아의 사회주의 혁명(1917) ➡ 약소 민족의 독립 운동을 지원할 것을 천명
2. 파리 강화 회의에서 미국 대통령 윌슨이 민족 자결주의 주창
3. 대한 독립 선언서 낭독(만주), 2·8 독립 선언서(도쿄)
4. 고종 독살설 유포

2 경과

1. 발생
 (1) 고종의 인산일을 앞둔 3월 1일, 종교계 지도자들과 학생들이 만세 운동 계획
 (2) 1919년 3월 1일 민족 대표 33인이 태화관에 모여 독립 선언서 낭독 후 자진 체포
 → 기미 독립 선언서
 (3) 종로 탑골 공원에 모여 있던 학생들이 만세 운동 전개
2. 확산
 (1) 철도·도로를 따라 전국의 도시와 농촌으로 급속하게 확산
 (2) 만주·연해주·미국·일본 등지에서 만세 시위 발생
3. 탄압
 (1) 일제의 무력 진압 시도: 화성 제암리 학살 사건 등
 (2) 초기의 비폭력 노선에서 벗어나 폭력 시위의 양상으로 변화

제암리 학살 사건
1919년 4월 15일 화성 제암리에 파견된 일본군은 23명의 마을 사람들을 예배당으로 모이게 한 후 밖에서 문을 잠근 채 무차별 사격을 가하고 불을 질러 학살의 증거를 인멸하였다.

3 의의 및 영향

1. 의의: 전 계층이 참여한 일제 강점기 최대 규모의 민족 운동
2. 영향
 (1) 일제 통치 방식 변화
 ① 무단 통치에서 이른바 '문화 통치'로 변화
 ② 언론·출판·집회·결사의 자유 부분 허용 ➡ 민족 운동 활성화
 (2) 민족 역량 강화
 ① 지식인 중심 민족 운동 ➡ 학생·노동자·농민이 민족 운동의 주체로 등장
 ② 민족 운동 방략 다양화: 복벽주의 소멸, 무장 투쟁 본격화
 (3) 통일된 지도부에 대한 필요성 대두 ➡ 대한민국 임시 정부 수립
 (4) 중국의 5·4 운동과 인도의 반영 운동 등 타 민족의 독립 운동에 영향

자료 돋보기

3·1운동 ≫42회 고급 38번

역 사 신 문

제△△호 ○○○○년 ○○월 ○○일

일본군, 제암리에서 주민 학살

지난 4월 15일, 경기도 수원군(현재 화성시) 제암리에서 일본군에 의한 참혹한 학살이 자행되었다. 일본군은 주민들을 교회에 모이게 하여, 밖에서 문을 잠그고 무차별 사격을 가한 후 불을 질러 약 30명을 살해하는 만행을 저질렀다. 그리고 인근 교회와 민가 수십 호에도 불을 질렀다. 이는 최근 만세 시위 운동이 전국으로 확산되는 과정에서 가해진 일본군의 탄압으로 보인다.

폐허가 된 제암리

3·1 독립 선언서

오등은 이에 아(我) 조선의 독립국임과 조선인의 자유민임을 선언하노라. 이로써 세계 만방에 고하여 인류 평등의 대의를 극명하며, 이로써 자손 만대에 고하여 민족 자존의 정권을 영유하게 하노라. …… 오늘날 우리의 맡은 바 임무는 다만 자기의 건설이 있을 뿐이요, 결코 타인의 파괴에 있지 아니하도다.

기출 맛보기

(가) 민족 운동에 대한 설명으로 옳은 것은? 45회 중급 42번 [2점]

① 대한매일신보의 후원으로 확산되었다.
② 순종의 인산일을 기회로 삼아 일어났다.
③ 신간회가 조사단을 파견하여 지원하였다.
④ 독립문 건립을 위한 모금 활동을 전개하였다.
⑤ 일제가 이른바 문화 통치를 실시하는 계기가 되었다.

정답 ⑤

정답 분석

자료는 3·1 운동 확산에 큰 기여를 했던 이들에 대한 내용이다. 1919년 3월 1일, 민족 대표들이 태화관에 모여 독립 선언서를 낭독하였고, 탑골 공원에서는 학생과 시민이 독립 선언서를 발표한 후 만세 시위를 벌였다. 일제의 탄압에 의해 독립을 쟁취하지는 못하였지만, 일제가 무력만으로는 독립 운동을 막기 어렵다고 판단하여 통치 방식을 바꾸는 계기가 되었다.

오답 풀이

① 국채 보상 운동, ② 6·10 만세 운동, ③ 광주 학생 항일 운동, ④ 독립 협회에 대한 설명이다.

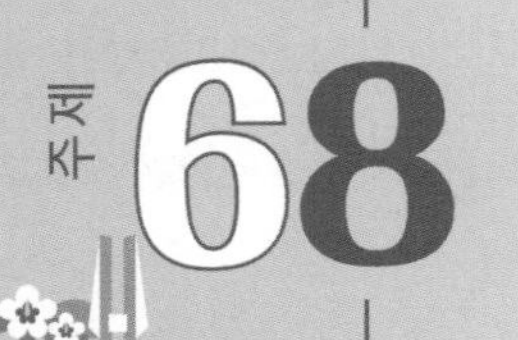

1910년대 1920년대 1930년대 –
3·1 운동

주제 68 대한민국 임시 정부

구미 위원부
연통제, 교통국
한인 애국단
한국 광복군

1 초기(1919~1923)

1. 조직
   (1) 삼권 분립에 입각한 민주 공화제 정부로 출범 → 임시 의정원, 국무원, 법원
   (2) 초대 임시 대통령 이승만
2. 활동
   (1) 외교
      ① 파리 강화 회의에 독립 청원서 제출(김규식)
      ② 미국 워싱턴에 구미 위원부(이승만) 설치
   (2) 자금 모집: 의연금 모금, 독립 공채(애국 공채) 발행
   (3) 연통제·교통국: 자금 조달, 연락 업무 담당 → 이륭양행·백산 상회
   (4) 교육·계몽: 독립신문 발간, 『한·일 관계 사료집』 편찬
   (5) 군사: 서로 군정서·북로 군정서 편입(1919~1920), 육군 주만 참의부(1923)

❁ 독립 공채(애국 공채)

2 위기와 극복

1. 위기
   (1) 연통제·교통국 조직 붕괴 ➡ 자금 지원 단절
   (2) 독립운동의 방략 갈등(외교 vs 실력 양성 vs 무장), 민족주의와 사회주의의 대립
   (3) 외교 활동 성과 부족: 이승만의 위임 통치 청원서 비판
2. 국민 대표 회의(1923)
   (1) 임시 정부의 향후 활동에 대한 창조파와 개조파의 대립 (창조파 → 신채호 등, 개조파 → 안창호 등)
   (2) 회의 결렬 ➡ 민족운동가 대거 이탈
3. 중흥을 위한 노력
   (1) 이승만 탄핵 ➡ 2대 임시 대통령 박은식 선출(1925)
   (2) 체제 개편: 대통령제(1919) ➡ 국무령제(1925) ➡ 국무 위원 집단 지도 체제(1927)
4. 한인 애국단 창설(1931)
   (1) 이봉창(도쿄), 윤봉길(상하이)의 폭탄 투척 의거
   (2) 중국 국민당의 지원, 거점 이동

대통령제(1919)
▼
국무령제(1925)
▼
국무 위원 집단 지도 체제(1927)
▼
주석제(1940)
▼
주석·부주석제(1944)

❁ 대한민국 임시 정부의 체제 개편

3 중흥(1940~1945)

1. 충칭 정착
2. 한국 독립당 창당, 한국 광복군 창설(1940): 대일 선전 포고 발표, 국내 진공 작전 계획
3. 체제 개편: 주석제(1940), 주석·부주석제(1944)
4. 건국강령 발표(1941): 조소앙의 삼균주의

삼균주의
정치, 경제, 교육의 균등을 통해 개인과 개인, 민족과 민족, 국가와 국가 간의 균등을 실현하자는 주장이다.

자료 돋보기

대한민국 임시 정부 1 ≫42회 중급 46번

대한민국 임시 정부
(가) 수립 100주년 기념 특별 사진전
직원 일동 기념 촬영
독립 공채 발행
한국 광복군 창설

대한민국 임시 정부 2 ≫41회 고급 36번

역사신문

제△△호 ○○○○년 ○○월 ○○일

대한민국 임시 정부, 내각 책임제와 국무령제 채택

대한민국 임시 정부는 제2차 개헌을 통하여 내각 책임제를 채택하였다. 국무령과 국무원으로 조직된 국무회의가 임시 정부를 운영하며 임시 의정원에 대해 책임을 지고, 임시 의정원이 국무령과 국무원을 선임하게 만들었다. 기존의 대통령제를 유지하는 동안 독재적인 상황이 나타났던 경험을 고려한 것으로 보인다.

대한민국 임시 정부 3

임시 정부 포유문

1. 본 정부는 이번 제32회 임시 의정원 회의에 임시 약헌 개정으로 제출하여 임시 정부의 조직 기구를 변경하였으니 …… 국무위원회 주석과 국무 위원을 모두 의호에서 선출하여 종전에 국무 위원끼리 주석을 호선하던 제도를 폐하였다. 또 국무위원회 주석은 일반 국무를 처리함에는 총리격을 가졌고, 그 외 정부를대표하며 국군을 총감하는 권리를 설정하였으니 이 방면으로는 국가 원수격을 가지게 되었다.

대한민국 임시 정부 4 ≫44회 중급 38번

1. 상하이와 러시아령에서 설립한 정부들을 일체 해소하고 오직 국내에서 13도 대표가 창설한 한성 정부를 계승할 것이니 국내의 13도 대표가 민족 전체의 대표임을 인정한다.
2. 정부의 위치는 아직 상하이에 둘 것이니 각지의 연락이 비교적 편리하기 때문이다.

⋮

4. 정부의 명칭은 대한민국 임시 정부라고 할 것이니 독립 선언 이후에 각지를 원만히 대표하여 설립된 역사적 사실을 살리기 위함이다.

기출 맛보기

다음 선언서가 발표된 시기를 연표에서 옳게 고른 것은? 45회 고급 42번 [2점]

> 본 국민 대표 회의는 이천만 민중의 공정한 뜻에 바탕을 둔 국민적 대회합으로 최고의 권위를 지녀 …… 독립을 완성하기를 기도하고 이에 선언하노라. …… 본 대표 등은 국민이 위탁한 사명을 받들어 국민적 대단결에 힘쓰며 독립운동이 나아갈 방향을 확립하여 통일적 기관 아래서 대업을 완성하고자 하노라.

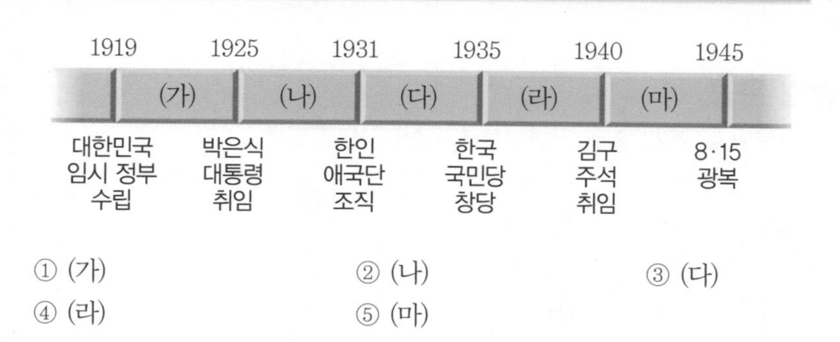

① (가) ② (나) ③ (다)
④ (라) ⑤ (마)

정답 ①

정답 분석

자료는 1923년 열린 국민 대표 회의에 대한 내용이다. 대한민국 임시 정부는 교통국과 연통제 조직 붕괴와 독립 운동 노선에 대한 대립으로 위기를 겪었다. 이에 임시 정부는 국민 대표 회의를 열어 독립운동의 새로운 방향을 모색하였다(1923).

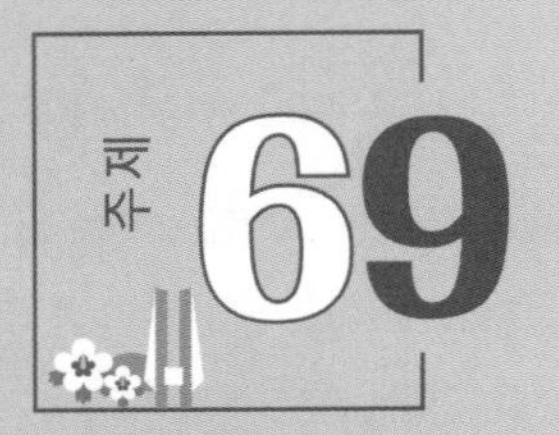

1910년대 1920년대 1930년대 –
3·1 운동

만세 운동과 신간회

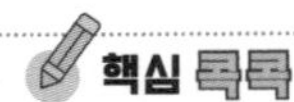

민족 유일당 운동
정우회 선언, 신간회
광주 학생 항일 운동

1 6·10 만세 운동

1. 배경: 순종의 인산일 계기, 천도교의 만세 운동 계획
2. 전개: 천도교계 + 사회주의 + 학생 단체 ➡ 사전 발각, 학생 중심으로 만세운동 전개
3. 의의: 민족주의계와 사회주의계의 연대 가능성 ➡ 민족 유일당 운동(신간회 결성)에 영향

2 민족 유일당 운동과 신간회

1. 민족 유일당 운동
   (1) 사회주의 사상 확산, 타협적 민족주의(→ 자치 운동 등) 등장
   (2) 민족 내부 분열 경계, 민족 역량 결집 필요
2. 신간회(1927~1931)
   (1) 배경: 일제의 분열 정책과 이념 대립으로 인한 민족 운동 전선 분열
   (2) 결성: 정우회 선언 ➡ 신간회(비타협적 민족주의자 + 사회주의자)

> **정우회 선언**
> 민족주의적 세력에 대하여는 그 부르주아 민주주의적 성질을 명백하게 인식하는 동시에 또 과정적·동맹자적 성질도 충분히 승인하여 그것이 타락하는 형태로 출현되지 아니하는 것에 한하여 적극적으로 제휴하여 대중의 개량적 이익을 위하여서도 종래의 소극적 태도를 버리고 분연히 싸워야 할 것이다.

   (3) 신간회 강령: 정치·경제적 각성 촉구, 단결, 기회주의 부인

> 1. 우리는 정치적, 경제적 각성을 촉진함.
> 2. 우리는 단결을 공고히 함.
> 3. 우리는 기회주의를 일체 부인함.

   (4) 활동
      ① 민중 계몽 활동, 청년, 여성, 형평 운동, 농민·노동 운동과 연계
      ② 원산 총파업 지원, 광주 학생 항일 운동에 진상 조사단 파견
   (5) 해소: 집행부 우경화 ➡ 사회주의자 해소 주장, 코민테른 노선 변화
   (6) 의의: 좌·우 합작, 일제 강점기 최대 규모의 합법적 민족 운동 단체

3 광주 학생 항일 운동

1. 배경: 민족 차별, 식민지 교육, 학생 운동의 조직화(독서회)
2. 전개
   (1) 광주에서 한·일 학생 간 충돌 발생(한국 여학생 희롱)
   (2) 사건 처리 과정에서 민족 차별 ➡ 전국 동맹 휴학
3. 의의: 3·1 운동 이후 최대 규모의 항일 민족 운동

광주 학생 항일 운동의 구호(1929)
- 검거된 학생을 즉시 우리의 손으로 탈환하자.
- 교내에 경찰의 출입을 절대 반대·언론, 출판, 집회, 결사, 시위의 자유를 획득하자.
- 조선인 본위의 교육 제도를 확립하라.
- 식민지 노예 교육 제도를 철폐하라.

자료 돋보기

6·10 만세 운동 ≫43회 고급 42번

이것은 순종의 인산일을 기회로 전개되었던 이 운동을 기념하기 위해 세운 기념비입니다. 기념비에는 당시 중앙고보생을 비롯한 많은 학생들이 일제 경찰의 삼엄한 경비를 뚫고 시내 곳곳에서 만세 시위를 벌인 내용이 기록되어 있습니다.
6·10 만세 운동

신간회 ≫44회 중급 44번

이것은 1928년 2월 115일 신간회의 창립 1주년을 맞아 신의주 지회 인사들을 촬영한 기념사진입니다. 뒤쪽 벽에 이 단체의 강령이 붙어 있는 것을 볼 수 있습니다.

광주 학생 항일 운동 ≫43회 중급 42번

지난 10월 30일에 광주여자고등보통학교 학생 박기옥이 광주에서 돌아와 나주역을 나오려 할 때, 광주중학교 학생 후쿠다 등이 앞을 막고 희롱하였다. 이에 박기옥의 사촌 동생인 광주고등보통학교 학생 박준채가 그 무리들을 질책하니 일본인 중학생들은 도리어 고함을 치며 덤벼들었다.

신간회와 광주 학생 항일 운동 ≫36회 중급 42번

11월 3일은 학생 독립 운동 기념일이야. 1929년에 일어난 광주 학생 항일 운동을 기념하여 제정되었어.
당시 이 운동의 진상을 파악하기 위해 조사단을 파견하고, 민중 대회를 개최하려고 노력했던 단체가 있었지.
신간회

기출 맛보기

(가) 단체에 대한 설명으로 옳은 것은? 45회 고급 44번 [1점]

> (가) 은/는 '우리는 정치적, 경제적, 사회적 각성을 촉진함.', '우리는 단결을 공고히 함.', '우리는 일체 기회주의를 부인함.'이라는 3대 강령 하에서 탄생되어 금일까지 140개 지회의 39,000여 명의 회원을 포함한 단체가 되었다.
>
> -「동광」

① 민족 유일당 운동의 일환으로 결성되었다.
② 이상설, 이동휘를 정·부통령에 선임하였다.
③ 일제가 조작한 105인 사건으로 조직이 해체되었다.
④ 조선 총독부에 국권 반환 요구서를 발송하려 하였다.
⑤ 오산 학교와 대성 학교를 세워 민족 교육을 실시하였다.

정답 ①

정답 분석

1920년대 일제의 통치에 영합하는 타협적 세력이 등장하자 민족 운동가들은 통일 전선 형성에 대한 필요성을 절감하였다. 이 과정에서 사회주의 계열의 사상단체인 정우회가 좌우 합작을 주장하는 정우회 선언을 발표하게 되었고, 그 결과 일제 강점기 국내의 대표적인 민족 협동 전선이자 최대 규모의 항일 단체인 신간회가 창립되었다.

오답 풀이

② 대한 광복군 정부, ③, ⑤ 신민회, ④ 독립 의군부에 대한 설명이다.

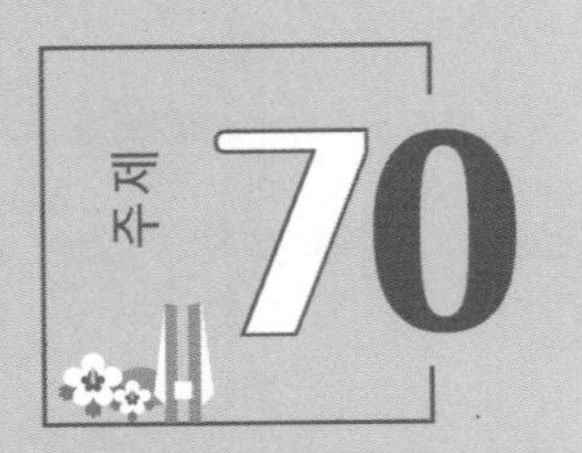

실력 양성 운동

핵심 톡톡

물산 장려 운동
민립 대학 설립 운동
브나로드 운동

1 물산 장려 운동

1. 배경: 회사령 폐지, 관세 철폐 움직임 ➡ 민족 자본 수호 필요성

2. 활동
   (1) 조만식의 주도로 평양 물산 장려회(1920) 조직 ➡ 조선 물산 장려회(1923)로 개편
   (2) 토산물 애용과 금주·단연 실천 주장
   (3) 구호: '내 살림 내것으로', '조선 사람 조선 것' 등
   (4) 자본가의 이익을 위한 운동으로 규정한 사회주의자들의 비판

3. 결과: 국내 기업의 생산력 부족으로 인한 토산품 가격 폭등과 이념 대립으로 인해 실패

2 민립 대학 설립 운동

1. 배경: 제2차 조선 교육령 공포로 대학 교육 가능

2. 활동
   (1) 민립 대학 설립 기성 준비회(1922, 이상재) 결성
   (2) '한민족 1천만이 한 사람이 1원씩'이라는 구호 아래 천만원 모금 운동 전개

3. 결과
   (1) 일제의 방해와 자연재해 등으로 실패
   (2) 일제는 회유책으로 경성 제국 대학(1924)을 설립

3 문맹 퇴치 운동

1. 1920년대: 야학을 통한 교육

2. 1930년대
   (1) 조선일보의 문자 보급 운동
      ① '아는 것이 힘이다. 배워야 한다'를 구호로 함.
      ② 한글 교재 보급, 순회 강연 개최
   (2) 동아일보의 브나로드 운동(1931~1934)

브나로드 운동

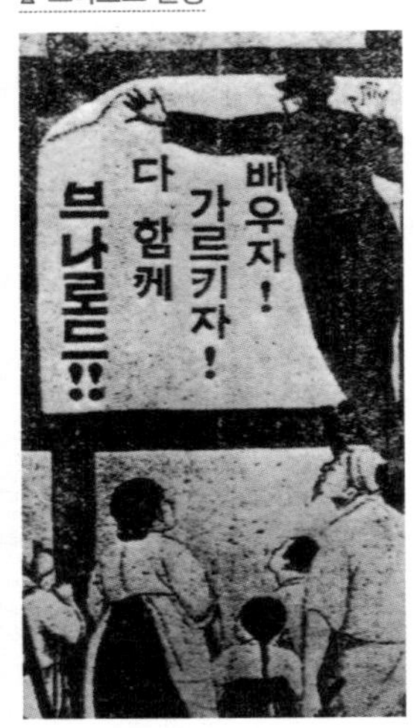

'브나로드'는 러시아 말로 '민중 속으로'라는 뜻이다. 19세기 말 러시아 청년 학생들이 학업을 버리고 민중 속으로 들어가 그들과 함께 생활하며 혁명 운동을 한 것에서 비롯되었다.

자료 돋보기

물산 장려 운동 1

물산 장려 운동에 대한 반대 측 의견을 종합하건대 크게 두 가지 논점이 있는 것 같다. 하나는 일본인 측이나 또는 관청의 일부분에서 일종의 일본 제품 배척 운동으로 간주하고 불온한 사상이라고 공격하는 것이다. 또 하나는 소위 사회주의자 중 일부 논객이 주장하는 것인데, 물산 장려 운동은 유산 계급의 이익을 위한 것이며 무산 계급에는 아무 관련이 없으니 유산 계급만의 운동으로 남겨 버리자는 것이다.

– 동아일보

물산 장려 운동 2 ≫38회 중급 42번

1920년대 국내 민족 운동

정치 / 경제 / 사회 / 문화

물산 장려 운동

▶ 목적: 민족 기업 육성을 통한 경제적 자립
▶ 내용: 토산품 애용, 자작 운동 등을 추진하여 전국적인 호응을 얻었으나, 자본가의 이익만 추구한다는 비판도 받음.
▶ 구호: '내 살림 내 것으로' 등

민립 대학 설립 운동

발기 취지서

우리의 운명을 어떻게 개척할까? …… 민중의 보편적 지식은 보통 교육으로도 가능하지만 심오한 지식과 학문은 고등 교육이 아니면 불가하며, 사회 최고의 비판을 구하며 유능한 인물을 양성하려면 최고 학부의 존재가 가장 필요하도다. …… 그러므로 우리는 이에 느낀 바 있어 감히 만천하 동포에게 향하여 민립 대학의 설립을 제창하노니, 형제 자매는 와서 찬성하고 나아가며 이루라.

문자 보급 운동 ≫40회 중급 42번

배우자! 가르치자! 다함께 우리 조선의 문맹을 퇴치하자. 그리하여 문화의 조선을 건설하자! 이러한 깃발 아래 본사가 주최한 이 운동은 전조선 사십여 학교 이천여 명의 학생들이 장곡천정(長谷川町) 공회당에서 발대식을 거행함으로써 마침내 시작하게 되었다.

기출 맛보기

밑줄 그은 '민족 운동'에 대한 설명으로 옳은 것은? 41회 중급 41번 [2점]

사진은 조선 민립 대학 기성회의 창립 총회를 기념하여 촬영한 것입니다. 이 단체는 조선인의 힘으로 고등 교육 기관을 설립하고자 하는 취지에서 조직되었습니다. 이 단체가 주도한 민족 운동에 대해 말해 볼까요?

① 통감부의 방해로 실패하였다.
② 중국의 5·4 운동에 영향을 주었다.
③ 대구에서 시작되어 전국으로 확산되었다.
④ 고종의 인산일을 기회로 삼아 시위를 전개하였다.
⑤ 이상재, 이승훈 등을 중심으로 모금 활동을 추진하였다.

정답 ⑤

정답 분석
1920년대 대학 설립이 가능해지자 민족 교육을 위한 교육 운동을 강조하였다. 1923년 이상재, 윤치호, 이승훈 등을 중심으로 민립 대학 기성회 발기 총회를 개최하고 "한민족 1천만이 한 사람 1원씩"이라는 구호 아래 3년 동안 1천만 원의 민립 대학 설립 기금을 모금할 것을 계획하였다.

오답 풀이
① 통감부는 1906년 설치되어 1910년까지 존속하였다. ②, ④ 3·1 운동, ③ 국채 보상 운동에 대한 설명이다.

사회적 민족 운동

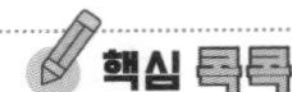

암태도 소작 쟁의
원산 총파업
형평 운동

암태도 소작 쟁의

1923년 9월부터 1년간 전남 무안군 암태도의 소작인들과 지주 문씨 사이에 벌어진 소작 쟁의이다. 소작인들은 일제 경찰의 비호를 받는 지주에 대해 집단적으로 저항하여 결국 소작료 인하에 성공하였다.

원산 총파업

8년 한 석유 회사에서 일본인 감독이 조선인 노동자를 구타한 사건을 계기로 1929년 1월에 원산 노동자들이 파업에 돌입하였다. 4개월만에 실패로 끝났으나 일제 시기 최대의 노동 쟁의였으며 반제국주의 항일 투쟁이었다.

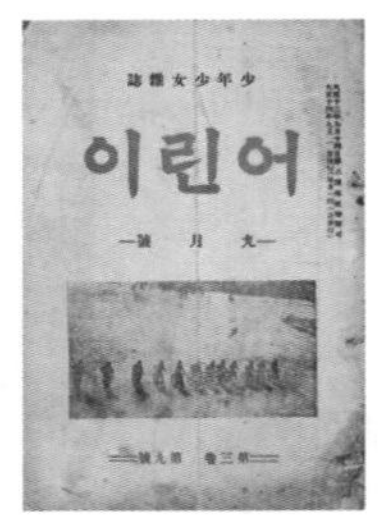

『어린이』

1 농민 운동과 노동 운동

1. 1920년대: 생존권 투쟁
   (1) 배경
      ① 토지 조사 사업, 산미 증식 계획 ➡ 농민 몰락
      ② 저임금, 열악한 노동 환경, 사회주의 확산
      ③ 사회주의 확산으로 농민·노동자들의 의식 성장
   (2) 암태도 소작 쟁의(1923), 원산 총파업(1929)
   (3) 조선 노농 총동맹(1924), 조선 농민 총동맹(1927), 조선 노동 총동맹(1927)
2. 1930년대
   (1) 노동 운동 불법화 ➡ 지하 조직화·폭력화
   (2) 단순한 생존권 투쟁에서 벗어나 계급 해방과 항일 투쟁을 목표로 하는 정치 투쟁으로 발전
   (3) 혁명적 노동 조합과 혁명적 농민 조합 운동 대두

2 여성 운동

1. 문맹 타파, 여성 인권 의식의 고양(신여성) 목표
2. 근우회
   (1) 신간회의 자매 단체(좌·우 합작)
   (2) 기관지 『근우』 발간, 여성 계몽 운동

3 소년 운동

1. 아이들을 온전한 인격체로 대우하라는 의미에서 '어린이'라는 용어를 사용
2. 천도교 소년회(1921): 방정환, 어린이의 날 제정, 잡지 『어린이』 창간

4 형평 운동

1. 배경: 백정에 대한 사회적 차별
2. 전개: 조선 형평사(1923, 진주) 창립 ➡ 1930년대 이후 변질

형평운동

공평은 사회의 근본이고 사랑은 인간의 본성이다. 고로 우리는 계급을 타파하고 모욕적인 칭호를 폐지하여 교육을 장려하고 우리도 참다운 인간으로 되고자 함이 본사(本社)의 중요한 뜻이다. 지금까지 조선의 백정은 어떠한 지위와 압박을 받아 왔던가? 과거를 회상하면 종일 통곡하고도 피눈물을 금할 수 없다. …… 우리도 조선 민족 2천만의 분자로서 갑오년 6월부터 칙령으로써 백정의 칭호가 없어지고 평민이 된 우리들이다.

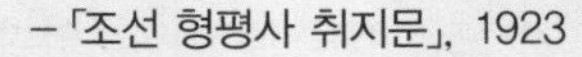
–「조선 형평사 취지문」, 1923

자료 돋보기

원산 총파업

금반 우리의 노동 정지는 다만 국제 통상 주식회사 원산 지점이 계약을 무시하고 부두 노동 조합 제1구에 대하여 노동을 정지시킨 것으로 인하여 각 세포 단체가 동정을 표한 것뿐이다. 그러므로 결코 동맹 파업을 행한 것은 아니다. 그럼에도 불구하고 재향 군인회, 소방대가 출동한다 하여 온 도시를 경동케 함은 실로 이해할 수 없는 현상이니 …… 또한 원산 상업 회의소가 우리 연합회 회원과 그 가족 만여 명을 비(非) 시민과 같이 보는 행동을 감행하고 있는 것이 사실임으로 …… 상업 회의소에 대하여 입회 연설회를 개최할 것을 요구하였다. – 동아일보

근우회 >41회 중급 44번

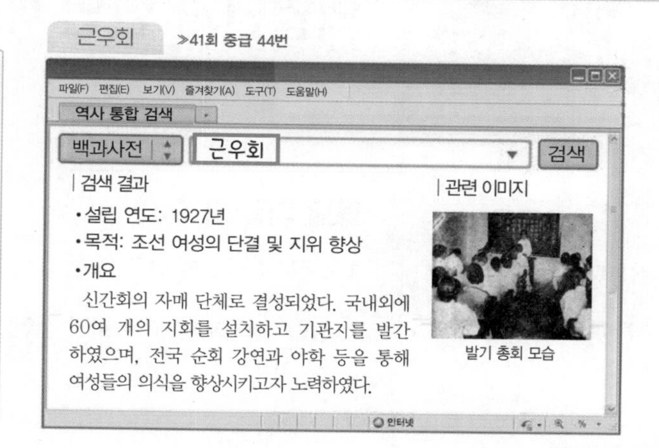

파일(F) 편집(E) 보기(V) 즐겨찾기(A) 도구(T) 도움말(H)
역사 통합 검색
백과사전
근우회
검색
| 검색 결과
•설립 연도: 1927년
•목적: 조선 여성의 단결 및 지위 향상
•개요
신간회의 자매 단체로 결성되었다. 국내외에 60여 개의 지회를 설치하고 기관지를 발간하였으며, 전국 순회 강연과 야학 등을 통해 여성들의 의식을 향상시키고자 노력하였다.
| 관련 이미지
발기 총회 모습
인터넷

어린이 운동 1

가. 어른에게 전하는 부탁

1. 어린이를 내려다보니 마시고 반드시 쳐다보아 주시오.
2. 어린이를 늘 가까이하여 자주 이야기하여 주시오.
3. 어린이에게 경어를 쓰시되 늘 부드럽게 하여 주시오.
4. 이발이나 목욕 또는 옷 갈아입는 것 같은 일은 때 맞춰 하도록 하여 주시오.

⋮

어린이 운동 2

방정환이 이끈 천도교 소년회는 "씩씩하고 참된 소년이 됩시다. 그리고 늘 서로 사랑하며 도와갑시다."를 신조로 잡지 『어린이』를 간행하였다. 그 주요 내용은 아동 문학과 이야기, 그림, 교양 지식, 독자란 등으로 구성되어 있다. 천도교는 어린 아이를 한울님처럼 대하라는 제2대 교주 최시형의 뜻을 이어받아 소년 운동을 적극적으로 전개하였다.

63 ~ 77

기출 맛보기

다음 자료의 사회 운동에 대한 탐구 활동으로 가장 적절한 것은? 44회 중급 45번 [2점]

『정진』 창간호

다 같은 조선 민족이지만 '백정'이니 '피쟁이'니 '갓바치'니 '천인'이니 하여 그 무엇이 특별한 조건이나 있는 것처럼 왜 천대와 학대를 하며 멸시를 하는가. …… 다 같은 인생으로, 다 같은 조선 사람으로, 다 같은 남자로, 다 같은 여자로서, 짐승이나 또는 저 무엇으로 대우할 이유가 무엇이며 무슨 도리인가. 우리들은 이와 같은 생각에, 없던 눈이 뜨였으며 없던 귀가 뚫렸으며 없던 입이 벌어졌다.

– 『정진』

① 간도 협약의 내용을 분석한다.
② 영선사가 파견된 지역을 찾아본다.
③ 조선 형평사의 창립 배경을 알아본다.
④ 태극 서관, 자기 회사를 설립한 단체를 조사한다.
⑤ 영국이 거문도를 불법으로 점령한 계기를 파악한다.

정답 ③

정답 분석

자료는 1920년대 초반 일어난 형평 운동에 대한 내용이다. 갑오개혁(1894)으로 법제적으로는 신분 차별이 폐지되었지만, 백정에 대한 사회적 차별과 천대는 쉽게 사라지지 않았다. 이에 백정들은 자신들에 대한 차별을 폐지하여 저울처럼 평등한 세상을 만들겠다는 신념 아래, 진주에서 조선 형평사를 창립하고 형평 운동을 전개하였다(1923).

오답 풀이

① 간도 협약은 1909년 청과 일본이 맺은 간도 지역 영유권에 대한 조약이다. ② 1881년 청에 영선사가 파견되어 근대 문물을 시찰하고 돌아왔다. ④ 신민회에 대한 설명이다. ⑤ 갑신정변 후 조선에 대한 러시아의 영향력이 커지자 영국이 거문도를 불법 점령하였다(1885).

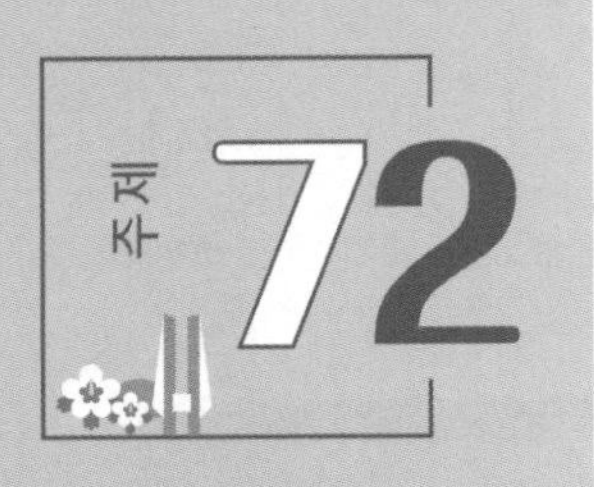

김상옥이 종로 경찰서에 폭탄을 투척하다

의열단과 한인 애국단의 활동

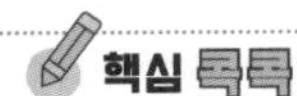

조선 혁명 선언
김익상, 김상옥
이봉창, 윤봉길

1 의열단(1919)

1. 조직: 김원봉이 만주 길림(지린)에서 조직

2. 강령: 신채호의 조선 혁명 선언(1923)

3. 활동

(1) 의열 투쟁

① 일제 주요 인물 암살과 식민 통치 기관 파괴

② 김익상(조선 총독부), 김상옥(종로 경찰서), 나석주(식산 은행·동양 척식 주식회사)의 폭탄 투척 의거

(2) 조선 혁명 간부 학교 설립, 황포 군관 학교 입교 ➡ 조선 의용대로 계승

김원봉

이봉창

조선 혁명 선언(신채호)

내정 독립이나 참정권이나 자치를 운동하는 자, 누구이냐! 너희들이 '동양 평화', ' 한국 독립 보전' 등을 담보한 맹약이 먹도 마르지 아니하여 삼천리 강토를 집어먹던 역사를 잊었느냐? …… 우리는 '외교', '준비' 등의 미몽을 버리고, 민중 직접 혁명의 수단을 취함을 선언하노라 …… 폭력은 우리 혁명의 유일한 무기이다. 우리는 민중 속으로 가서 민중과 손을 맞잡아 끊임없는 폭력 - 암살, 파괴, 폭동 - 으로써 강도 일본의 통치를 타도하고 ……

2 한인 애국단(1931)

1. 조직: 김구가 임시 정부의 위기 극복을 위해 조직

2. 활동

(1) 이봉창(1932)

① 도쿄에서 일왕의 마차에 폭탄을 투척

② 상하이 언론의 우호적 보도 ➡ 일본의 상하이 공격(상하이 사변)

(2) 윤봉길(1932)

① 상하이 훙커우 공원에서 열린 일왕의 생일 행사 겸 상하이 사변 전승 축하 기념식에 폭탄 투척

② 이를 계기로 중국 국민당 정부는 한국의 독립 운동 세력을 지원

윤봉길

자료 돋보기

의열단 1 ≫44회 중급 40번

역사 돋보기 항일의 맹렬한 불꽃, [의열단]

1919년 만주에서 김원봉 등이 조직한 [의열단] 은/는 일제에 맞서 식민 통치 기관 파괴와 요인 암살 등의 활동을 전개하였다. 단원들을 인터뷰했던 한 미국 작가는 이렇게 적었다.

"그들의 삶은 유쾌함과 심각함이 기묘하게 혼재된 것이었다. 언제나 죽음을 눈앞에 두고 있었으므로 살아 있는 동안은 최대한 즐겁게 살려고 했던 것이다. …… 사진 찍기를 매우 좋아했으며, 언제나 이번이 죽기 전에 마지막으로 찍는 것이라 생각하였다."

김원봉과 단원들

의열단 2 ≫43회 고급 43번

김창숙은 동년 음력 3월 중순에 상하이에 도착하여 본래부터 친분이 있는 [의열단] 의 간부 김원봉, 유우근, 한봉근 등을 만나 여러 가지로 의논하였다. …… [의열단] 의 단원인 나석주를 조선에 잠입시켜 동양 척식 주식회사, 조선 식산 은행 등에 폭탄을 던지고 권총을 난사하여 인명을 살상케 하였다는 것인데, 김창숙은 나석주가 조선에 건너가서 암살할 자로 영남의 부호 장모, 하모, 권모 등을 지적한 일까지 있었다고 한다.

한인 애국단 1 ≫43회 중급 39번

S# 25. 1932년, 일본 도쿄의 형무소

예심 판사가 피고인을 신문하고 있다.

판 사: 상하이로 건너가 김구와 무슨 이야기를 나누었는가?

피고인: 독립운동 단체에 들어가 활동하고 싶다는 뜻을 전하였소.

판 사: 김구와 무엇을 모의하였는가?

피고인: 일왕을 죽이면 조선 독립이 촉진될 것이라는 데에 뜻을 같이하였고, 폭탄을 구해 주면 거사를 결행하겠다고 말했소.

판 사: 그래서 지난 1월 8일 도쿄 경시청 앞에서 폭탄을 던진 것인가?

피고인: 그렇소. 일왕의 목숨을 빼앗고 싶었소.

한인 애국단 2 ≫45회 중급 41번

사진 속의 일본 경찰은 무엇 때문에 이렇게 모여 있는 거야?
1932년 1월 8일 [한인 애국단] 에 소속된 이봉창 의사가 도쿄 경시청 앞에서 일왕을 향해 폭탄을 던졌다고 해. 일본 경찰이 그 현장을 조사하고 있는 모습이야.

기출 맛보기

밑줄 그은 '사람'이 소속된 단체에 대한 설명으로 옳은 것은? 45회 고급 39번 [2점]

어제 12일 상오 10시 20분에 조선 총독부에 폭탄 두 개가 투척되었다. 비서과 분실 인사계실에 던진 한 개는 책상 위에 떨어져서 폭발되지 아니했으며, 다시 회계 과장실에 던진 한 개는 유리창에 맞아 즉시 폭발되어 유리창은 산산이 부서지고 마루에 떨어져서 주먹 하나가 들어갈 만한 구멍을 뚫었다. 폭탄을 던진 <u>사람</u>은 즉시 종적을 감추었으므로 지금 엄중 탐색 중이요, 폭발 소리가 돌연히 일어나자 총독부 안은 물 끓듯 하여 한바탕 아수라장을 이루었다더라.

① 조선 혁명 선언을 활동 지침으로 삼았다.
② 윤봉길, 이봉창 등이 단원으로 활동하였다.
③ 파리 강화 회의에 독립 청원서를 제출하였다.
④ 신흥 무관 학교를 세워 독립군을 양성하였다.
⑤ 독립군 비행사 육성을 위해 한인 비행 학교를 세웠다.

정답 ①

정답 분석

조선 총독부에 폭탄을 투척한 것은 의열단원 김익상이다. 1919년 김원봉의 주도로 만주 지린에서 조직된 의열단은 신채호의 '조선 혁명 선언'을 행동 강령으로 삼고 개인 폭력 투쟁을 통해 독립을 쟁취하고자 하였다. 1920년 부산 경찰서를 시작으로 김익상의 조선 총독부 투탄, 김상옥의 종로 경찰서 투탄 등 일제 고위 관리나 친일파 거두를 처단하고 식민 통치 기관과 착취 기관을 파괴하는 활동을 벌였다.

오답 풀이

② 한인 애국단, ③ 신한 청년단, ④ 신민회, ⑤ 대한민국 임시 정부에 대한 설명이다.

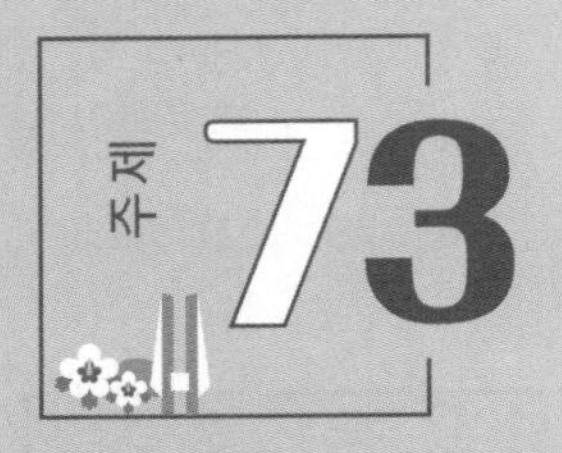

주제 73 만주 지역의 무장 독립 투쟁

핵심 톡톡

청산리 전투
간도 참변
한·중 연합 작전

훈춘 사건

일본이 중국 마적단을 매수하여 그들에게 훈춘의 일본 영사관을 습격하게 하고 이를 구실로 토벌대를 만주 지역에 투입한 사건이다.

동북 항일 연군

1936년 3월 만주 지방에서 항일 무장 운동을 통합해 항일 연합 전선을 형성하기 위하여 조직된 항일 무장 단체. 중국인과 한인의 연합 부대적 성격을 가지고 있었고, 김일성 등 북한 정권 수립시 주요 인물들이 속해있었다.

사건	내용
봉오동 전투(1920)	홍범도의 대한 독립군 주도
청산리 전투(1920)	•훈춘 사건: 일본의 만주 출병 구실 •북로 군정서(김좌진) + 대한 독립군(홍범도) •백운평, 완루구, 천수평, 어랑촌, 고동하 전투
간도 참변(1920)	독립군 근거지 제거, 민간인 학살
대한 독립 군단 결성	•북만주 밀산부에서 연합 부대 결성 (→ 총재 서일) •소련령 이동
자유시 참변(1921)	독립군 내분 + 러시아 적군의 무장 해제 요구
3부 성립	•참의부(1923), 정의부(1924), 신민부(1925) •미쓰야 협정(1925): 만주 군벌 + 일본, 독립군 탄압
3부 통합 운동	•민족 유일당 운동의 영향: 혁신 의회와 국민부 조직 •혁신 의회 – 한국 독립당·한국 독립군(지청천) •국민부 – 조선 혁명당·조선 혁명군(양세봉)
만주 사변(1931)	중국의 태도 변화
한·중 연합 작전	•한국 독립군(지청천) + 중국 호로군: 쌍성보, 사도하자, 대전자령 전투 •조선 혁명군(양세봉) + 중국 의용군: 영릉가, 흥경성 전투 •일본군의 만주 점령 이후 관내로 이동
보천보 전투(1937)	동북 항일 연군 + 조국 광복회

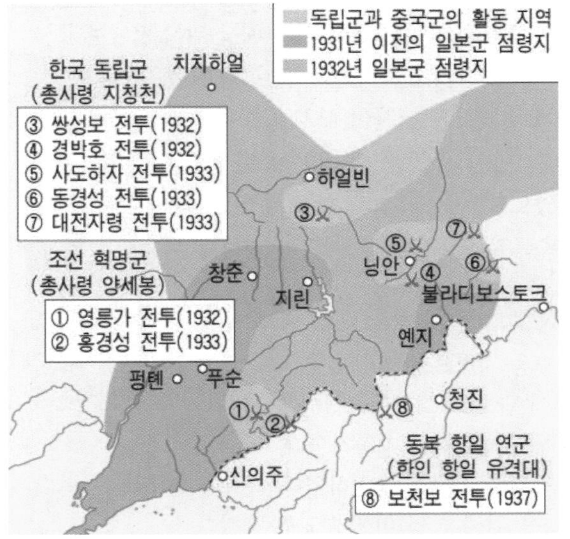

△ 무장 독립 전쟁

자료 돋보기

홍범도 ≫43회 고급 41번

저는 지금 카자흐스탄 크질오르다에 있습니다. 이곳은 [홍범도]이/가 근무하였던 옛 고려 극장 건물입니다. 대한 독립군 총사령관이었던 그는 1937년 옛 소련의 강제 이주 정책에 의해 연해주에서 중앙아시아 지역으로 이주하였습니다. 최근 그의 유해 봉환 문제가 제기되면서 국내외 독립운동가의 예우와 선양 사업에 대한 관심이 높아지고 있습니다.

청산리 전투 ≫43회 중급 38번

어느 독립운동가의 수기

우리 중대는 백운평에서 김좌진 사령관의 본대와 합류하였다. 1920년 10월 21일부터 적군과의 싸움이 시작되었다. 적의 기병을 섬멸하고 포위망을 교묘히 빠져나가면서 싸웠다. 완루구에서는 우리 군대의 복장이나 모자가 적들과 비슷한데다가 짙은 안개 때문에 적군들은 서로 싸우다가 죽기도 하였다. 우리는 6일 간의 전투에서 포위를 뚫고 기적적으로 살아남았다.

미쓰야 협정

불령선인의 단속 방법에 관한 조선 총독부와 봉천성 간의 협정

제2조 중국 관헌은 각 현에 명령하여 거류하는 조선인이 무기를 휴대하고 조선에 침입하는 것을 엄금한다. 위반하는 자는 이를 체포하여 조선 총독부 관헌에게 인도한다.
제3조 불령선인(不逞鮮人)* 단체를 해산하고 소유한 총기를 수색하여 이를 몰수하고 무장을 해제한다.

* 불령선인(不逞鮮人): 일제에 다르지 않는 불온한 조선 사람이라는 뜻

조선 혁명군

때는 해동 무렵이어서 얼음이 풀린 소자강은 수심이 깊었다. 게다가 얼음덩이가 뗏목처럼 흘러내렸다. 하지만 앞에 있는 이 강을 건너지 못하면 영릉가로 쳐들어갈 수 없었다. 밤 12시까지 영릉가에 들어가 반드시 공격을 알리는 신호탄을 울려야만 했다. 양세봉 사령은 전사들에게 소자강을 건너라고 명령하고 자기부터 강물에 뛰어들었다.

– 『봉화』

기출 맛보기

밑줄 그은 '이 부대'의 활동으로 옳은 것은? 44회 고급 43번 [2점]

이 건물은 승은문으로, 총사령 지청천이 이끈 <u>이 부대</u>가 길림 지위군과 연합하여 만주국 군대를 격파한 쌍성보 전투의 현장입니다.

① 동북 항일 연군으로 개편되어 유격전을 전개하였다.
② 대전자령 전투에서 일본군을 상대로 승리를 거두었다.
③ 간도 참변 이후 조직을 정비하고 자유시로 이동하였다.
④ 홍범도 부대와 연합하여 청산리에서 일본군과 교전하였다.
⑤ 조선 혁명당의 군사 조직으로 남만주 지역에서 활약하였다.

정답 ②

정답 분석

쌍성보 전투는 지청천이 이끄는 한국 독립군이 중국 길림자위군과 연합하여 일본군과 만주국군을 상대로 벌인 전투이다. 한국 독립군은 1932년 중국 의용군과 연합하여 쌍성보·사도하자·동경성 등에서 대승을 거두었고, 이어 1933년 대전자령을 지나는 일본군을 격파하였다.

오답 풀이

① 동북 인민 혁명군, ③ 대한 독립 군단, ④ 북로 군정서, ⑤ 조선 혁명군에 대한 설명이다.

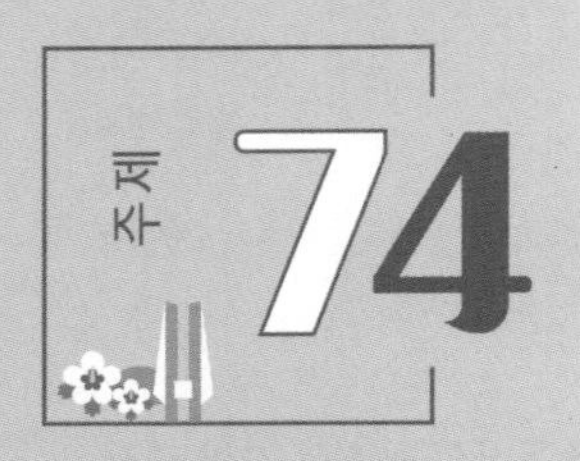

중국 관내의 무장 독립 투쟁

조선 의용대
한국 광복군
국내 진공 작전

1 조선 의용대(1938)

1. 민족 혁명당(1935)
   (1) 의열단 + 한국 독립당 + 조선 혁명당 등을 통합
   (의열단 → 김원봉, 한국 독립당 → 조소앙, 조선 혁명당 → 지청천)
   (2) 민족주의계 이탈 후 조선 민족 혁명당으로 개편 ➡ 조선 민족 전선 연맹(1937)으로 개편

2. 조선 의용대(1938)
   (1) 조선 민족 전선 연맹이 중국 국민당 정부의 지원을 받아 우한에서 만든 군사 조직
   (2) 중국 관내에서 조직된 최초의 한국인 부대
   (3) 후방 선전 작업, 포로 심문 등에 참여
   (4) 중국 국민당의 소극적 대일 항전 태도에 실망한 이들이 이탈 ➡ 화북 지방으로 이동, 조선 의용대 화북 지대 결성 ➡ 남은 병력과 김원봉은 한국 광복군에 합류(1942)

조선 의용대 화북 지대
조선 의용대 내부에서 화북 지역에서의 무장 투쟁을 요구하던 대원들은 1940년 말부터 북쪽으로 이동, 1941년 7월 조선 의용대 화북 지대로 개편되었다. 이후 호가장 전투와 형태 전투 등에서 화약하던 조선 의용대 화북 지대는 1942년 조선 의용군으로 개편되었다.

2 한국 광복군(1940)

1. 결성
   (1) 충칭에서 대한민국 임시 정부 산하의 군대로 창설(1940, 총사령관 지청천)
   (2) 중국 국민당의 지원, 중국 군사 위원회의 간섭(한국 광복군 행동 준승)

2. 활동
   (1) 대일 선전포고 발표(1941)
   (2) 조선 의용대의 가세로 강화(1942, 좌·우 합작)
   (3) 영국군과 연합 작전: 인도-미얀마 전선 활약(선전, 포로 심문, 암호 해독)
   (4) 미국 전략 정보국(OSS)과 국내 진공 작전 계획 ➡ 일제의 패망으로 취소

한국 광복군과 미군의 OSS 훈련

드디어 3개월간의 제1기생 50명의 OSS 특수 공작 훈련이 끝났다. 나는 무전 기술 등의 시험에서 괜찮은 성적을 받았고 국내로 침투하여 모든 공작을 훌륭하게 수행할 수 있는 자신을 얻었다. …… 제1기생 훈련이 성공적으로 끝나자 우리는 말할 것도 없고 미군도 대만족하여 즉각 국내로 침투시킬 계획을 작성하였다.

자료 돋보기

조선 혁명 간부 학교

왜적이 항복한다 하였다. 아! 왜적이 항복! 이것은 내게 기쁜 소식이라기보다는 하늘이 무너지는 듯한 일이었다. …… 시안과 푸양에서 훈련을 받은 우리 청년들을 본국으로 들여보내어 국내의 중요한 곳을 파괴하거나 점령한 뒤에 미국 비행기로 무기를 운반할 계획까지도 미국 육군성과 다 약속이 되었던 것을 한 번 해 보지도 못하고 왜적이 항복했으니 …….

– 『백범일지』, 김구

조선 의용대 ≫43회 고급 39번

□□신문
제△△호 2019년 ○○월 ○○일

여성 독립운동가 기념 우표 발행

우정사업본부는 3·1 운동 100주년을 맞아 조국의 독립을 위해 헌신한 여성 독립 운동가 4명의 기념 우표를 발행하였다. 그들 중 박차정은 근우회에서 활동하다가 보다 적극적인 독립운동을 위해 중국으로 망명하였다.

1938년 조선 민족 전선 연맹 산하의 군사 조직으로 우한에서 창설된 조선 의용대의 부녀복무단장으로 무장 투쟁을 전개하다가 35세의 젊은 나이로 순국하였다. 1995년 건국 훈장 독립장이 추서되었다.

한국 광복군 1 ≫44회 고급 40번

이것은 대한민국 임시 정부 산하의 한국 광복군 총사령부 건물로, 지난 3월 이곳 충칭의 옛 터에 복원되었습니다. 과거 임시 정부가 중국의 도움으로 한국 광복군을 창설하였듯이, 오늘날 이 총사령부 건물도 양국의 노력으로 세울 수 있었습니다.

한국 광복군 2 ≫43회 중급 40번

드디어 3개월 간에 걸친 제1기 50명의 미국 전략 정보국(OSS) 특수 공작 훈련이 끝났다. …… 국내로 진입한다는 것은 죽음을 각오해야만 하는 것이기 때문에 50명 모두 굳은 각오로 자원하였다. 야음을 틈타 낙하산을 타고 투하된다든가 잠수함으로 상륙시킨다든가 하는 구체적인 작전까지 결정되어 있었다.

작전 → 국내 진공 작전

기출 맛보기

(가) 독립군 부대에 대한 설명으로 옳은 것은? 45회 중급 43번 [2점]

대한민국 임시 정부 산하에 조직되어 국내 진공 작전을 추진했던 (가) 은/는 기관지 광복을 발행하여 군의 활동상을 알리고 일제의 동향과 정세를 분석하였습니다. 소속 군인 중 오광심, 조순옥, 지복영 등이 원고 작성과 번역을 주로 담당하였습니다.

① 홍범도의 지휘 아래 활동하였다.
② 자유시 참변으로 세력이 약화되었다.
③ 청산리에서 일본군을 크게 격파하였다.
④ 인도·미얀마 전선에 대원을 투입하였다.
⑤ 쌍성보, 대전자령 전투에서 승리를 거두었다.

정답 ④

정답 분석

(가)는 한국 광복군이다. 1940년 충칭에 정착한 임시 정부는 산하에 무장 투쟁 조직으로 한국 광복군을 창설(1940)하였다. 1941년 일제가 미국을 공격하여 태평양 전쟁을 일으키자, 임시 정부는 일본에 선전 포고하고 한국 광복군을 연합군의 일원으로 참전시켰다. 영국군의 요청에 따라 임시 정부는 한국 광복군을 인도·미얀마 전선에 투입하였고, 미국과 협약을 맺어 국내 정진군을 조직하고 유격전에 필요한 특수 훈련을 받았다.

오답 풀이

① 대한 독립군, ③ 대한 독립군과 북로 군정서, ⑤ 한국 독립군에 대한 설명이다.
② 간도 참변 이후 자유시 지역으로 이동한 독립군 연합 부대가 러시아 적군에 의해 피해를 입었다.

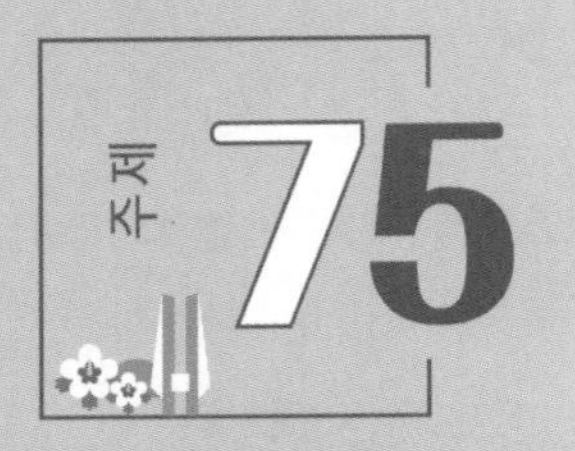

민족 문화 수호 운동

「한국통사」
낭가 사상
조선어 학회 사건

정체성론
우리 민족이 세계적 흐름에 맞춰 발전하지 못하고 고대 수준에 머물러 있다는 주장이다.

타율성론
우리 민족이 스스로 발전을 이루지 못하고 외세에 의해 타율적으로 발전되고 있다는 주장이다.

1 국사 연구

1. 일제의 식민사관: 정체성론, 타율성론, 당파성론
2. 민족주의 사학: 민족정신 중시
   (1) 박은식: 민족의 '국혼' 강조, 『한국통사』·『한국독립운동지혈사』 저술

> 옛사람이 말하기를 나라는 멸망할 수 있으나 그 역사는 결코 없어질 수 없다고 했으니, 이는 나라가 형체라면 역사는 정신이기 때문이다. 이제 우리 나라의 형체는 없어져 버렸지만, 정신은 살아남아야 할 것이다. 이것이 내가 역사를 쓰는 까닭이다. 정신이 살아서 없어지지 않으면 형체도 부활할 때가 있을 것이다. – 박은식, 『한국통사』

   (2) 신채호
      ① 낭가 사상
      ② 고대사 연구에 노력: 『조선상고사』 저술 (→ 역사는 아(我)와 비아(非我)의 투쟁의 기록)
      ③ 대한 매일 신보에 「독사신론」 연재, 조선 혁명 선언 (→ = 의열단 선언)
   (3) 정인보: '얼' 강조, 조선학 운동
   (4) 문일평: '조선심' 강조, 조선학 운동
3. 사회 경제 사학: 백남운
   (1) 유물사관, 세계사적 발전법칙·보편성 추구(정체성론 비판)
   (2) 『조선 사회 경제사』, 『조선 봉건 사회 경제사』 저술

> 우리 조선의 역사적 발전의 전 과정은 가령 지리적 조건, 인종학적 골상, 문화 형태의 외형적 특징 등 다소의 차이는 인정되더라도, 외관적인 소위 특수성은 다른 문화 민족의 역사적 발전 법칙과 구별 되어야 하는 독자적인 것이 아니며, 세계사적·일원론적인 역사 법칙에 의하여 다른 제 민족과 거의 동일한 발전 과정을 거쳐온 것이다. – 백남운, 『조선봉건사회경제사』

4. 실증 사학: 이병도·손진태, 객관적 문헌 고증 강조, 진단 학회

2 국어 연구

1. 조선어 연구회(1921)
   (1) 국문 연구소를 계승, 주시경의 제자들이 주도
   (2) '가갸날' 제정(1926), 잡지 『한글』 간행, 조선어 강습회 개최
2. 조선어 학회(1931)
   (1) 조선어 연구회 계승, 최현배 주도
   (2) 한글 맞춤법 통일안·표준어 제정(1933)
   (3) 『우리말 큰사전』의 편찬 작업 시작, 조선어 강습회 운영
   (4) 조선어 학회 사건(1942): 조선어 학회 회원들에게 치안 유지법 위반 혐의를 씌워 체포 ➡ 조선어 학회 강제 해산

자료 돋보기

박은식

대륙의 원기는 동으로는 바다로 뻗어 백두산으로 솟았고, 북으로는 요동 평야를 열었으며, 남으로는 한반도를 이루었다. …… 저들이 일찍이 우리를 스승으로 섬겨 왔는 데, 이제는 우리를 노예로 삼았구나. …… 옛사람이 이르기를 나라는 멸할 수 있으나 역사는 멸할 수 없다고 하였다. 나라는 형체이고 역사는 정신이다. 이제 한국의 형체는 허물어졌으나 정신만을 홀로 보존하는 것이 어찌 불가능하겠는가.

– 태백광노(太白狂奴) 지음

신채호 >42회 중급 40번

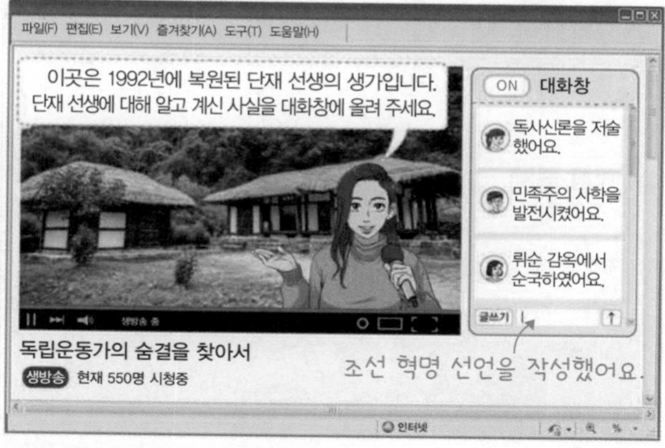

백남운

우리 조선의 역사적 발전의 전 과정은 …… 외관상의 이른바 특수성이 다른 문화 민족의 역사적 발전 법칙과 구별될 만큼 독자적인 것은 아니며, 세계사적인 일원론적 역사 법칙에 의해 다른 여러 민족과 거의 같은 궤도의 발전 과정을 거쳐 왔던 것이다. …… 여기에서 조선사 연구의 법칙성이 가능하게 되며, 그리고 세계사적 방법론 아래서만 과거의 민족 생활 발전사를 내면적으로 이해함과 동시에 현실의 위압적인 특수성에 대해 절망을 모르는 적극적인 해결책을 발견할 수 있을 것이다.

–『조선사회경제사』

일제 강점기 문학 활동 >41회 고급 45번

기출 맛보기

(가) 단체의 활동으로 옳은 것은? 44회 고급 45번 [1점]

예심 종결 결정문

주문(主文)

피고 이극로, 최현배 외 10명은 함흥 지방 법원 공판에 부친다.
피고 장지영 외 1명은 면소(免訴)한다.

이유(理由)

본 건(件) [(가)]은/는 1919년 만세 소요 사건의 실례에 비추어 조선의 독립을 장래에 기약하는 데는 문화 운동에 의하여 민족정신의 환기와 실력 양성을 급무로 삼아서, 피고인 이극로를 중심으로 하여 문화 운동 중 그 기초적 중심이 되는 어문 운동의 방법을 취하여 그 이념으로써 지도 이념을 삼아 겉으로 문화 운동의 가면을 쓰고, 조선 독립을 목적한 실력 배양 단체로서 본 건이 검거되기까지 10여 년이나 오랫동안 조선 민족에 대하여 조선의 어문 운동을 전개해 왔다. ……

① 『여유당전서』 간행 사업을 계기로 조직되었다.
② 한글 맞춤법 통일안과 표준어를 제정하였다.
③ 국어의 이해 체계 확립을 위해 국문 연구소를 세웠다.
④ 『개벽』, 『신여성』 등의 잡지를 간행하여 민족의식을 높였다.
⑤ 인재 육성의 일환으로 민립 대학 설립 운동을 전개하였다.

정답 ②

정답 분석

(가)는 조선어 학회이다. 1931년 조선어 연구회를 개편하여 조직된 조선어 학회는 한글 맞춤법 통일안과 표준어를 제정하고 『우리말 큰 사전』 편찬 작업을 시작하였다. 그러자 1942년 조선어 학회를 독립운동 단체로 간주하여 회원들을 체포하고, 조선어 학회를 강제로 해산시켰다(조선어 학회 사건).

오답 풀이

① 조선학 운동, ④ 천도교, ⑤ 민립 대학 기성회에 대한 설명이다. ③ 국문 연구소는 1907년 설치된 정부 기관이다.

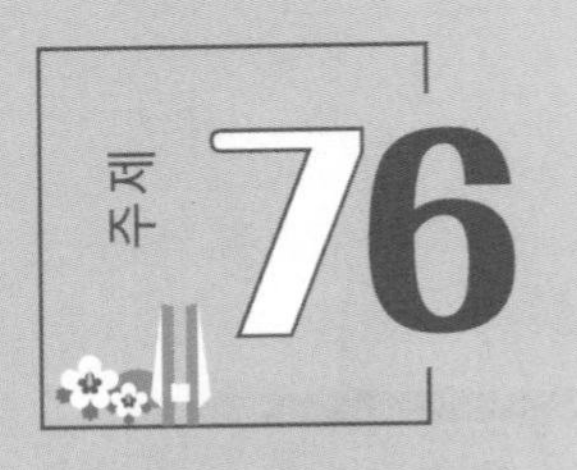

종교·예술계의 민족 운동

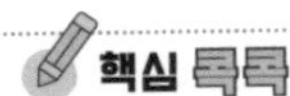

저항 문학
카프(KAPF)
영화 '아리랑'

1 종교계의 활동

천도교	• 3·1 운동 주도, 6·10 만세 운동 계획 • 어린이 운동: 천도교 소년회 조직 • 『개벽』, 『신여성』, 『어린이』 등의 잡지 발간
대종교	• 중광단 조직: 북간도 지역에서 독립군 기지 건설에 노력 • 중광단을 북로 군정서로 재편, 청산리 대첩 승리 • 대한 독립 군단 결성
원불교	• 사찰령(1911) 이후 '왜색 불교'에 반발하여 박중빈이 창시 • 경제적 자립 목표, 개간·허례 폐지·미신 타파·금주·단연 등 새생활 운동
불교	• 일제의 탄압에 대응하여 한용운이 『조선 불교 유신론』을 저술 • 일부 청년 승려들은 조선 불교 유신회 조직
천주교	• 고아원, 양로원 설립 등 사회 사업 전개 • 만주에서 무장 단체인 의민단을 조직하여 청산리 대첩에 참여
개신교	• 계몽 활동과 의료 활동에 주력 • 일부 지도자들이 신사 참배 강요에 저항

2 예술계의 활동

1. 문학
   (1) 1910년대: 이광수, 최남선의 주도로 계몽적 성격의 문학 성행
   (2) 1920년대
      ① 낭만주의적 경향: 『창조』, 『백조』, 『폐허』 등 발간
      ② 신경향파 문학(프로 문학): 사회주의 사상의 영향 ➡ 카프(KAPF)를 결성
      ③ 저항 문학: 한용운, 김소월, 이상화, 심훈 등
   (3) 1930년대 이후
      ① 문학의 현실 참여가 어려워지면서 순수 문학을 표방하는 문인 등장
      ② 친일 문학가들 대거 등장
      ③ 저항 문학: 한용운, 윤동주, 이육사 등

2. 음악: 홍난파 '봉선화', 현제명 '고향생각', 안익태 '코리아 환상곡' 등

3. 미술: 1940년대 이중섭의 소 그림

4. 연극
   (1) 1920년대: 토월회의 신극 운동
   (2) 1930년대: 극예술 연구회

5. 영화: 나운규의 저항 영화인 '아리랑'(1926)

카프(KAPF)
에스페란토식 표기인 'Korea Artista Proleta Federatio'의 머리글자를 딴 약칭으로, 1925년 사회주의 혁명을 표방한 문인들이 결성한 단체. 식민지의 계층적 모순을 비판하면서 무산 계급의 경제적·민족적 저항을 주요 소재로 하였다.

토월회
1922년 도쿄에서 결성된 한국인 일본 유학생들의 연극 단체이다.

자료 돋보기

종교계의 활동 ≫42회 고급 41번

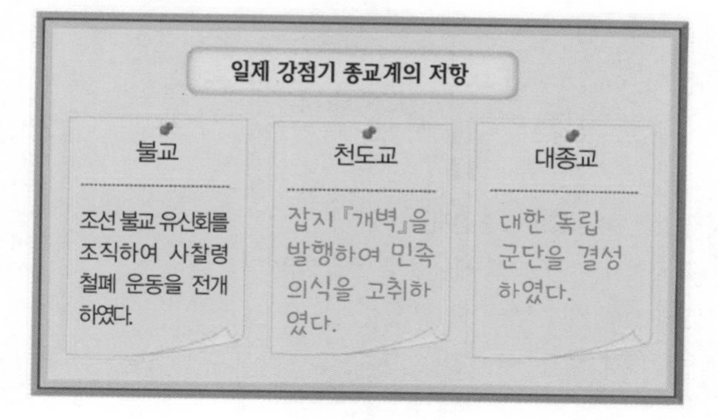

천도교 ≫37회 고급 43번

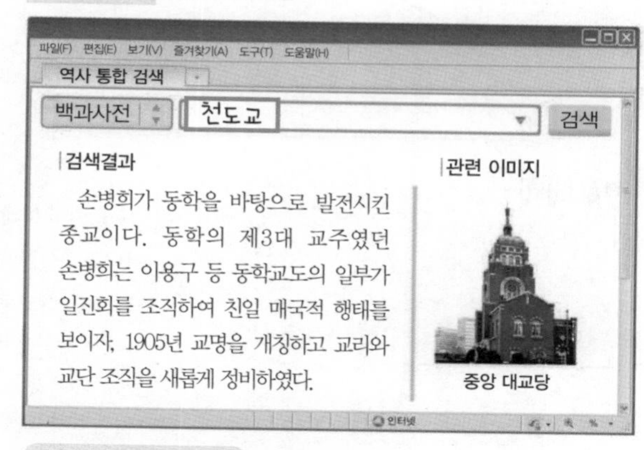

손병희가 동학을 바탕으로 발전시킨 종교이다. 동학의 제3대 교주였던 손병희는 이용구 등 동학교도의 일부가 일진회를 조직하여 친일 매국적 행태를 보이자, 1905년 교명을 개칭하고 교리와 교단 조직을 새롭게 정비하였다.

중앙 대교당

대종교 ≫44회 중급 46번

기 소 장

- 피고인: 윤세복 등 대종교 간부 25명
- 사 유: 치안 유지법 제1조, 제2조 위반

대종교 은/는 단군 신앙을 통해 조선 민족정신을 배양하고, 조선 민족의 단결을 도모하며 조선 독립 의식을 키워 왔다. 이로써 조선 독립의 바탕을 만들어 궁극적으로 조선을 일본 제국의 통치에서 벗어나게 하여 독립국으로 만들고자 하였다.

나운규의 아리랑 ≫43회 고급 44번

이 사진은 나운규가 감독·주연을 맡아 제작한 영화의 장면과 제작진의 모습입니다. 단성사에서 개봉된 이 영화는 식민 지배를 받던 한국인의 고통스런 삶을 표현한 작품입니다.

기출 맛보기

(가) 종교의 활동으로 옳은 것은? 45회 고급 38번 [2점]

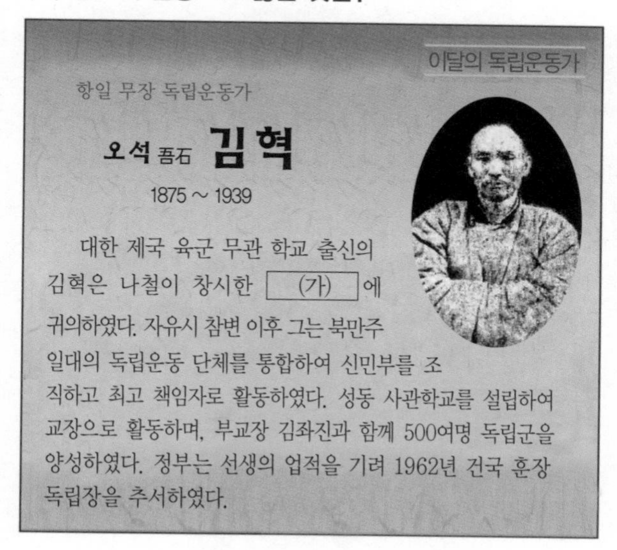

이달의 독립운동가
항일 무장 독립운동가
오석 吾石 김혁
1875 ~ 1939
대한 제국 육군 무관 학교 출신의 김혁은 나철이 창시한 (가) 에 귀의하였다. 자유시 참변 이후 그는 북만주 일대의 독립운동 단체를 통합하여 신민부를 조직하고 최고 책임자로 활동하였다. 성동 사관학교를 설립하여 교장으로 활동하며, 부교장 김좌진과 함께 500여명 독립군을 양성하였다. 정부는 선생의 업적을 기려 1962년 건국 훈장 독립장을 추서하였다.

① 『개벽』, 『신여성』 등의 잡지를 발행하였다.
② 『만세보』를 발행하여 민중 계몽에 힘썼다.
③ 여성 교육을 위해 이화 학당을 설립하였다.
④ 중광단을 조직하여 무장 투쟁을 전개하였다.
⑤ 박중빈을 중심으로 새생활 운동을 추진하였다.

정답 ④

정답 분석

(가)는 대종교이다. 대종교는 단군을 교조로 하여 민족 고유의 하느님을 신앙하는 종교로, 1909년 나철이 조직한 단군교를 1910년 개칭한 것이다. 1910년대 초 만주로 활동 무대를 옮겨 무장 단체인 중광단을 결성하고 무장 항일 투쟁을 활발하게 전개하였다.

오답 풀이

①, ② 천도교, ③ 개신교, ⑤ 원불교에 대한 설명이다.

주제 77

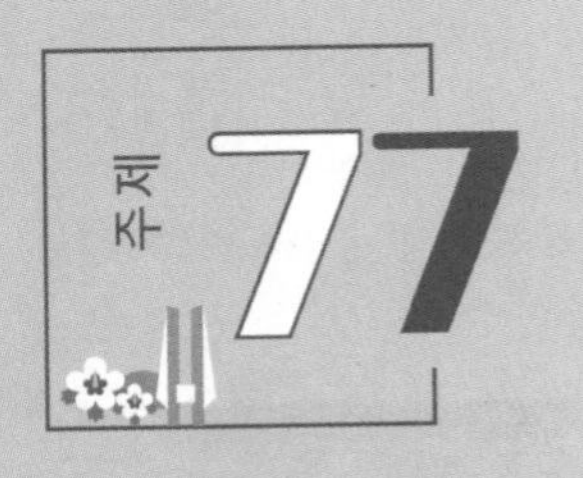

국외 이주 동포의 활동

핵심 톡톡

북로 군정서
권업회
사탕 수수 농장 이민

만주 (간도)	•1860년대 이래 한인 사회 형성, 항일 활동의 중심지 •서간도: 신민회의 활동 ➡ 경학사, 부민단으로 계승, 신흥 무관 학교 •북간도: 봉오동 전투, 청산리 전투, 간도 참변 •북만주: 밀산부 한흥동, 대한 독립 군단 •서전서숙, 명동 학교 •만주 사변 이후 한국인 수 증가
연해주	•19세기 후반 한인 집단촌(신한촌) 형성 •권업회(1911): 한인 자치 단체이자 독립운동 단체 •대한 광복군 정부, 대한 국민 의회(1919) •자유시 참변(1921) •연해주 지역의 한인 17만명 중앙아시아로 강제 이주(1937)
일본	•유학생과 산업 노동자 •도쿄 유학생들을 중심으로 2·8 독립 선언서 발표 •관동 대지진(1923) ➡ 관동 대학살
미주	•하와이 사탕 수수 농장 노동 이민(1902~1905) •멕시코 노동 이민(1905) •대한인 국민회(1909) •대조선 국민 군단(1914) •사진 결혼: 여성 이민자 증가 •대한민국 임시 정부 구미 위원부 활동 지원 •안창호가 샌프란시스코에서 흥사단 조직 •구미위원회

관동 대학살

1923년 관동 대지진이 일어나 민심이 크게 흔들리자 일본 정부는 한국인들이 집을 방화하였다거나 우물에 독을 넣었다는 낭설을 퍼뜨려 사회 불안의 원인을 한국인의 탓으로 돌렸다. 이에 많은 한국인들이 일본 군경과 민간인에게 학살당하였다.

사진 결혼

하와이 사탕 수수 농장으로 이민한 노동자들의 결혼 문제 해결을 위해 중매자를 통하여 사진을 교환하고, 신부가 하와이로 와서 사진으로만 만난 신랑과 결혼하는 것을 말한다.

자료 돋보기

간도 지역의 민족 운동 ≫38회 고급 36번

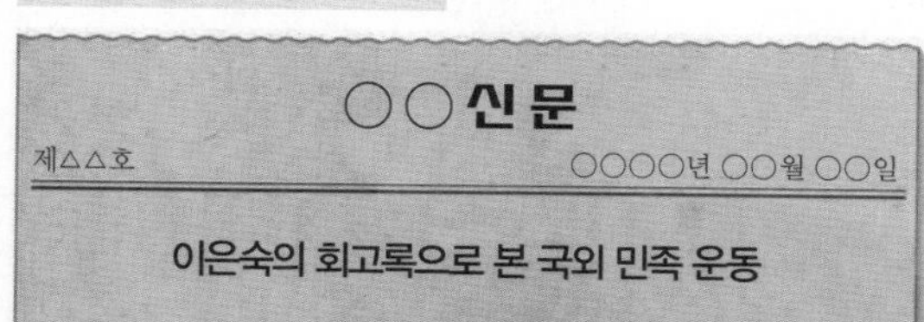

○○신문

제△△호 ○○○○년 ○○월 ○○일

이은숙의 회고록으로 본 국외 민족 운동

한국 독립운동사의 일면을 살펴볼 수 있는 책이 발간되었다. 이 책은 이회영의 아내이자 독립운동가로 파란만장한 삶을 살았던 이은숙이 일제 강점기에 겪은 일을 중심으로 기록한 수기이다. 이 책에는 국권 피탈 직후 [서간도] 지역으로 이주하여 독립운동에 헌신한 이회영 일가의 삶이 담겨 있으며, [서간도] 지역의 삼원보에 터를 잡고 신흥 강습소를 설립하는 과정이 잘 드러나 있다.

연해주 지역의 민족 운동 1 ≫44회 고급 42번

학술 대회 안내

우리 학회는 3·1 운동 및 대한민국 임시 정부 수립 100주년을 맞이하여 연해주 지역에서 독립운동에 헌신한 최재형 선생의 활동을 구체적으로 살펴보는 학술 대회를 개최합니다.

◆ 발표 주제 ◆

- 동의회를 통해 본 재러 한인의 의병 활동
- 대동공보를 통한 언론 활동
- 안중근의 하얼빈 의거와 최재형
- [권업회 조직과 권업 신문 발간]

- 일시: 2019년 ○○월 ○○일 13:00~17:00
- 장소: □□대학교
- 주최: △△ 학회

연해주 지역의 민족 운동 2 ≫39회 중급 47번

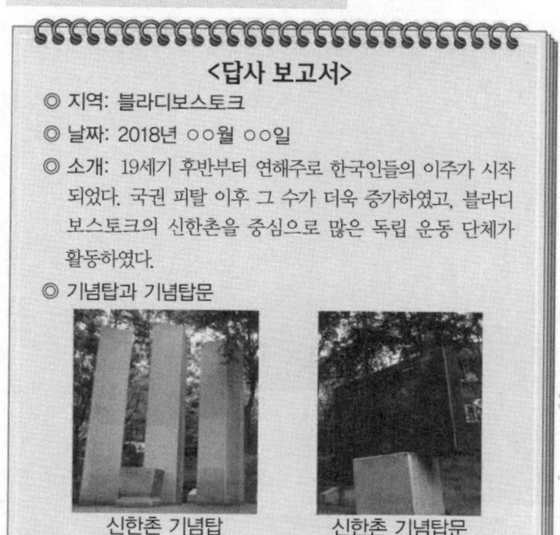

<답사 보고서>

◎ 지역: 블라디보스토크

◎ 날짜: 2018년 ○○월 ○○일

◎ 소개: 19세기 후반부터 연해주로 한국인들의 이주가 시작되었다. 국권 피탈 이후 그 수가 더욱 증가하였고, 블라디보스토크의 신한촌을 중심으로 많은 독립 운동 단체가 활동하였다.

◎ 기념탑과 기념탑문

신한촌 기념탑 / 신한촌 기념탑문

미주 지역의 민족 운동 ≫41회 고급 38번

이 사진은 박용만이 주도하여 하와이에서 창설한 대조선 국민 군단의 훈련 모습입니다. 이 부대의 대원들은 병영에 기숙하면서 군사 훈련과 파인애플·사탕수수 농사를 병행하였습니다.

기출 맛보기

(가) 지역의 독립운동에 대한 탐구 활동으로 가장 적절한 것은? 44회 고급 37번 [2점]

> 참정 김규홍이 아뢰기를, "[(가)]은/는 우리나라와 청의 경계 지대인데 지금까지 수백 년 동안 비어 있었습니다. 수십년 전부터 북쪽 변경의 백성들로서 그 지역에 이주하여 경작하며 살고 있는 사람이 이제는 수만 호에 심여만 명이나 됩니다. 그런데 청인들의 괴롭힘을 심하게 받고 있습니다. 그래서 지난해 신의 부서에서 시찰관 이범윤을 파견하여 황제의 교화를 선포하고 호구를 조사하게 하였습니다. …… 그들의 생명과 재산을 보호하고자 하는 조정의 뜻을 보여 주는 것이 어떻겠습니까?"하니, 윤허하였다.

① 숭무 학교의 설립 목적을 파악한다.
② 대조선 국민군단의 활동 내용을 분석한다.
③ 동제사를 통한 한중 교류 상황을 살펴본다.
④ 중광단이 북로 군정서로 개편된 과정을 조사한다.
⑤ 유학생들이 2·8 독립 선언서를 발표한 장소를 확인한다.

정답 ④

정답 분석

(가)는 간도 지역이다. 1911년 북간도에서 서일 등의 대종교인들 중심으로 중광단이 조직되었고, 3·1운동 이후 중광단이 정의단으로 확대·개편되면서 무장 독립운동을 수행하기 위해 대한 군정회를 조직하였다. 대한 군정회는 서로 군정서와 구분하여 북로 군정서로 불렸으며, 청산리 전투에서 큰 전과를 올렸다.

오답 풀이

① 멕시코, ② 하와이, ③ 상하이, ⑤ 도쿄에 대한 설명이다.

1945 모스크바 3국 외상 회의

1948 대한민국 정부 수립

1950 6·25 전쟁

1954 사사오입 개헌

1960 4·19 혁명

PART

06

대한민국의 발전

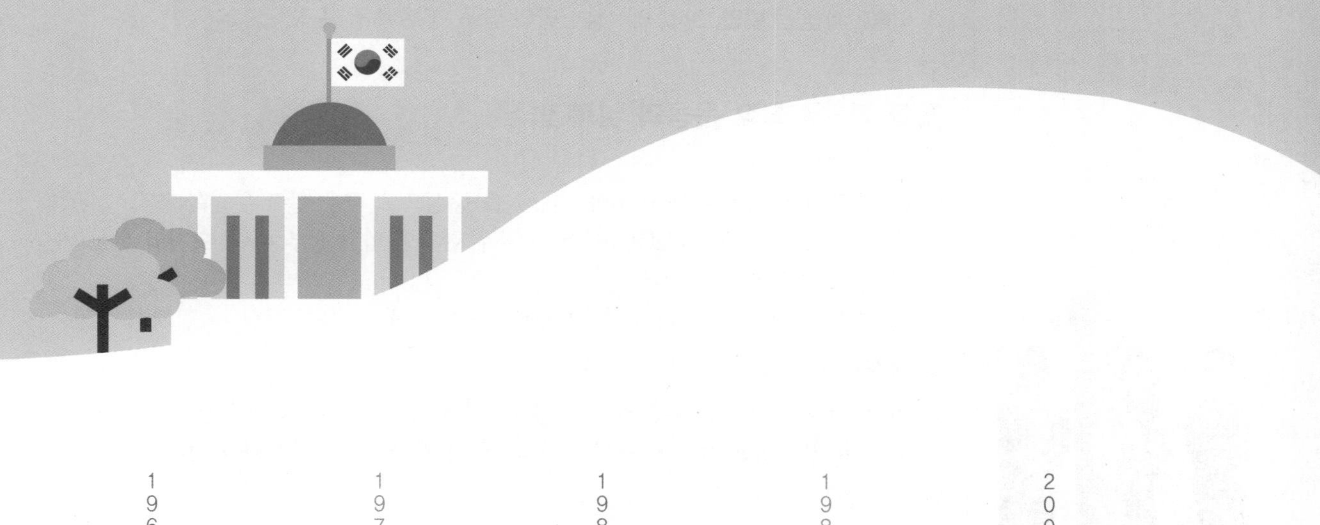

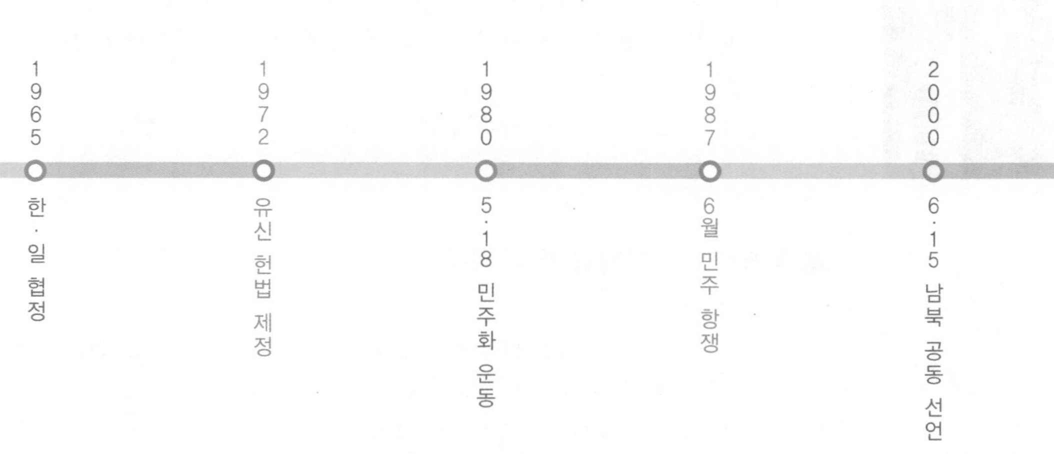

78

1945 광복 · 모스크바 3상회의 · 1946 좌우 합작운동 · 1948 남북 협상 · 5·10 총선거 · 대한민국 정부 수립

대한민국 정부 수립

핵심 톡톡

신탁 통치
좌우 합작 7원칙
5·10 총선거

해방 전후의 국제 정세

- 카이로 회담(1943): 한국의 독립 문제를 언급했다.
- 얄타 회담(1945): 소련의 대일전 참전을 결정했다.
- 포츠담 선언(1945): 일본에 무조건 항복 권고를 결정하고 한국의 독립 문제를 재확인했다.

해방 직후의 주요 정당

- 한국 민주당: 김성수·송진우 등 지주층 출신
- 독립 촉성 중앙 협의회: 친이승만 계열
- 한국 독립당: 임시 정부 요인 중심

제1차 미·소 공동위원회

미국은 모든 정당과 단체의 참여를 주장하였으나 소련은 모스크바 3상 회의 결정 내용을 지지하는 단체의 참여만을 주장하였다.

38선을 넘는 김구

1 해방 직후의 건국 준비와 미 군정

1. 조선 건국 준비 위원회(1945. 8. 15.)
   (1) 조선 건국 동맹(1944)을 개편, 여운형·안재홍을 중심으로 좌·우익을 망라함.
   (2) 총독부로부터 권한을 이양받아 치안대를 조직, 전국에 지부 설치하고 질서 유지
   (3) 좌익 세력 확대로 안재홍 등이 이탈, 미·소군 진주에 대비해 조선 인민 공화국 수립
2. 미 군정(1945~1948)
   (1) 일본군의 무장 해제를 구실로 미·소 양군이 각각 38도선 남북에 주둔함.
   (2) 미 군정 외 모든 정치 조직 부정, 일본인 관리와 식민 통치 기구를 그대로 이용

2 모스크바 3국 외상 회의와 미·소 공동 위원회

1. 모스크바 3국 외상 회의(1945. 12.)
   (1) 미·영·소 3국 외무 장관들이 모여 한국의 정부 수립 문제를 논의
   (2) 임시 민주주의 정부 수립과 미·소 공동 위원회 개최, 최대 5년 간의 신탁 통치를 결정
   (3) 신탁 통치 반대 운동: 좌익(반탁 ➡ 3상 결정 지지)과 우익(반탁)의 대립
2. 제1차 미·소 공동 위원회: 참여 단체의 성격·범위를 놓고 대립 ➡ 결렬
3. 이승만의 정읍 발언(1946. 6.): 남한만의 단독 정부 수립 주장

3 좌·우 합작 운동과 남북 협상

1. 좌·우 합작 운동
   (1) 미 군정의 지원 아래 여운형·김규식을 중심으로 좌우 합작 위원회 조직
   (2) 좌우 합작 7원칙 발표(1946. 10.): 좌우 합작의 임시 정부 수립, 토지의 유상 매상과 무상 분배, 친일파 처리 문제 등
   (3) 결과: 좌·우익 모두의 외면, 미군정의 지원 철회, 여운형 암살 ➡ 실패
2. 제2차 미·소 공동 위원회 결렬
3. 미국, 한국 문제 UN 이관 ➡ UN 총회, 인구 비례에 따른 총선거 실시 결정 ➡ 소련의 유엔 임시 위원단 내한 거부 ➡ 유엔 소총회, 접근 가능한 지역에서의 총선거를 결의
4. 남북 협상(1948. 4.)
   (1) 남북 제정당 사회단체 대표자 연석회의(평양): 김구·김규식, 김일성·김두봉
   (2) 외국 군대의 즉시 철수, 총선거를 통한 통일 정부 수립, 남한 단독 선거 반대 등 결의

4 5·10 총선거와 정부 수립

1. 5·10 총선거
   (1) 보통·평등·비밀·직접 선거 원칙에 따라 실시된 우리나라 최초의 민주적 선거
   (2) 198명의 제헌 국회 의원 선출 ▶ 4·3 사건으로 제주도에서는 두 개 선거구에서 선거 미실시
2. 헌법 제정·공포, 대한민국 정부 수립 발표 ▶ 대통령 이승만, 부통령 이시영

자료 돋보기

신탁 통치 반대 운동 ≫40회 중급 47번

이승만의 정읍 발언

이제 우리는 무기 휴회된 미·소 공동 위원회가 다시 열릴 기색도 보이지 않으며, 통일 정부를 고대하나 여의치 않게 되었다. 우리는 남한만이라도 임시 정부 또는 위원회 같은 것을 조직하여 38도선 이북에서 소련이 물러나도록 세계 여론에 호소해야 될 것이니, 여러분도 결심해야 할것이다.

좌우 합작 7원칙

1. 조선의 민주 독립을 보장한 3상 회의 결정에 의하여 남북을 통한 좌우 합작으로 민주주의 임시 정부를 수립할 것

⋮

4. 친일파 민족 반역자를 처리할 조례를 본 합작 위원회에서 입법 기구에 제안하여 입법 기구로 하여금 심리 결정하여 실시케 할 것

전조선 제정당 사회단체 대표자 연석회의

3. 외국 군대가 철퇴한 이후 하기(下記) 제 정당·단체들은 공동 명의로써 전 조선 정치 회의를 소집하여 조선 인민의 각층 각계를 대표하는 민주주의 임시 정부가 즉시 수립될 것이며 ……
4. 상기 사실에 의거하여 본 성명서에 서명한 제 정당·사회단체들은 남조선 단독 선거의 결과를 결코 인정하지 않으며 지지하지 않을 것이다.

기출 맛보기

(가), (나) 사이의 시기에 있었던 사실로 옳은 것은? 43회 고급 46번 [2점]

(가) 이제 우리는 무기 휴회된 공위가 재개될 기색도 보이지 않으며 통일 정부를 고대하나 여의치 않게 되었으니, 우리는 남방만이라도 임시 정부 혹은 위원회 같은 것을 조직하여 38도선 이북에서 소련이 철퇴하도록 세계 공론에 호소하여야 될 것이다.

(나) 귀국한 이래 3년이 지난 오늘까지 온갖 잡음을 물리치고 남북 통일과 독립을 이루고자 나머지 목숨을 38도선에 내놓은 김구의 얼굴에 이제 아무런 의혹의 티가 없었다. …… 이윽고 김구를 태운 자동차는 38도선을 넘어 멀리 평양을 향하여 성원 속에 사라졌다.

① 좌우 합작 7원칙이 발표되었다.
② 조선 건국 준비 위원회가 결성되었다.
③ 모스크바 3국 외상 회의가 개최되었다.
④ 반민족 행위 특별 조사 위원회가 구성되었다.
⑤ 유상 매수, 유상 분배 원칙의 농지 개혁법이 제정되었다.

정답 ①

정답 분석

(가)는 이승만의 정읍 발언(1946. 6.), (나)는 김구의 남북 협상(1948. 4.) 시도이다. 이승만의 정읍 발언 이후 여운형·김규식 등의 주도로 좌우 합작 위원회가 구성되어 좌우 합작 7원칙이 발표되었다. 그러나 큰 성과를 거두지 못하고 한반도 문제는 UN으로 이관되었고, UN에서 선거 가능한 지역에서의 선거를 결정하여 분단이 눈앞으로 다가오자 김구가 평양에서 김일성을 만나고 돌아왔다.

오답 풀이

②, ③ (가) 이전, ④, ⑤ (나) 이후의 일이다.

1948 4·3 사건 / 5·10 총선거 / 대한민국 정부 수립 / 반민족 행위 처벌법 제정 / 1949 농지 개혁법 제정

제헌 국회의 활동과 4·3 사건

반민족 행위 처벌법
농지 개혁법
4·3사건

1 제헌 국회의 활동

1. 반민족 행위 처벌법(반민법, 1948. 9.)
   (1) 반민특위(반민족 행위 특별 조사 위원회) 구성
   (2) 이광수, 최남선, 최린, 노덕술 등 친일파 체포 및 조사
   (3) 이승만 정부의 비협조, 친일 경찰의 방해
   → 반민족보다 반공 중시

반민족 행위 처벌법

제1조 일본 정부와 통모하여 한일 합병에 적극 협력한 자, 한국의 주권을 침해하는 조약 또는 문서에 조인한 자와 이를 모의 한 자는 사형 또는 무기 징역에 처하고, 그 재산과 유산의 전부 혹은 1/2 이상을 몰수한다.

제2조 일본 정부로부터 작위를 받은 자 또는 일본 제국 의회의 의원이 되었던 자는 무기 또는 5년 이상의 징역에 처하고, 그 재산과 유산의 전부 혹은 1/2 이상을 몰수한다.

2. 농지 개혁법(1949)
   (1) 배경: 국민 대다수가 소작농, 북한의 토지 개혁(1946) 실시
   (2) 경자유전의 원칙에 입각, 유상 매입·유상 분배 방식의 토지 분배
   (3) 1가구당 소유 상한 3정보 소유 제한
   (4) 결과: 지주제 폐지, 자영농 증가

2 5·10 총선거 전후의 갈등

1. 제주 4·3 사건(1948. 4.)
   (1) 사회주의 주도의 단정 반대 운동, 3·1절 기념식 경찰의 과잉 진압
   (2) 1948년 4월 3일 좌익 중심의 무장 봉기 ➡ 미군정의 강경 진압(서북 청년단, 경찰, 군대 동원) ➡ 무고한 제주도민 학살
   (3) 제주도 3개 선거구 중 2개 선거구 선거 미실시
   (4) 제주 4·3 사건 진상 규명 및 희생자 명예 회복에 관한 특별법 제정(2000) ➡ 노무현 대통령 공식 사과, 평화 공원·기념관 개관(2008)

2. 여수·순천 10·19 사건(1948. 10.)
   (1) 4·3 항쟁 진압 명령 ➡ 군대 내 좌익 세력 반발, 무장 봉기 ➡ 국가 보안법 제정
   (2) 좌익 세력 색출하는 숙군 사업 실시, 진압 과정에서 양민 학살

서북 청년단
서북 지역 월남 청년들이 좌익공격에 적극 가담하는 한편 능률적인 체제를 갖추기 위해 설립한 청년 단체. 경찰의 좌익 색출 업무를 돕는 등 좌우익의 충돌이 있을 때마다 우익 진영의 선봉을 담당하는 역할을 하였다.

자료 돋보기

반민족 행위 특별 조사 위원회 ≫38회 고급 46번

반민족 행위 특별 조사 위원회(반민 특위)가 본격적으로 친일 청산에 나서자, 친일 경력이 있던 일부 경찰과 친일파들은 '공산당과 싸우는 애국지사를 잡아 간 반민 특위 위원은 공산당'이라며 시위를 벌였다. 대통령은 특별 담화를 발표하고, 공산당과 내통했다는 구실로 반민 특위 소속 국회의원들을 구속하였다.

제헌 국회 ≫42회 고급 45번

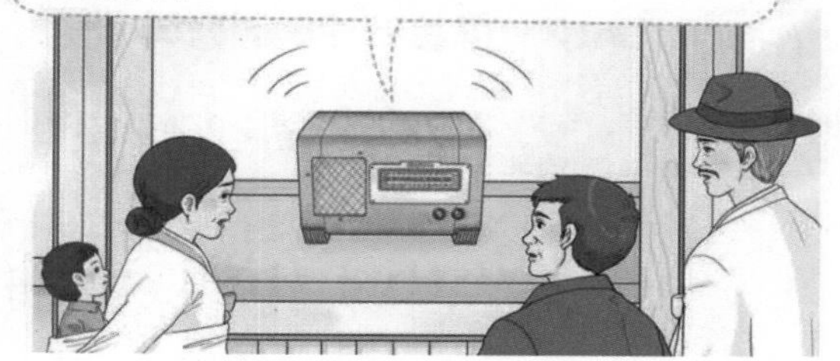

지난 5·10 총선을 통해 구성된 국회가 반민족 행위자를 처벌할 수 있는 법안을 통과시켰습니다. 이 법의 적용을 받는 자는 한·일 합방에 협력한 자, 한국의 주권을 침해하는 데 도움을 준 자, 일본 치하 독립운동자나 그 가족을 살상·박해한 자 등입니다. 아울러 반민족 행위를 예비 조사하기 위해 특별 조사 위원회를 설치하기로 했습니다.

4·3 사건 1 ≫39회 고급 46번

저는 지금 4·3 사건 70주년을 맞아 큰넓궤에 나와 있습니다. 이곳은 1948년 토벌대의 제주도 중산간 마을에 대한 초토화 작전을 피해 동광리 주민들이 두 달 가까이 은신했던 장소입니다. 하지만 결국 발각되어 많은 사람들이 학살당했습니다. 70주년 추념식에 참석한 대통령은 제주도민에게 깊은 사과와 위로를 전했습니다.

4·3 사건 2 ≫43회 중급 47번

4·3 사건
이 조형물은 제주도에서 발생한 이 사건으로 희생한 사람들을 추모하기 위해 제작된 것입니다. 이 사건 당시 토벌대는 남한만의 단독 선거에 반대하는 세력을 진압한다는 명분으로 초토화 작전을 벌였습니다. 이로 인해 수많은 주민이 목숨을 잃었습니다.

기출 맛보기

(가) 기구에 대한 설명으로 옳은 것은? 45회 중급 47번 [3점]

역사 신문

제△△호 ○○○○년 ○○월 ○○일

친일 경찰 노덕술, 드디어 체포

반민족 행위 처벌법에 의거하여 조직된 [(가)]의 수사관들이 노덕술을 추적하여 체포하는 데 성공하였다. 노덕술은 일제 강점기 독립 운동가들에게 혹독한 고문을 일삼았던 경찰로서, 8·15 광복 이후에도 경찰의 지위를 유지해 왔다.

일제 강점기 당시의 노덕술

[(가)]의 수사관들에 의해 체포될 당시 노덕술은 경관 4명의 경호를 받고 있던 것으로 알려져 논란이 일고 있다.

① 미군정 시기에 조직되었다.
② 여운형이 위원장을 맡았다.
③ 정우회 선언을 발표하였다.
④ 좌·우 합작 운동을 전개하였다.
⑤ 법안 개정으로 활동 기간이 단축되었다.

정답 ⑤

정답 분석

(가)는 반민족 행위자 처벌을 위해 조직된 반민족 행위 특별 조사 위원회(반민특위)이다. 1949년 1월 8일 박흥식을 체포함으로써 본격적인 활동에 들어간 반민특위는 반민특위가 삼권 분립의 원칙에 위반된다는 이승만의 담화와 국회 프락치 사건, 경찰의 습격을 받아 와해되기 시작하였다. 이후 반민특위 폐기 법안이 통과되면서 친일파 청산은 좌절되었다.

오답 풀이

① 반민특위는 정부 수립 이후에 조직되었다. ②, ④ 좌·우 합작 위원회, ③ 정우회에 대한 설명이다.

6·25 전쟁

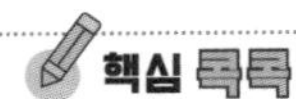

인천 상륙 작전
중국군 개입

1 6·25 전쟁의 배경

1. 북한군 강화: 인민군 창설, 조선 의용군 합류
2. 애치슨 선언(1950. 1.): 미국의 국무 장관 애치슨이 태평양 방어선을 설정하면서 한반도와 대만을 제외하는 '애치슨 라인' 발표

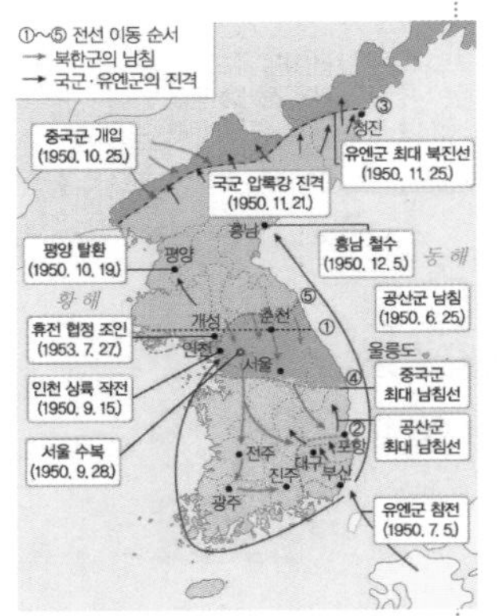

❁ 6·25 전쟁 과정

2 6·25 전쟁의 과정

단계	내용
북한군의 남침 (1950. 6. 25.)	•북한 인민군의 기습 남침 •3일 만에 서울 함락, 임시 수도 부산, 낙동강 최후 방어선 구축
▼	
인천 상륙 작전 (1950. 9. 15.)	•유엔군 참전 ➡ 인천 상륙 작전 •38도선을 넘어 북진, 압록강 전선 형성
▼	
중국군 개입 (1950. 10. 25.)	•중국군 개입, 전세 역전 •국군유엔군 후퇴 [흥남 철수(1950. 12. 24.)] ➡ 서울 재함락(1951. 1. 4.)
▼	
전선의 고착화 (1951. 7.)	•서울 탈환, 38선 부근에서 치열한 공방 •전선 고착화, 전쟁 장기화 양상
▼	
휴전 협정 (1953. 7. 27.)	•소련의 제안으로 휴전 협상 시작 •한국 정부 휴전 반대, 이승만 반공 포로 석방 •휴전 협정(1953. 7. 27.): UN군과 중국·북한군 사이에 휴전 성립 •한미 상호 방위 조약 체결(1953. 10.)

자료 돋보기

6·25 전쟁 ≫37회 중급 47번

1950. 6.	1950. 9.	1950. 10.	1951. 1.	1951. 7.	1953. 7.
(가)	(나)	(다)	(라)	(마)	
6·25 전쟁 발발	서울 수복	중국군 참전	1·4 후퇴	휴전 회담 시작	휴전 협정 조인

6·25 전쟁 과정 ≫39회 고급 49번

친애하는 ○○○ 귀하

…… 말씀하신 대로 인천항은 많은 난점을 안고 있습니다. 이곳은 좁은 단일 수로로 대규모 함정의 진입이 불가능하고, 적이 기뢰를 매설할 경우 많은 피해가 예상됩니다. 이와 같은 어려운 조건 때문에 적군도 이 작전이 불가능하다고 판단할 것입니다. 하지만 바로 그 점이 적을 기습할 수 있는 충분한 요소라고 확신합니다. 우리는 이 작전으로 많은 인적·물적·시간적 손실을 최소화시킬 수 있을 것입니다. 인천 상륙 작전

1950년 6월	북한국 남침
(가)	
1950년 7월	대전 함락
(나)	
1950년 9월	서울 탈환
(다)	
1950년 12월	흥남 철수
(라)	
1951년 7월	휴전 회담 시작
(마)	
1953년 7월	정전 협정 체결

휴전 협정

국제 연합군 총사령관을 한쪽 편으로 하고 조선 인민군 최고 사령관 및 중국 인민 지원군 사령원을 다른 쪽으로 하는 아래의 서명자들은 쌍방에 막대한 고통과 유혈을 초래한 한국에서의 충돌을 정지시키기 위하여, 최후적인 평화적 해결이 달성될 때까지 한국에서의 적대 행위와 일체 무장 행동의 완전한 정지를 보장하는 정전을 확립할 목적으로, 아래의 조항에 기재된 정전 조건과 규정을 접수하며 또 그 제약과 통제를 받는 데 각자 공동 상호 동의한다. 이 조건과 규정들의 의도는 순전히 군사적 성질에 속하는 것이며 이는 오직 한국에서의 교전 쌍방에만 적용한다.

기출 맛보기

(가) 전쟁 중에 있었던 사실로 옳지 않은 것은? 45회 중급 48번 [2점]

① 판문점에서 휴전 회담이 진행되었다.
② 조선 건국 준비 위원회가 조직되었다.
③ 중국군의 개입으로 서울을 다시 빼앗겼다.
④ 학도병이 낙동강 전선에서 혈전을 치렀다.
⑤ 국군과 유엔군이 인천 상륙 작전에 성공하였다.

정답 ②

정답 분석

1950년 6월 25일 북한군이 기습적으로 남한을 공격하였고, 3개월만에 경상도 일부와 제주를 제외한 전 지역이 북한군에게 점령되었다. 한 때 낙동강 지역까지 밀렸던 국군은 UN군의 인천 상륙 작전 성공으로 전세를 역전시켰고, 압록강 유역까지 진격하였으나 중국군의 개입으로 다시 후퇴하였다(1·4 후퇴). 이후 판문점에서 휴전 회담이 열렸고, 휴전선 확정, 비무장 지대 설치 등에 합의한 휴전 협정이 체결되었다.

오답 풀이

② 조선 건국 준비 위원회는 일제로부터 광복을 맞이한 1945년 8월 15일에 조직되었다.

이승만 정부의 독재와 4·19 혁명

핵심 톡톡

발췌 개헌
사사오입 개헌
김주열
3·15 부정 선거

이승만 정부의 개헌

제헌 헌법에서 대통령은 국회 의원들이 선출하며 2회 중임 가능하였는데, 2대 대선을 앞두고 재선이 불확실해진 이승만은 직선제 방식으로 개헌하여 당선되었다. 이후 3선이 불가능한 상황에서 사사오입의 논리를 동원하여 초대 대통령의 중임 제한을 철폐한 뒤 다시 당선되었다.

1 이승만 정부(제1공화국)

1. 이승만 정부의 개헌과 독재 체제

발췌 개헌 (1952)	• 2대 총선 이승만 지지세력 급감, 간선제로 인한 이승만 재선 불확실, 부산 정치 파동 • 정부·야당의 두 개헌안에서 발췌한 개헌안 마련 • 개헌안 통과, 직선제 선거를 통해 2대 대통령에 이승만 당선
사사오입 개헌 (1954)	• 초대 대통령 한정 중임 제한 조항 철폐 시도 • 사사오입 논리로 개헌안 통과, 3대 대통령 선거(1956)로 이승만 당선
독재 체제 강화	• 신국가보안법(1958): 반공 체제 강화, 야당 탄압 • 진보당 사건(1958): 조봉암 등 진보당 간부 구속, 사형 • 여적 필화 사건: 경향신문 폐간

2. 4·19 혁명(1960)

(1) 배경: 경제 불황, 3·15 부정 선거

(2) 경과: 대구, 마산 등지에서 부정 선거 반대 시위 ➡ 김주열 행방불명, 시신 발견 ➡ 고대 시위(4. 18.) ➡ 전국 시위로 확산 (4. 19.) ➡ 경찰 발포, 계엄령 선포 ➡ 대학 교수단 시국 선언 ➡ 이승만 대통령 하야(4. 26.)

(3) 결과: 4대 대선 무효, 이승만 정권 붕괴·허정 과도 정부 출범

서울대 문리대 4·19 선언문

상아의 진리탑을 박차고 거리에 나선 우리는 질풍과 같은 역사의 주류에 자신을 참여시킴으로써 지성과 진리, 그리고 자유의 대학 정신을 참담한 박토에 뿌리려 하는 바이다. …… 민주주의 이념의 최저의 공리인 선거권마저 권력의 마수 앞에 농단(壟斷)되었다. 언론, 출판, 집회, 결사 및 사상의 자유의 불빛을 무식한 전제 권력의 악랄한 발악으로 하여 깜빡이던 빛조차 사라졌다. 긴 칠흑 같은 밤의 계속이다.

2 장면 내각(제2공화국)

1. 허정 과도 정부 수립 후 헌법 개정 ➡ 내각 책임제, 양원제 국회

2. 장면 내각 수립

(1) 4대 대통령 윤보선·국무총리 장면 선출

(2) 각종 규제 완화, 언론 활성화, 학생·노동 운동 전개

(3) 민간에서 통일 논의 활성화, 장기적인 경제 개발 계획 수립

자료 돋보기

부산 정치 파동 ≫44회 고급 47번

5월 26일, 부산에서 국회 의원 통근 버스가 헌병대로 강제 연행되어 탑승한 야당 의원 50여 명이 구금당하는 사태가 벌어졌다. 내각 책임제를 추진하던 주동 의원들이 체포되었으며, 국제 공산당 사건 혐의로 10여 명의 국회 의원이 구속되었다.

사사오입 개헌 ≫45회 고급 46번

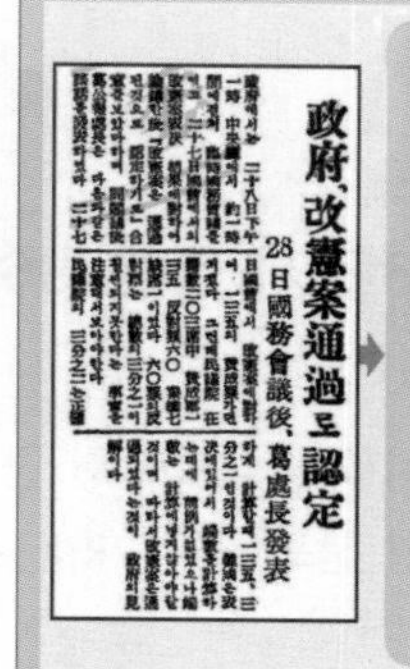
政府, 改憲案通過로 認定
28日國務會議後, 葛處長發表

정부, 개헌안 통과로 인정
– 28일 국무 회의 후, 갈 처장 발표 –

27일 국회에서 개헌안에 대하여 135표의 찬성표가 던져졌다. 그런데 민의원 재적수 203석 총 찬성표 135, 반대표 60, 기권 7, 결석 1이었다. 60표의 반대표는 총수의 3분의 1이 훨씬 되지 못하다는 사실을 잘 주의해서 보아야 한다. 민의원의 3분의 2는 정확하게 계산할 때 135⅓인 것이다. 한국은 표결에 있어서 단수(端數)*를 계산하는 데에 전례가 없었으나 단수는 계산에 넣지 않아야 할 것이며 다라서 개헌안은 통과되었다는 것이 정부의 견해이다.

*단수(端數): 일정한 수에 차고 남는 수로, 여기에서는 소수점 이하의 수를 의미함.

진보당 사건

이 사건은 '평화 통일'을 주장하는 조봉암이 제3대 대통령 선거에서 200여만 표 이상을 얻어 이승만 정권에 위협적인 정치인으로 부상하자 조봉암이 이끄는 진보당의 민의원 총선 진출을 막고 조봉암을 제거하려는 이승만 정권의 의도가 작용하여 서울시경이 조봉암 등 간부들을 국가변란 혐의로 체포하여 조사하였고, 민간인에 대한 수사권이 없는 육군 특무대가 조봉암을 간첩 혐의로 수사에 나서 재판을 통해 처형에 이르게 한 것으로 인정되는 비인도적, 반인권적 인권 유린이자 정치 탄압 사건이다.

–「진보당 조봉암 사건 결정 요지」

이승만 하야

나는 해방 후 본국에 들어와서 우리 여러 애국 애족하는 동포들과 더불어 잘 지내왔으니 이제는 세상을 떠나도 한이 없으나, 나는 무엇이든지 국민이 원하는 것만 알면 민의를 따라서 하고자 한 것이며, 또 그렇게 하기를 원하는 것이다. ……

첫째는 국민이 원하면 대통령직을 사임할 것이며, 둘째는 지난번 정·부통령 선거에 많은 부정이 있었다고 하니, 선거를 다시 하도록 지시하였고, 셋째는 선거로 인연한 모든 불미스러운 것을 없애게 하기 위해서, 이미 이기봉 의장이 공직에서 완전히 물러가겠다고 결정한 것이다. ……

기출 맛보기

다음 상황이 전개된 민주화 운동에 대한 설명으로 옳은 것은? 42회 중급 49번 [2점]

역사 신문

제△△호 ○○○○년 ○○월 ○○일

대학 교수단, 가두시위 나서

오늘 대학 교수단이 '학생의 피에 보답하라.'는 현수막을 들고 거리로 나섰다. 교수단은 '3·15 선거를 규탄한다.'는 구호를 외치며 국회의사당으로 향했고, 1만여 명의 학생과 시민들이 시위에 가담하였다.

① 6·29 민주화 선언을 이끌어냈다.
② 4·13 호헌 조치의 철폐를 요구하였다.
③ 신군부의 비상 계엄 확대를 반대하였다.
④ 이승만 대통령이 하야하는 결과를 가져왔다.
⑤ 관련 기록물이 유네스코 세계 기록 유산으로 등재되었다.

정답 ④

정답 분석

자료는 4·19 혁명 당시의 대학 교수들의 가두 시위이다. 1960년 4대 대선에서 대대적인 부정 행위가 자행되면서 선거 당일부터 곳곳에서 민주화 시위가 계속되었다. 이 때 시위에 참여하였다가 행방불명되었던 김주열의 시신에 최루탄이 박힌 채 발견되면서 시위는 전국으로 확산되었고, 대학 교수단의 시국 선언문이 발표된 다음 날 이승만이 하야하였다.

오답 풀이

①, ② 6월 민주 항쟁, ③, ⑤ 5·18 민주화 운동에 대한 설명이다.

5·16 군사 정변과 박정희 정부

핵심 톡톡

중앙정보부
베트남 파병
한·일 협정
3선 개헌

중앙정보부
1961년 국가 재건 최고 회의 직속으로 발족된 정보·수사 기관으로 국가 안전 보장에 관련된 국내외 정보 사항 정부 각 부서의 정보·수사 활동을 감독하고, 국가의 타기관 소속 직원을 지휘·감독하는 권한이 있어 군부가 모든 분야에 실질적인 통치력을 행사할 수 있는 기구였다.

1 5·16 군사 정변(1961)

1. 5·16 군사 정변
   (1) 박정희를 중심으로 한 군부 세력의 군사 정변(1961. 5. 16.)
   (2) 계엄령 선포, 군사 혁명 위원회 발족 ➡ 장면 내각 총사퇴

2. 군정 실시
   (1) 군사 혁명 위원회 ➡ 국가 재건 최고 회의
   (2) 혁명 공약 발표: 반공을 국시로 삼음, 구 정치인 정치 활동 금지
   (3) 중앙정보부 창설, 부정 축재자 처벌, 농가 부채 탕감 등 개혁
   (4) 민주 공화당 창당, 대통령 중심제·직선제 헌법 마련

2 박정희 정부(제3공화국)

1. 5대 대통령 선거(1963): 박정희 당선

2. 경제 개발 5개년 계획: 1962년부터 4차례 실시

3. 독일에 광부·간호사 파견(1963~1980)

4. 베트남 파병(1964~1973)
   (1) 브라운 각서: 한국군 파병의 대가로 한국군의 현대화를 위한 장비 제공과 경제 원조
   (2) 베트남 특수: 군수품 수출, 건설·용역 참여 등

브라운 각서
- 파병 비용은 미국이 부담하고 한국군 18개 사단 현대화를 지원한다.
- 베트남 주둔 한국군 지원과 현지 각종 사업에 한국을 참여시킨다.
- 미국은 군사 원조와 차관을 추가로 대여한다.

5. 한·일 협정(1965)
   (1) 배경: 미국의 요구, 경제 개발 자금 필요
   (2) 김종필–오히라 메모: 비밀리에 추진된 회담에서 역사 문제 소홀
   (3) 6·3 시위(1964): 대대적인 한일 국교 정상화 반대 시위
   (4) 계엄령 선포 후 협정 체결

6. 3선 개헌(1969): 박정희의 3선을 위한 개헌

자료 돋보기

파독 광부 ≫37회 중급 48번

박정희 정부

□□박물관 특별전

독일로 간 한국 노동자들

경제 개발 5개년 계획 추진을 위해 외화가 필요했던 정부는 독일과 협정을 체결하여 광부를 파견하였습니다. 또한 광부뿐만 아니라 많은 간호사도 고국을 떠나 독일로 건너갔습니다. 독일로 간 그들의 삶을 따라가 봅시다.

• 기간: 2017년 ○○월 ○○일 ~ ○○월 ○○일
• 장소: □□박물관 기획 전시실

브라운 각서

1. 군사 원조
   - ○ 한국에 있는 한국군의 현대화 계획을 위해 앞으로 수년 동안에 걸쳐 상당량의 장비를 제공한다.
   - ○ 월남에 파견되는 추가 증파 병력에 필요한 장비를 제공하는 한편 증파에 다른 모든 추가적 원화 경비를 부담한다.
2. 경제 원조
   주월 한국군에 소요되는 보급 물자, 용역 설치 장비를 실시할 수 있는 한도까지 한국에서 구매하며 주월 미군과 월남군을 위한 물자 가운데 선정된 구매 품목을 한국에 발주할 것이며 그 경우는 다음과 같다. ……

한·일 협정

1. 무상 원조에 대해 한국 측은 3억 5천 달러, 일본 측은 2억 5천만 달러를 주장한 바 3억 달러를 10년에 걸쳐 공여하는 조건으로 양측 수뇌에게 건의함.
2. 유상원조(해외 경제 협력 기금)에 대해 한국 측은 2억 5천만 달러, 일본 측은 1억 달러를 주장한 바 2억 달러를 10년간에 걸쳐 이자율 3.5%로 제공하기로 양측 수뇌에게 건의함.
3. 수출입 은행 차관에 대해 한국 측은 별개 취급을 희망하고 일본측은 1억 달러 이상을 프로젝트에 따라 늘릴 수 있도록 하자고 주장한 바 양측 합의에 따라 국교 정상화 이전이라도 협력하도록 추진할 것을 양측 수뇌에게 건의함.

3선 개헌

이번의 국민 투표는 단적으로 말해서 누구든지 두 번가지만 대통령을 할 수 있는 현행 헌법 조항을 고쳐서 세 번까지 할 수 있는 길을 열어 줄 것이냐 아니냐 하는 개헌 국민 투표이며, …… 이 정부에 대한 신임 투표이기도 한 것입니다. …… 한·일 국교 정상화를 추진한다고 하여 나는 야당으로부터 매국노라는 욕을 들었으며, …… 야당은 이 정권이 영구 집권을 꾀하고 있다고 비방하고 있습니다.

– 「박정희 대통령 특별 담화문」

기출 맛보기

(가), (나) 문서가 작성된 사이의 시기에 있었던 사실로 옳은 것은? 45회 고급 47번 [3점]

(가)
1. 무상 원조에 대해 한국 측은 3억 5천만 달러, 일본 측은 2억 5천만 달러를 주장한 바 3억 달러를 10년에 걸쳐 공여하는 조건으로 양측 수뇌에게 건의함
⋮
3. 수출입 은행 차관에 대해 …… 양측 합의에 따라 국교 정상화 이전이라도 협력하도록 추진할 것을 양측 수뇌에게 건의함

(나)
제1조 양 체약 당사국 간에 외교 및 영사 관계를 수립한다.
제2조 1910년 8월 22일 및 그 이전에 대한 제국과 일본 제국 간에 체결된 모든 조약 및 협정이 이미 무효임을 확인한다.
⋮

① 한·미 상호 방위 조약이 체결되었다.
② 6·3 시위가 전개되고 비상 계엄령이 선포되었다.
③ 경찰이 반민족 행위 특별 조사 위원회를 습격하였다.
④ 평화 통일론을 주장한 진보당의 조봉암이 구속되었다.
⑤ 유상 매수, 유상 분배 원칙의 농지 개혁법이 제정되었다.

정답 ②

정답 분석

(가)는 김종필·오히라 메모, (나)는 한일 협정이다. 미국의 요구와 경제 개발 자금 필요로 인해 박정희 정부는 국민들이 저항에도 불구하고 한일 국교 정상화를 추진하였다. 중앙정보부장 김종필과 일본 외무장관 오히라 사이에서 이루어진 비밀 교섭 내용이 알려지자 반대 여론이 거세게 일어났고, 대학생들을 중심으로 6·3 시위(1964)가 일어났으나 정부는 이를 묵살하고 한·일 협정(1965)을 체결하였다.

오답 풀이

① 6·25 전쟁 직후, ③ 1949년 6월, ④ 1958년, ⑤ 1949년의 일이다.

유신 체제가 성립되다

1948 1960 1961 1979 1979 1987 1987
이승만 박정희 전두환 노태우~

유신 체제의 성립과 붕괴

핵심 톡톡

긴급 조치권
국회 해산권
10·26 사건

닉슨 독트린
1969년 미국의 리처드 닉슨 대통령이 발표한 아시아에 대한 새로운 안보 전략으로, 냉전 체제 완화의 계기가 되었다.

긴급 조치권
대통령의 판단으로 헌법상의 국민의 자유와 권리를 잠정적으로 정지할 수 있는 권한이다.

김대중 납치 사건
1973년 일본 도쿄의 한 호텔에서 당시 야당 지도자 김대중이 중앙정보부의 주도 하에 괴한들에 의해 납치된 사건이다.

1 유신 체제(제4공화국, 1972. 10.)

1. 배경: 경제 불황으로 인한 불만, 냉전 체제 완화(닉슨 독트린), 7·4 남북 공동 성명(1972)

2. 10월 유신
   (1) 국가 비상 사태 선언, 비상 계엄 선포, 국회 해산, 정치 활동 금지
   (2) 통일 주체 국민 회의에서 대통령 선출, 대통령 임기 6년, 중임 제한 철폐
   (3) 대통령에 국회 해산권, 국회의원 1/3 임명권, 법관 인사권, 긴급 조치권 부여
   (4) 8대 대통령 박정희, 9대 대통령 박정희

> **유신 헌법(1972. 12. 27.)**
> **제39조** 대통령은 통일 주체 국민 회의에서 토론없이 무기명으로 선거한다.
> **제40조** 통일 주체 국민 회의는 국회의 정수의 3분의 1에 해당하는 수의 국회 의원을 선거한다. 제 1항의 국회 의원 후보자는 대통령이 일괄 추천하며 ……
> **제53조** 대통령은 …… 내정·외교·국방·경제·재정·사법 등 국정 번반에 걸쳐 필요한 긴급 조치를 할 수 있다.
> **제59조** 대통령은 국회를 해산할 수 있다.

2 유신 체제에 대한 저항

1. 김대중 납치 사건(1973)을 계기로 유신 반대 운동 증가

2. 유신 철폐 운동: 개헌 청원 100만인 서명 운동(1973), 3·1 민주 구국 선언(1976)

3. 탄압
   (1) 긴급 조치 발동(1974. 1.)
   (2) 민청학련 사건(1974. 4.), 인혁당 재건위 사건(1974. 4.)

3 유신 체제 붕괴

1. 박정희 정부의 위기: 10대 총선 야당 승리, 2차 석유 파동(1978)으로 인한 경제 위기

2. YH 무역 사건(1979)
   (1) YH의 여성 근로자들이 집단 해고에 반발하여 신민당사에서 농성, 강제 해산
   (2) 신민당의 총재였던 김영삼이 정치 공세를 강화하자 김영삼 국회 의원직 제명
   (3) 김영삼 제명을 계기로 부산과 마산 등지에서 민주 항쟁 발생(부·마 민주 항쟁)

3. 10·26 사태(1979. 10. 26.): 중앙정보부장 김재규가 박정희 살해

자료 돋보기

유신 헌법

제39조 ① 대통령은 통일 주체 국민 회의에서 토론 없이 무기명 투표로 선거한다.

제40조 ① 통일 주체 국민 회의는 국회 의원 정수의 3분의 1에 해당하는 수의 국회 의원을 선거한다.

② 제1항의 국회 의원의 후보자는 대통령이 일괄 추천하며, 후보자 전체에 대한 찬반을 투표에 부쳐 재적 대의원 과반수의 출석과 출석 대의원 과반수의 찬성으로 당선을 결정한다.

제47조 대통의 임기는 6년으로 한다.

제59조 ① 대통령은 국회를 해산할 수 있다.

인혁당 사건 ≫42회 고급 48번

사형 집행 소식에 오열하는 유가족

지난 2007년 1월, 서울중앙지방법원은 '인민혁명당 재건위 사건'에 연루되어 사형당한 8인에게 무죄를 선고하였다. '인민혁명당 재건위 사건'은 **박정희** 정부 시기 국가 전복을 계획했다는 혐의로 국가보안법 및 긴급 조치 제4호에 따라 서도원·도예종·여정남을 포함한 다수 인사들을 체포하여 사형·무기 징역 등을 선고한 사건이다. 특히 판결 확정 후 18시간 만인 다음 날 새벽, 형 선고 통지서가 도착하기도 전에 사형수에 대한 형이 집행되었다. 당시 국제법학자협회는 사형이 집행된 4월 9일을 '사법 역사상 암흑의 날'로 선포하였다.

전태일 ≫44회 중급 48번

현대사 인물 카드

- 재단사, 노동 운동가
- 생몰: 1948년~1970년
- 주요 활동
  - 1965년 서울 평화 시장 삼일사에 견습공으로 취직
  - 1969년 바보회 조직
  - 1970년 노동청에 「평화 시장 피복 제품상 종업원 근로 조건 개선 진정서」 제출, 근로 기준법 준수를 외치며 분신

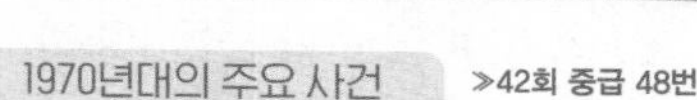

1970년대의 주요 사건 ≫42회 중급 48번

기출 맛보기

다음 기사 내용이 보도된 정부 시기에 볼 수 있는 모습으로 옳은 것은? 45회 고급 48번 [2점]

> **□□신문**
>
> 제△△호 ○○○○년 ○○월 ○○일
>
> **국내 대중 가요 222곡, 금지곡으로 선정**
>
> 긴급 조치 제9호의 후속 조치로 수립된 「공연물 및 가요 정화 대책」에 따라 한국 예술 문화 윤리 위원회는 국내 대중 가요 222곡을 금지곡으로 선정하여 발표하였다. 한국 예술 문화 윤리 위원회는 국가 안보 위협, 왜색 풍, 창법 저속, 불신 풍조 조장, 퇴폐성 등이 금지곡 선정 이유라고 밝혔다. 대표적인 금지곡으로는 이미자의 '기러기 아빠', 김추자의 '거짓말이야', 이장희의 '그건 너', 신중현의 '미인' 등이 있다.

① 경기장에서 프로 축구를 관람하는 회사원
② 개성 공단 착공식에 참석하고 있는 공무원
③ 금융 실명제에 따라 신분증을 요구하는 은행 직원
④ 거리에서 자를 들고 미니 스커트를 단속하는 경찰
⑤ 외환 위기 극복을 위한 금 모으기 운동에 참여하는 학생

정답 ④

정답 분석

'긴급 조치'를 통해 1970년대 유신 헌법이 공포된 시기임을 알 수 있다. 1970년대 후반 장발과 청바지, 미니스커트는 시대를를 상징하는 하나의 문화 현상이었다. 그러나 박정희 정부는 미풍양속을 보호한다는 명분으로 장발 특별 단속 기간을 운영하고, 경범죄처벌법에 미니스커트 단속 기준을 마련하여 경찰들이 길거리에서 자를 들고 다니며 미니스커트 단속을 하였다.

오답 풀이

① 전두환 정부 시기인 1982년 이후, ② 김대중 정부 시기인 2000년 이후, ③ 김영삼 정부 시기인 1993년 이후, ⑤ 김영삼~김대중 정부 시기에 볼 수 있었던 모습이다.

주제 84

광주에서 민주화 운동이 일어나다

1948 1960 이승만 / 1961 1979 박정희 / 1979 1987 전두환 / 1987 노태우~

신군부와 5·18 민주화 운동

신군부
광주
공수 부대, 시민군

1 12·12 사태와 5·18 민주화 운동

1. 12·12 사태
   (1) 10·26 사태 이후 국무총리 최규하가 대통령직 승계
   (2) 전두환과 노태우를 중심으로 하는 신군부의 군사 반란(1979. 12. 12.)
   (3) 신군부의 계엄령 선포, 정치인들의 활동 탄압

2. 서울의 봄: '유신 헌법 폐지', '전두환 퇴진', '비상 계엄의 철폐' 등을 외치는 대규모 시위 전개

3. 5·18 민주화 운동(1980)
   (1) 배경
      ① 1980년 5월 17일 신군부의 비상 계엄 전국 확대 실시
      ② 정치인 구속, 언론·출판·방송 등의 사전 검열, 대학교에 무장 군인 배치, 휴교 조치
   (2) 전개: 1980년 5월 18일 광주 학생들의 시위 ➡ 공부 부대 파견, 무력 진압 시도 ➡ 시민군 조직 ➡ 무력 진압

광주 시민 궐기문(1980. 5. 25.)

우리는 왜 총을 들 수밖에 없었는가? 그 대답은 너무나 간단합니다. 너무나 무자비한 만행을 더 이상 보고 있을 수만 없어서 너도 나도 총을 들고 나섰던 것입니다. …… 시민 여러분! 우리 시민군은 온갖 방해에도 불구하고 여러분의 안전을 끝까지 지킬 것입니다. 또한 협상이 올바른 방향대로 진행되면 우리는 즉각 총을 놓겠습니다.

2 전두환 정부(제5공화국)

1. 국가 보위 비상 대책 위원회 설치, 11대 대통령 전두환 선출(1980)

2. 유신 헌법 폐지, 7년 단임 간선제 대통령으로 12대 전두환 선출(1981)

3. 강압적 통치: 정치 활동 규제, 언론 통폐합, 민주화 운동과 노동 운동 탄압, 삼청 교육대 설치

4. 유화 정책: 민주화 인사 복권, 야간 통행금지 폐지, 두발 및 교복 자율화, 프로 야구단 창설, 해외여행 자율화

3S 정책

스크린(screen:영화), 스포츠(sport), 섹스(sex)에 의한 우민(愚民)정책. 대중을 3S로 유도함으로써 정치적 무관심을 유도함으로써 지배자가 마음대로 대중을 조작할 수 있게 하는 정책을 말한다.

자료 돋보기

5·18 민주화 운동 1

광주 시민들에 따르면, 공수 부대가 학생들의 시위에 잔인하게 대응하면서 상호 간에 폭력적인 결과를 가져왔다고 한다. 계엄령 해제와 수감된 야당 지도자의 석방을 요구하는 학생들이 행진하면서 돌을 던졌다고 하지만, 그렇게 폭력적이지는 않았다고 한다. 광주에 거주하는 25명의 미국인들 - 대부분 선교사, 교사, 평화 봉사단 단원들 - 가운데 한 사람은 "가장 놀랐던 것은 군인들이 저지른 무차별적 폭력이었다."라고 증언하였다.

– 당시 상황을 보도한 외신 기자

5·18 민주화 운동 2

80만 광주 시민의 결의

○ 이번 사태의 모든 책임은 과도 정부에 있다. 과도 정부는 모든 피해를 보상하고 즉각 물러나라!
○ 무력 탄압만 계속하는 명분 없는 계엄령을 즉각 해제하라!
⋮
○ 정부와 언론은 이번 광주 의거를 허위 조작, 왜곡 보도하지 말라!
○ 우리가 요구하는 것은 단지 피해 보상과 연행자 석방만이 아니다. 우리는 진정한 '민주 정부 수립'을 요구한다!

5·18 민주화 운동 3 ≫41회 중급 49번

1980년 광주에서 시민들은 민주주의의 회복과 계엄령 철폐를 요구하며 신군부에 저항하였습니다. 2011년에는 이 사건 관련 기록물이 유네스코 세계 기록 유산으로 등재되었는데요. 이 사건은 무엇일까요?

→ 5·18 민주화 운동

전두환 정부의 유화 정책 ≫41회 고급 47번

□□ 신문

제△△호 ○○○○년 ○○월 ○○일

야간 통행금지 해제

오는 1월 5일 24시를 기하여, 지난 37년간 지속되어 온 야간 통행 금지가 전국적으로 해제될 예정이다. 다만 국방상 중요한 전방 지역과 후방 해안 도서 지역은 대상에서 제외되었다.

이번 야간 통행금지의 해제로 국민 생활의 편익이 증진되고 관광과 경제 활동이 활성화될 전망이다.

기출 맛보기

(가) 민주화 운동에 대한 설명으로 옳은 것은? 45회 중급 50번 [2점]

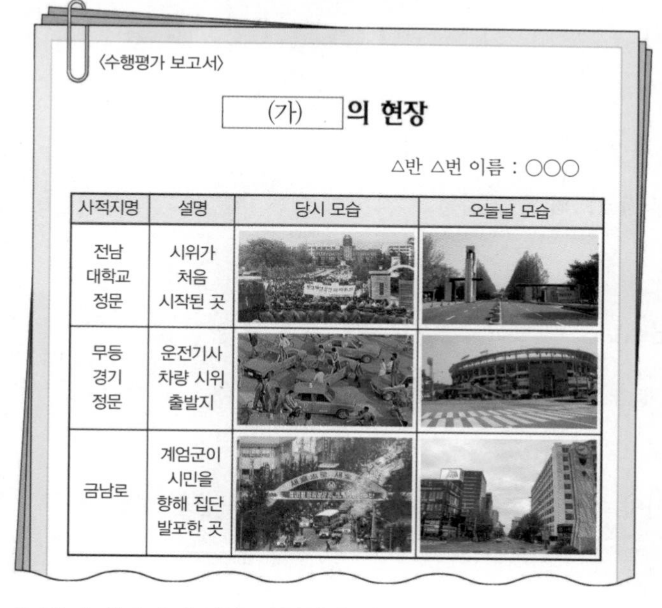

〈수행평가 보고서〉

(가) 의 현장

△반 △번 이름 : ○○○

사적지명	설명	당시 모습	오늘날 모습
전남 대학교 정문	시위가 처음 시작된 곳		
무등 경기 정문	운전기사 차량 시위 출발지		
금남로	계엄군이 시민을 향해 집단 발포한 곳		

① 장면 내각이 출범하는 배경이 되었다.
② 진상 규명을 위한 특별법이 제정되었다.
③ 박종철 고문 치사 사건을 계기로 일어났다.
④ 이승만 대통령이 하야하는 결과를 가져왔다.
⑤ 호헌 철폐와 독재 타도 등의 구호를 내세웠다.

정답 ②

정답 분석

5·18 민주화 운동(1980) 과정에 대한 내용이다. 1987년 6월 민주 항쟁으로 전두환 정부가 물러나고 5·18 민주화 운동 과정에서의 희생자에 대한 명예 회복이나 보상, 책임자 처리 등 사후 처리에 대한 시민의 요구가 이어졌다. 그 결과 국회에서 '광주 특별 위원회'가 구성되었고, 광주 청문회를 실시하여 광주 민중 항쟁을 '5·18 민주화 운동'으로 규정하고 책임자 처벌 요구하였다. 이어 1995년에는 '5·18 민주화 운동 등에 관한 특별법'이 제정되고 5월 18일 국가 기념일로 제정하였다.

오답 풀이

①, ④ 4·19 혁명, ③, ⑤ 6월 민주 항쟁에 대한 설명이다.

6월 민주 항쟁 ~ 김대중 정부

핵심 콕콕

박종철, 이한열
대통령 직선제 개헌
역사 바로 세우기

부천 경찰서 성고문 사건

주민등록증을 변조, 위장 취업한 혐의로 경기도 부천 경찰서에서 조사를 받던 대학생 권인숙이 경찰로부터 성적 모욕과 폭행을 당한 사건이다. 진실 확인 과정에서 공권력의 횡포와 부도덕성, 인권 탄압의 실상을 폭로, 1987년 민주화 투쟁의 밑거름이 되었다.

박종철 고문 치사 사건

서울 대학교 학생 박종철이 치안본부 남영동 대공분실에서 조사를 받던 중 경찰의 고문으로 사망한 사건. 6월 민주 항쟁의 직접적 도화선이 되었다.

1 6월 민주 항쟁(1987)

1. 배경
   (1) 전두환 정부의 독재, 정권 말기에 계속된 대통령 직선제 개헌 운동
   (2) 부천 경찰서 성고문 사건, 박종철 고문 치사 사건

2. 6월 민주 항쟁
   (1) 전개: 박종철 고문 치사 사건 ➡ 4·13 호헌 조치 ➡ 이한열 사망 ➡ 박종철 고문 치사 규탄 및 호헌 철폐 국민 대회(1987. 6. 10.) ➡ 6·29 민주화 선언
   (2) 결과: 대통령 직선제 개헌

2 노태우 정부

1. 5공 청문회 개최, 여소야대 국회, 3당 합당

2. 북방 외교: 소련·중국과 수교, 남북한 유엔 동시 가입

3. 남북 기본 합의서(1991)

3 김영삼 정부(문민 정부)

1. 금융 실명제(1993), 부동산 실명제

2. 역사 바로 세우기 사업(전직 대통령 구속), OECD 가입

3. 외환 위기(1997): 국제 통화 기금(IMF)의 금융 지원

4 김대중 정부(국민의 정부)

1. 우리나라 최초의 선거에 의한 평화적 정권 교체

2. 외환 위기 극복: 구조조정, 금모으기 운동

3. 대북 화해 협력 정책: 금강산 사업, 남북 정상 회담(2000) ➡ 6·15 남북 공동 선언

자료 돋보기

6월 민주 항쟁 ≫42회 고급 49번

이것은 당시 치안본부 남영동 대공 분실에서 고문을 당하여 죽은 박종철에 대한 국민 추도회 사진이야.
이 고문 치사 사건은 호헌 철폐·독재 타도를 외쳤던 민주화 운동의 도화선이 되었어.
6월 민주 항쟁
민주화 운동 사진전
고 박종철 군 국민추도회

노태우 정부 ≫42회 고급 50번

김영삼 정부

전직 대통령을 구속하고 재판하는 일은 국가적으로 불행하고 부끄러운 일입니다. 그러나 이러한 과정을 거치지 않으면 우리 역사는 바로 설 수 없습니다. 우리는 이를 통해 군사 쿠데타라는 불행하고 후진적인 유산을 영원히 추방함으로써 군의 진정한 명예와 국민적 자존심을 되찾을 것입니다. …… 우리가 광복 50주년을 맞아 일제 잔재인 옛 조선 총독부 건물을 철거하기 시작한 것도 역사를 바로 잡아 민족정기를 확립하기 위한 것입니다.

김대중 정부 ≫39회 중급 48번

오늘 정부는 제14회 부산 아시아 경기 대회의 개막식에서 남북한 선수단이 동시에 입장한다고 발표했습니다.
2002 부산 아시아 경기 대회, 남북 화합의 계기 만들어

기출 맛보기

다음 선언문을 발표한 민주화 운동에 대한 설명으로 옳은 것은? 45회 고급 49번 [2점]

> **국민 합의 배신한 4·13 호헌 조치는 무효임을 전 국민의 이름으로 선언한다.**
>
> 오늘 우리는 전 세계 이목이 우리를 주시하는 가운데 40년 독재 정치를 청산하고 희망찬 민주 국가를 건설하기 위한 거보를 전 국민과 함께 내딛는다. 국가의 미래요 소망인 꽃다운 젊은이를 야만적인 고문으로 죽여 놓고 그것도 모자라 뻔뻔스럽게 국민을 속이려 했던 현 정권에게 국민의 분노가 무엇인지를 분명히 보여 주고, 국민적 여망인 개헌을 일방적으로 파기한 4·13 폭거를 철회시키기 위한 민주 장정을 시작한다.

① 장면 내각이 출범하는 배경이 되었다.
② 5년 단임의 대통령 직선제 개헌을 이끌어 냈다.
③ 3·15 부정 선거에 항의하는 시위에서 시작되었다.
④ 신군부의 비상 계엄 확대가 원인이 되어 일어났다.
⑤ 3·1 민주 구국 선언을 통해 긴급 조치 철폐 등을 요구하였다.

정답 ②

정답 분석

'4·13 호헌 조치'를 통해 6월 민주 항쟁(1987)임을 알 수 있다. 1980년대 중반 전두환 정부의 비도덕성에 대한 비판과 대통령 직선제 개헌 요구가 계속되는 가운데, 부천 경찰서 성 고문 사건에 이어 서울대 학생 박종철이 수사 과정에서 사망하는 사건이 발생하였다. 이에 대한 의혹이 제기되는 속에 정부는 4·13 호헌 조치를 내렸고, 시위에 참여했던 대학생 이한열이 사망하면서 국민들의 저항이 거세지자 정부는 대통령 직선제를 수용한다는 6·29 민주화 선언을 발표하였다.

오답 풀이

①, ③ 4·19 혁명, ④ 5·18 민주화 운동, ⑤ 유신 반대 운동에 대한 설명이다.

경제 성장과 자본주의의 발전

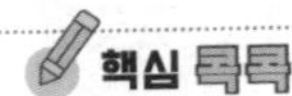

삼백 산업
경제 개발 5개년 계획
3저 호황

1 이승만 정부

1. 귀속 재산 처리
   (1) 일본인 소유의 귀속재산을 미 군정이 접수하여 신한공사를 통해 관리
   (2) 정부는 이를 넘겨받아 민간 기업에 불하

2. 미국의 경제 원조
   (1) 전쟁 복구와 공산주의 확산 방지, 미국 내 잉여 농산물을 처리하기 위한 조치 (→ 밀가루, 면화, 설탕)
   (2) 삼백 산업 중심의 소비재 공업 발달

2 박정희 정부

1. 제1·2차 경제 개발 5개년 계획(1962~1971)
   (1) 자본·기술 부족, 노동 집약적 경공업 중심 정책
   (2) 경제 개발 자금 마련: 베트남 특수, 파독 광부·간호사, 한·일 협정
   (3) 경부 고속 국도(1970), 포항 제철 착공(1970) 등 사회 간접 자본 확충

파독 광부

2. 제3·4차 경제 개발 5개년 계획(1972~1981)
   (1) 중화학 공업 육성으로 방향 전환
   (2) 1차 석유 파동(1973) 이후 중동 특수 ➡ 고도의 성장
   (3) 새마을 운동: 농촌 소득 증대 (→ 1970년 시작)
   (4) 수출 100억 달러 달성
   (5) 과잉 투자, 2차 석유 파동(1978) ➡ 경기 침체

수출 100억 달러 달성

3. 미·일 무역 의존도 심화, 빈부 격차와 도농 격차 심화, 산업간 경제 불균형

3 1980년대 이후

1. 1980년대 이후
   (1) 3저 호황: 저유가·저달러·저금리로 인한 호황
   (2) 올림픽 개최, 전기·전자·반도체 산업 육성

3저 호황
저유가로 상품 생산 비용이 줄고, 저금리로 이자 비용이 낮아져 기업들이 투자를 늘렸으며, 저달러 현상 가격 경쟁력이 강화되어 일본과 경쟁하던 한국의 수출에 절대적으로 유리한 국면이 조성되었다.

2. 김영삼 정부
   (1) 금융 실명제(1993), 부동산 실명제(1995)
   (2) 세계화 정책: 우루과이 라운드 타결(1994), OECD 가입(1996)
   (3) 위환 위기로 국제 통화 기금(IMF)로부터 구제 금융 지원 ➡ 고금리, 재정 긴축, 금융권 구조 조정, 금 모으기 운동

자료 돋보기

1970년대의 경제 ≫41회 중급 48번

서울과 부산을 이어주는 총 길이 400킬로미터가 넘는 국내 최장 고속 도로가 드디어 준공되었습니다.
경부 고속 도로 준공

금융 실명제 ≫39회 중급 49번

어제 김영삼 정부가 발표한 금융 실명제 전격 실시에 대해 어떻게 생각하십니까?

모든 금융 거래를 당사자 실명으로 하게 한 이번 조치는 경제의 투명성을 높이는 계기가 될 것으로 기대됩니다.

외환 위기 ≫39회 고급 50번

정부는 최근 겪고 있는 금융, 외환 시장에서의 어려움을 극복하기 위해 국제 통화 기금에 유동성 조절 자금을 지원해 줄 것을 요청하기로 결정했습니다.
국제 통화 기금(IMF)에 지원 요청

김대중 정부 시기의 경제 ≫43회 고급 50번

지난 3년 반은 개혁을 통해 외환 위기를 성공적으로 극복하고, 21세기 세계 일류 국가로 들어설 수 있는 기틀을 마련하고자 힘써온 시기였습니다. 우리는 국제 통화 기금(IMF)으로부터 지원받았던 195억 달러의 차관을 3년 앞당겨 전액 상환하게 되었습니다.

기출 맛보기

다음 사실이 있었던 정부 시기의 경제 상황으로 옳은 것은? 43회 고급 48번 [2점]

포항 종합 제철 공장 제1기 준공식

연간 조강 생산량 1백 3만 톤 규모의 제철 일관공정을 갖춘 포항 종합 제철 공장 제1기 준공식이 대통령이 참석한 가운데 거행되었다. 총 공사비 1,200여억 원(외자 700여억 원 포함)을 들여 3년 3개월 만에 완공된 이 공장에서 생산된 철강은 조선, 기계, 자동차 등 중화학 공업 분야의 원재료로 쓰이게 된다.

① 경제 협력 개발 기구(OECD)에 가입하였다.
② 제3차 경제 개발 5개년 계획이 추진되었다.
③ 한·칠레 자유 무역 협정(FTA)이 체결되었다.
④ 대통령 긴급 명령으로 금융 실명제가 실시되었다.
⑤ 3저 호황으로 물가가 안정되고 수출이 증가하였다.

정답 ②

정답 분석

포항 제철소가 완공된 것은 1973년 박정희 정부 시기의 일이다. 박정희 정부는 장면 정부가 수립한 경제 개발 계획을 수정하여 4차에 걸친 경제 개발 5개년 계획을 실시하여 짧은 기간 동안 고도의 경제 성장을 이루어냈다. 하지만 소득 분배 불균형으로 인한 빈부 격차와 열악한 노동 환경, 지역 간 개발 불균형 및 도시와 농어촌 간의 소득 격차 확대라는 문제를 낳기도 하였다.

오답 풀이

①, ④ 김영삼 정부, ③ 노무현 정부, ⑤ 전두환 정부 시기의 일이다.

남북 대화와 통일 정책

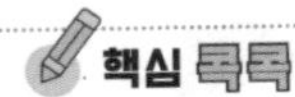

통일의 3대 원칙
한반도 비핵화 공동 선언
개성 공단

1 이승만 정부~장면 내각

1. 이승만 정부: 북진 통일론을 고수, 조봉암 등의 평화 통일론 탄압
2. 장면 내각: 선 경제 건설 정책 ➡ 통일 정책 추진에 소극적, 민간의 통일 논의 활발

2 박정희 정부

1. 냉전 완화: 닉슨 독트린 이후 긴장 완화, 평화 공존의 분위기 조성
2. 남북 적십자 회담(1971): 남북 실무진의 첫 접촉
3. 7·4 남북 공동 성명(1972)
   (1) 남북 당국자간의 비공식 접촉, 서울과 평양에서 동시에 성명 발표
   (2) 자주, 평화, 민족 대단결의 조국 통일 3대 원칙에 합의, 남북 조절 위원회 설치
   (3) 남과 북 모두의 독재 체제 구축에 이용
4. 6·23 평화 통일 선언(1973)
   (1) 북한에 남북한 UN 동시 가입 제의
   (2) 호혜 평등 원칙하에 모든 국가에 문호를 개방할 것을 제시

3 전두환 정부

1. 민족 화합 민주 통일 방안을 북한에 제시
2. 최초의 고향 방문단 구성 ➡ 이산가족 상봉(1985)
3. 아웅산 테러 사건 ➡ 남북 관계 악화

4 노태우 정부~김영삼 정부

1. 노태우 정부
   (1) 남북한 UN 동시 가입(1991)
   (2) 남북 기본 합의서(1991): 상호 불가침 약속, 한반도 비핵화 공동 선언(1992 발효)
2. 김영삼 정부: 한민족 공동체 건설을 위한 3단계 통일 방안 제시

5 김대중 정부~문재인 정부

1. 김대중 정부
   (1) 햇볕 정책: 대북 포용 정책
   (2) 정주영 현대 그룹 회장이 소떼를 몰고 북한 방문 ➡ 금강산 관광
   (3) 최초의 남북 정상 회담(2000, 평양): 6·15 남북 공동 선언 발표 ➡ 개성 공단 건설, 경의선 복구
2. 노무현 정부: 2차 남북 정상 회담 ➡ 10·4 남북 공동 선언(2007)
3. 문재인 정부: 3차 남북 정상 회담 ➡ 4·27 선언(판문점 선언, 2018)

금강산 관광

현대그룹의 주도로 북한의 금강산을 둘러보는 관광 상품이다. 1998년 금강산관광 계약이 체결되어 11월 18일부터 한국의 민간인들이 북한을 여행하였다. 그러나 2008년 관광객이 북한군의 피격으로 사망하는 사건이 발생하면서 금강산 관광이 잠정 중단되었다.

자료 돋보기

박정희 정부의 통일 정책 ≫39회 고급 47번

국민 여러분! 나는 오늘 다시 이 자리를 빌어 북괴에 대해 지금이라도 늦지 않았으니 우리의 평화 통일 제의를 하루 속히 수락하고, 무력과 폭력을 포기할 것을 거듭 촉구하면서 평화 통일만이 우리가 추구하는 통일의 길임을 다시 한 번 천명하는 바입니다. …… 특히 이번에 우리 대한 적십자사가 제의한 인도적 남북 회담은 2천만 흩어진 가족을 위해서 뿐만 아니라, 5천만 동포들의 오랜 갈증을 풀어 주는 복음의 제의로서 나는 이를 여러분과 함께 환영하여 그 성공을 빌어 마지 않습니다.

– 제26주년 광복절 경축사 중에서

남북한 동시 유엔 가입 ≫41회 중급 50번

□□ 신문

제△△호 ○○○○년 ○○월 ○○일

남북한, 냉전 청산의 큰 걸음을 내딛다

제46차 유엔 총회에서는 159개 회원국 중 105개국이 공동 제안한 남북한 유엔 가입이 결의안을 만장일치로 채택하였다. 이로써 남북한은 광복 이후 46년 만에 유엔의 정회원국이 되었다. 정부는 "유엔 세계 평화의 날이기도 한 오늘, 남북한의 유엔 가입은 한반도에서의 냉전 청산을 위한 큰 걸음을 내딛었다는 점에서 의미가 있다."고 밝혔다.

노태우 정부의 통일 정책 ≫44회 중급 50번

노태우 대통령과 고르바초프 대통령은 이번 정상 회담에서 한국과 소련의 상호 협력을 약속하고, 한반도의 안정이 동북아시아는 물론 세계 평화에 매우 중요하다는 데 인식을 같이 하였습니다.
북방 외교와 성과, 한국·소련 정상 회담 열려

김대중 정부의 통일 정책 ≫44회 고급 50번

□□ 신문

제△△호 ○○○○년 ○○월 ○○일

김대중 정부

개성 공단 착공식 개최

정부는 30일 11시 개성 공단 착공식이 북한 개성 현지 1단계 지구에서 남측과 북측 인사 300여 명이 참석한 가운데 열린다고 발표하였다. 남북이 분단 이후 처음으로 공동 조성하는 대규모 수출 공업 단지인 개성 공단은 남측의 기술력 및 대외 무역 능력과 북측의 노동력을 바탕으로 만들어지는 남북 경협의 마중물이 될 것으로 기대된다.

기출 맛보기

다음 경축사를 발표한 정부 시기의 통일 노력으로 옳은 것은? 45회 고급 50번 [2점]

우리는 지난 2년 동안 지난날 냉정 체제의 다른 한쪽 종주국이었던 소련과 국교를 열고 우호 협력하는 관계를 이루었습니다. 우리는 동중부 유럽 국가들과도 외교 관계를 수립하였으며 이웃 중국과도 무역 대표부를 교환 설치하였습니다. …… 이러한 변화 속에서 이루어지는 남북한의 유엔 가입은 한국 전쟁 이후 남북 관계의 가장 큰 전환일 것입니다.

① 남북 기본 합의서를 교환하였다.
② 7·4 남북 공동 성명을 발표하였다.
③ 10·4 남북 공동 선언을 채택하였다.
④ 금강산 해로 관광 사업을 시작하였다.
⑤ 최초의 이산가족 고향 방문을 실현하였다.

정답 ①

정답 분석

소련·중국과 수교한 것은 노태우 정부 시기이다. 1987년 6월 민주 항쟁 이후 민간 차원의 통일 운동이 활발해지는 가운데 1990년부터 남북 총리급 회담이 개최되어 남북 유엔 동시 가입과 남북 기본 합의서를 채택하는 성과를 이루었다(1991).

오답 풀이

② 박정희 정부, ③ 노무현 정부, ④ 김대중 정부, ⑤ 전두환 정부 시기의 일이다.

PART

07

부록

조선의 궁궐

핵심 톡톡

경복궁 근정전
덕수궁 석조전
동궐

1 경복궁

1. 1395년 창건된 조선 제일의 법궁
2. 임진왜란 때 소실 ➡ 고종 때 중건

광화문	경복궁의 정문
근정전	경복궁의 정전(正殿)으로, 왕이 신하들의 조하를 받거나 공식적인 대례(大禮) 또는 사신을 맞이하던 곳
경회루	침전 영역 서쪽의 연못 안에 조성된 누각으로, 외국 사신 접대나 임금·신하의 연회 장소로 사용

2 창덕궁

▶ 동궐이라 불렸다

1. 태종 때 지어진 궁궐, 가장 오랜 기간 왕이 거처하며 정사를 편 궁궐
2. 1997년에 유네스코 세계 유산으로 등록

돈화문	창덕궁의 정문
인정전	창덕궁의 정전(正殿)으로, 왕의 즉위식·신하들의 하례·외국 사신 접견 등 중요한 국가적 의식을 치르던 곳
주합루	정조가 만든 누각으로, 아래층에 규장각이 설치됨.
후원	자연 지형을 살려 만든 왕실 휴식처

3 창경궁

1. 세 번째로 지어진 궁궐
2. 장희빈과 인현 왕후, 영조와 사도 세자 사건이 일어난 장소

창경원

순종 즉위 후 일제는 창경궁 안의 전각들을 허문 뒤 동물원·식물원을 설치하고 궁궐을 일본식으로 변경시켰으며, 한·일 병합 이후 창경원으로 격하시켰다. 광복 이후에도 한동안 관광 시설로 이용되다가 1983년 원래의 명칭인 창경궁으로 환원하고 동물원·식물원을 철거한 뒤 원래의 모습으로 돌아왔다.

4 덕수궁

1. 월산 대군의 집터를 선조 때 궁궐로 쓰다가 광해군 때부터 경운궁으로 불림.
2. 아관파천 후 고종이 환궁한 궁궐
3. 고종 강제 퇴위 후 덕수궁이라는 이름으로 불리기 시작함.
4. 덕수궁 석조전: 미·소 공동 위원회 개최

5 경희궁

1. 경희궁: 창덕궁을 꺼리던 광해군이 경덕궁 건립, 영조 때 경희궁으로 개칭
2. 일제 강점기에 대부분의 건물을 허물고 학교 건립
3. 현재는 시민들을 위한 공원을 조성함.

자료 돋보기

경복궁 1 ≫32회 중급 31번

이곳은 조선 시대 정궁인 경복궁 의 근정전입니다. 여기에서는 왕의 즉위식이나 외국 사절의 접견 등 국가적 행사가 거행되었습니다.

경복궁 2 ≫36회 중급 24번

광화문-근정전-사정전-강녕전 등의 중심 건물이 직선으로 배치되어 있다. 동서남북 네 방향에 건춘문(동), 영추문(서), 광화문(남), 신무문(북)이 있다.

덕수궁 1 ≫44회 고급 35번

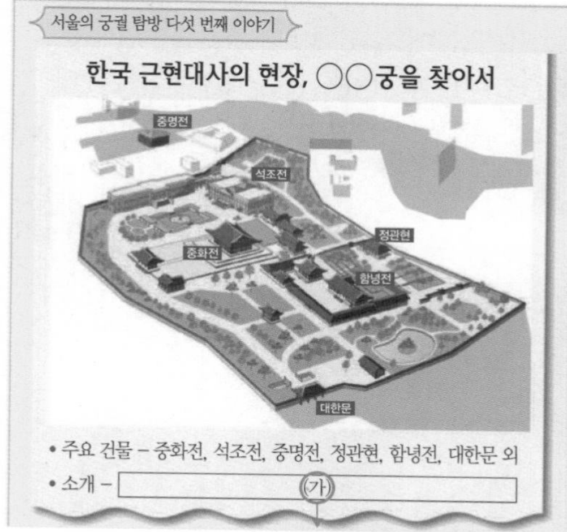

• 주요 건물 – 중화전, 석조전, 중명전, 정관헌, 함녕전, 대한문 외
• 소개 – (가)

고종이 아관파천 이후 환궁한 곳입니다.
두 차례의 미·소 공동 위원회가 개최되었습니다.
일제의 강압 속에 을사늑약이 체결된 현장입니다.
궁궐 안에 남아 있는 가장 오래된 서양식 건물이 있습니다.

덕수궁 2 ≫39회 고급 24번

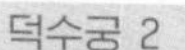
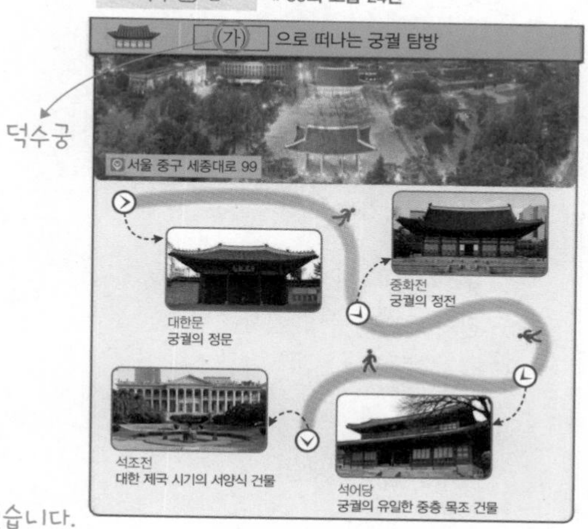

기출 맛보기

다음 퀴즈의 정답으로 옳은 것은? 45회 중급 46번 [1점]

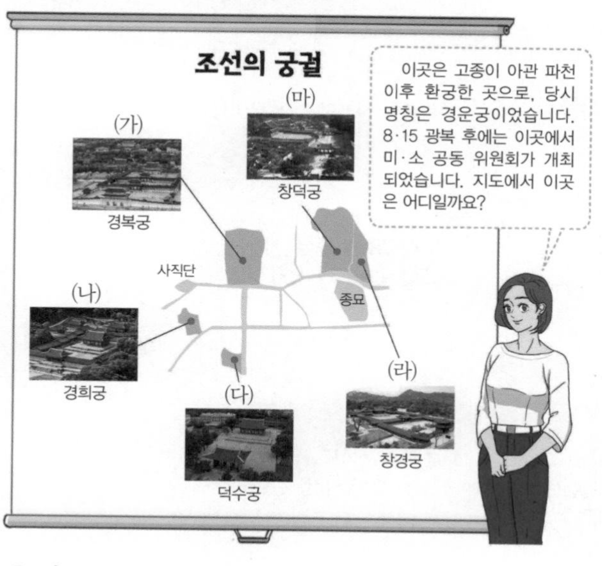

① 가 ② 나 ③ 다 ④ 라 ⑤ 마

정답 ③

정답 분석

자료의 궁궐은 덕수궁이다. 덕수궁과 주변의 정동에는 외국 선교사들에 의해 건립된 건물들이 많으며, 덕수궁 내에도 석조전과 같은 서양식 건축물들이 세워져 있다. 덕수궁 석조전에서는 미·소 공동 위원회가 개최되기도 하였다.

주요 지역사

평양	• 고구려 천도 • 서경 천도 운동 • 안동 도호부 설치 • 임진왜란 당시 평양성 전투 • 제너럴 셔먼호 사건 • 물산 장려 운동 • 남북 정상 회담
개성	• 나성 축조 • 만월대 • 선죽교 • 송상
강화	• 고인돌 • 『상정고금예문』 • 무신 집권기에 천도 • 강화학파 • 병인양요, 신미양요 • 강화도 조약
서울	• 석촌동 돌무지 무덤 • 북한산 순수비 • 경강 상인
덕원 (원산)	• 강화도 조약 때 개항 • 원산 학사 • 원산 총파업
공주	• 백제 천도 • 무령왕릉 • 웅진 도독부 설치 • 망이·망소이의 난 • 우금치 전투
부여	• 백제 천도 • 능산리 고분군 • 금동대향로 • 정림사지 5층 석탑
전주	• 후백제 수도 • 사고(史庫) • 전주 화약
청주	• 서원경 • 통일 신라 민정 문서 • 『직지심체요절』
충주	• 중원 고구려비 • 중원경 • 다인철소 • 사고(史庫)
경주	• 천마도 • 호우명 그릇 • 황룡사 9층 목탑 • 분황사 모전 석탑 • 불국사, 석굴암 • 임신서기석
울산	• 바위그림 • 통일 신라의 최대 무역항
제주	• 삼별초의 항쟁 • 탐라 총관부 설치 • 4·3 사건
부산	• 왜관 설치 • 6·25 당시 임시 수도 • 내상

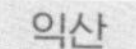

자료 돋보기

익산 ≫43회 중급 5번

답사 자료집
우리 고장 역사 탐방
우리가 살펴볼 문화유산
[쌍릉]
[미륵사지 석탑]
대형 고분 2기가 가까이에 있어 쌍릉이라고 불리며, 무왕, 무왕비가 묻힌 것으로 추정된다.
미륵사에 있었던 3개의 탑 중 서쪽에 위치한 것으로 목탑 양식이 반영되어 있다.

진주 ≫41회 중급 21번

<답사 계획서>

1. 일자: 2018년 ○○월 ○○일
2. 지역: △△일대 → 진주
3. 개요

순서	답사 장소	답사 주제
1	김시민 장군 전공비	왜군의 침략에 맞선 관민
2	유계춘 묘	탐관오리에 항거한 민중
3	형평 운동 기념탑	차별 없는 사회를 요구한 백정

개성

백관을 소집하여 금을 섬기는 문제에 대한 가부를 의논하게 하니 모두 불가하다고 하였다. 유독 이자겸, 척준경만이 "금이 …… 정치를 잘하고 병력도 강성하여 날로 강대해지고 있습니다. 또 우리와 서로 국경이 맞닿아 있어 섬기지 않을 수 없는 상황입니다. 게다가 작은 나라로서 큰 나라를 섬기는 것은 선왕의 도리이니, 사신을 보내 먼저 예를 갖추어 찾아가는 것이 옳습니다."라고 하니 왕이 이 말을 따랐다. -『고려사』

경주 ≫36회 고급 4번

답사 계획서

- 주제: 경주에서 만나는 신라의 발자취
- 경로: 김유신묘 → 천마총 → 첨성대 → 황룡사터 → 분황사
- 준비사항: 답사 장소에 대한 사전 탐구

(가) 김유신 묘
(나) 천마총
(다) 첨성대
(라) 황룡사터
(마) 분황사

기출 맛보기

(가) 지역에서 있었던 사실로 옳지 않은 것은? 43회 고급 32번 [3점]

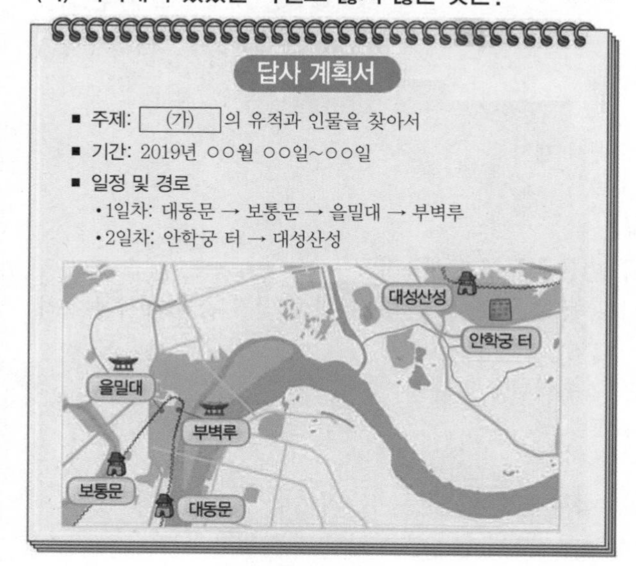

답사 계획서

- 주제: (가) 의 유적과 인물을 찾아서
- 기간: 2019년 ○○월 ○○일~○○일
- 일정 및 경로
  - 1일차: 대동문 → 보통문 → 을밀대 → 부벽루
  - 2일차: 안학궁 터 → 대성산성

① 제1차 미·소 공동 위원회가 개최되었다.
② 안창호가 민족 교육을 위해 대성 학교를 설립하였다.
③ 고무 공장 노동자 강주룡이 노동 쟁의를 전개하였다.
④ 미국 상선 제너럴 셔먼호가 관민들에 의해 불태워졌다.
⑤ 조만식 등을 중심으로 조선 물산 장려회가 결성되었다.

정답 ①

정답 분석

(가) 지역은 평양이다. 평양은 신미양요의 배경이 된 제너럴 셔먼 호 사건이 일어난 지역이며, 신민회가 민족 교육을 위해 설립한 대성 학교가 위치한 지역이다. 일제 강점기에는 1920년대 초반 물산 장려 운동이 시작되었고, 1930년대 고무 공장 노동자의 고공 농성이 일어난 지역이다.

오답 풀이

① 제1차 미·소 공동 위원회는 덕수궁 석조전에서 개최되었다.

세시풍속

1 설날(음력 1월 1일): 연날리기, 널뛰기, 새해 인사, 차례, 성묘, 떡국

2 정월 대보름(음력 1월 15일)

1. 고싸움: 두 편으로 나뉘어 고를 어깨에 메고 서로 부딪쳐 상대편 고를 눌러 땅에 닿게 하는 쪽이 이기는 놀이
2. 놋다리밟기(기와밟기)
   (1) 고려 공민왕이 노국공주와 함께 안동으로 피난갔을 때 마을 소녀들이 등을 굽히고 공주가 그들을 밟아 개울을 건너게 한 데서 유래
   (2) 단장한 젊은 여자들이 공주를 뽑고, 나머지 여성들이 허리를 굽혀 그 위로 공주를 걸어가게 하는 놀이
3. 지신밟기: 집터를 지켜준다는 지신에게 고사를 올리고 풍물을 올리며 축복을 비는 풍습
   달맞이 정월 대보름날 달을 보며 복을 비는 풍속
4. 달집태우기: 나무 더미를 쌓아 달집을 짓고 달이 떠오르면 불을 놓아 나쁜 것을 없애고 복을 기원하는 풍습
5. 석전: 주민들이 마을 단위로 편을 가르고, 개천이나 넓은 길 등을 경계로 서로 돌을 던져 누가 먼저 쫓겨 달아나느냐의 여부에 따라 승패를 가리는 놀이
6. 부럼 깨물기, 오곡밥, 귀밝이술

3 삼짇날(음력 3월 3일)

1. 화전놀이: 경치 좋은 곳에 가서 음식을 먹고 하는 꽃놀이, 진달래꽃을 지져 먹고 가무를 즐기는 여성 놀이
2. 쑥떡, 화전 먹기

화전(花煎)
찹쌀가루를 반죽하여 무쇠 그릇에 기름을 두른 후 반죽을 얇게 펴놓고 그 위에 꽃잎을 장식하여 지진 떡을 화전이라 한다.

4 한식(4월 5일경): 조상의 산소에서 제사

5 단오(수릿날, 음력 5월 5일)

(동지에서 105일째 되는 날)

1. 별산대놀이: 탈춤의 한 종류로, 양주 별산대 놀이가 대표적
2. 봉산 탈춤: 가면으로 다른 인물이나 동물·신으로 분장하고 음악에 맞춰 춤과 대사를 통해 연기하는 연극
3. 그네뛰기, 창포물에 머리 감기, 창포주·수리취떡 먹기

수리취떡
떡 위의 떡살무늬가 수레바퀴 모양을 하고 있는 쑥절편으로, 색은 푸른색이다.

6 칠석(음력 7월 7일)

1. 걸교: 처녀들이 직녀성을 보며 바느질 솜씨가 좋아지기를 비는 풍습
2. 햇볕에 옷과 책을 말리기, 별을 보며 시를 짓거나 글공부를 잘할 것을 빌기
3. 호박전, 밀전병, 밀국수 먹기

7 추석(음력 8월 15일)

1. 강강술래: 전라남도 해안 지방에서 추석을 전후한 밤에 놀았던 여성 집단 놀이
2. 송편, 토란국 먹기

자료 돋보기

삼짇날 ≫36회 고급 19번

세시 풍속 체험 프로그램 안내

강남 갔던 제비가 돌아와 새봄을 알린다는  은/는 답청절(踏靑節)이라고도 하여 들판에 나가 꽃놀이를 하고 새 풀을 밟으며 봄을 즐기는 날입니다. 이날을 맞이하여 다채로운 행사를 준비하였으니 시민 여러분의 많은 참여 바랍니다.

1. 일시: 2017년 ○○월 ○○일 10:00~17:00
2. 장소: △△문화원 야외 체험장
3. 체험 프로그램
   - 노랑나비 날리기 – 이날 노랑나비를 보면 길하다는 속설에 따라 살아있는 노랑나비를 날려 보내기
   - 화전 만들기 – 진달래꽃으로 장식한 화전 부치기
   - 풀각시 놀이 – 각시풀을 추려서 한쪽 끝을 실로 묶어 머리채를 만든 다음 나뭇가지에 묶어 인형처럼 가지고 놀기

△△문화원

한식 ≫43회 중급 20번

우리나라의 세시 풍속

불의 사용을 금한 날, 한식

◈ 유래: 집안의 묵은 불을 새 불로 교체하던 전통 사회의 풍습에서 유래되었다고 전해진다. 춘추 시대의 개자추 고사에서 비롯되었다고도 한다.

◈ 내용: 그 이름에서 알 수 있듯이 이 날에는 전날 만들어 두었다가 차가워진 음식을 그대로 먹었다고 한다. 또한 '귀신이 꼼짝하지 않는 날'로 여겨 벌초를 하고 조상에게 예를 갖추었다. 조선 시대에는 4대 명절 중 하나로 중시되었다.

동지 ≫38회 중급 50번

파일(F) 편집(E) 보기(V) 즐겨찾기(A) 도구(T) 도움말(H)

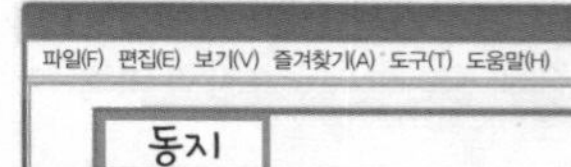

└ 검색결과

- 1년 중 밤이 가장 긴 날이므로 귀신의 기운이 강해진다 하여 귀신을 쫓는 음식을 나누어 먹고 부적 쓰기 등을 하며 보냄.

기출 맛보기

(가)에 들어갈 세시풍속으로 옳은 것은? 45회 고급 30번 [2점]

세시 풍속

액운 쫓고 더위 쫓는, (가)

(가) 은/는 음력 6월 보름날로 이날 동쪽으로 흐르는 물에 머리를 감으면 나쁜 기운이 날아가고, 더위를 타지 않는다고 합니다. 이날을 앞두고 다채로운 행사를 마련하였으니 시민 여러분의 많은 참여 바랍니다.

일시 2019년 ○○월 ○○일 10:00~17:00

장소 △△문화원 야외 체험장

체험 프로그램

탁족 놀이 – 시원한 물에 발 담가 더위 쫓기

햇밀로 구슬 모양의 오색면 만들기 – 오색면을 색실에 꿰어서 허리에 매달아 액운 막기

수단 만들기 – 찹쌀가루, 밀가루로 경단을 만들어 얼음 꿀물에 넣어 먹기

① 동지 ② 한식 ③ 칠석 ④ 유두 ⑤ 삼짇날

정답 ④

정답 분석

음력 6월 15일은 유두절이다. 유두절에는 친척들이 모여 맑은 시내나 산간 폭포에 가서 머리를 감고 몸을 씻은 뒤, 가지고 간 음식을 먹으면서 서늘하게 하루를 지낸다. 이것을 유두잔치라고 하는데, 이렇게 하면 여름에 질병을 물리치고 더위를 먹지 않는다고 한다.

근·현대 주요 인물

최익현
(1833~1906)

- 1868 대원군의 경복궁 중건 비판 상소
- 1876 강화도 조약을 비판하는 위정척사 운동 전개
- 1895 을미의병 거병
- 1905 을사의병 거병, 쓰시마 섬에서 순국

안중근
(1879~1910)

- 1907 국채 보상 운동 관서 지부장
- 1909 만주 하얼빈에서 이토 히로부미 사살
- 1910 『동양평화론』 저술, 여순 감옥에서 순국

홍범도
(1868~1943)

- 1920 대한 독립군 사령관으로 봉오동·청산리 전투에 참가
- 1921 자유시 참변 이후 적군 편입
- 1937 스탈린에 의해 중앙아시아로 강제 이주

이상설
(1870~1917)

- 1904 일제의 황무지 개간권 요구 반대 상소
- 1906 서전서숙 설립
- 1907 헤이그 특사로 파견
- 1910 연해주에서 13도 의군 결성, 성명회 조직
- 1914 대한 광복군 정부 대통령

김좌진
(1889~1930)

- 1916 대한 광복회에 가담, 부사령관 역임
- 1919 대종교 입교, 무오 독립 선언서에 서명
- 1920 청산리 전투
- 1925 신민부 결성

김원봉
(1898~1958)

- 1919 길림에서 의열단 조직
- 1935 관내에서 조선 민족 혁명당 창당
- 1938 조선 의용대 창설
- 1942 조선 의용대 일부 이끌고 한국 광복군에 합류, 부사령관

안창호
(1878~1938)

- 1907 신민회 조직, 평양 대성 학교 설립
- 1913 미국에서 흥사단 조직
- 1923 대한민국 임시 정부에서 개조파로 활동

여운형
(1886~1947)

- 1933 조선중앙일보 사장 취임
  → 일장기 말소 사건(1936)
- 1944 조선 건국 동맹 조직
- 1945 조선 건국 준비 위원회 조직, 조선 인민당 결성
- 1946 좌우 합작 위원회 위원장
- 1947 암살 당해 사망

신채호
(1881~1936)

- 1906 대한매일신보 주필, 「이순신전」 등 발표
- 1907 신민회 조직, 국채 보상 운동 주도
- 1908 「독사신론」, 「이태리건국삼걸전」 발표
- 1919 대한민국 임시 정부 활동, 창조파 가담
- 1923 「조선혁명선언」 발표

김구
(1876~1949)

- 1919 대한민국 임시 정부 초대 경무국장
- 1928 한국 독립당 창당
- 1931 한인 애국단 조직
- 1939 임시 정부 주석
- 1940 한국 광복군 조직
- 1945 신탁 통치 반대 운동
- 1948 남북 협상
- 1949 암살 당해 사망

박은식
(1859~1925)

- 1904 대한매일신보 주필
- 1907 신민회 가입
- 1909 「유교구신론」 저술
- 1910 조선 광문회 활동
- 1915 『한국통사』 저술
- 1920 『한국독립운동지혈사』
- 1925 임시 정부 제2대 대통령

김규식
(1881~1950)

- 1918 파리 강화 회의 참석
- 1919 대한민국 임시 정부 구미 위원부 위원장
- 1944 임시 정부 부주석
- 1946 좌우 합작 위원회
- 1948 남북 협상에 참여
- 1950 6·25 전쟁 중 납북되어 북한에서 사망

자료 돋보기

지청천 ≫41회 고급 39번

이것은 한국광복군 총사령관을 역임한 지청천 의 흉상입니다. 이 흉상은 3·1절과 대한민국 임시 정부 수립 99주년을 기념하기 위해 대한민국 육군 사관 학교에 건립되었습니다. 그는 일본 육군 사관 학교를 졸업하였으나 만주 지역으로 망명하여 신흥 무관 학교에서 독립군 양성에 힘썼습니다. 또한 한국 독립군의 총사령관으로 대전자령 전투를 지휘하여 승리로 이끌었습니다.

이준 ≫41회 고급 34번

이달의 역사 인물

국권 침탈에 저항한 구국 운동의 지도자
이준(1859년~1907년)

1896년에 한성 재판소 검사보로 임명되었다. 을사늑약 폐기를 주장하는 상소 운동을 펼쳤고, 안창호 등과 함께 비밀 결사인 신민회를 조직하여 구국 운동을 전개하였다. 정부에서는 그의 공훈을 기리어 1962년에 건국훈장 대한민국장을 추서하였다.

신채호 ≫42회 중급 40번

독립운동가의 숨결을 찾아서
생방송 현재 550명 시청중

김규식 ≫42회 고급 46번

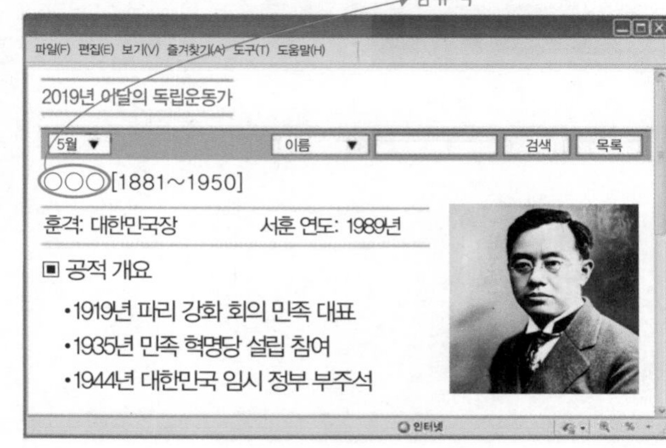

김규식
파일(F) 편집(E) 보기(V) 즐겨찾기(A) 도구(T) 도움말(H)
이곳은 1992년에 복원된 단재 선생의 생가입니다.
단재 선생에 대해 알고 계신 사실을 대화창에 올려 주세요.
ON 대화창
독사신론을 저술했어요.
민족주의 사학을 발전시켰어요.
2019년 이달의 독립운동가
5월
이름
검색
목록
○○○[1881~1950]
훈격: 대한민국장
서훈 연도: 1989년
▣ 공적 개요
•1919년 파리 강화 회의 민족 대표
•1935년 민족 혁명당 설립 참여
•1944년 대한민국 임시 정부 부주석
인터넷

기출 맛보기

다음 인물에 대한 설명으로 옳은 것은? 45회 고급 45번 [3점]

○○○연보

- 1919년 의열단 조직
- 1932년 조선 혁명 간부 학교 설립
- 1935년 민족 혁명당 조직
- 1937년 조선 민족 전선 연맹 결성
- 1938년 조선 의용대 창설
- 1944년 대한민국 임시 정부 군무부장

① 대조선 국민 군단을 조직하였다.
② 한국 광복군 부사령관으로 활약하였다.
③ 하얼빈 역에서 이토 히로부미를 사살하였다.
④ 한국 독립군을 이끌고 쌍성보 전투에서 승리하였다.
⑤ 일제의 패망과 공복에 대비하여 조선 건국 동맹을 결성하였다.

정답 ②

정답 분석

자료는 의열단을 조직한 김원봉에 대한 내용이다. 김원봉은 1919년 만주에서 의열단을 조직, 암살·파괴 활동을 벌였다. 그러나 개별 투쟁에 한계를 느끼고 조선 혁명 간부 학교를 설립하는 등 군대 양성에 노력하였으며, 1935년 조선 민족 혁명당 창당하고 1938년에는 조선 의용대 창설하였다. 이후 일부 병력이 화북 지역으로 이탈한 뒤 1942년 조선 의용대 일부 이끌고 한국 광복군에 합류, 부사령관을 역임하였다.

오답 풀이

① 박용만, ③ 안중근, ④ 지청천, ⑤ 여운형에 대한 설명이다.

윤민혁

약력

서울대학교 사범대학 역사교육과 석사
前 대신중학교 교사
現 메가스터디학원
　메가스터디러셀
　비상에듀기숙학원
　대치 우림학원
　대치 대훈학원
　수지 명인학원

저서

다큐 한국사능력검정시험 심화(박문각)
다큐 한국사능력검정시험 기본(박문각)
빅데이터 수능 한국사(메가북스)
기출외전 한능검 개념총정리(메가북스)
9박10일 한국사능력검정시험(메가북스)

정정

약력

연세대학교 사범대학 사회교육과 석사
前 EBS, 이투스 온라인
　화곡, 은평 대성학원
　대치 명인학원
　연세대학교 교육대학원 한국사능력검정 특강 강사
現 박문각 남부고시학원
　메가스터디 재수정규반
　강남하이퍼학원 재수정규반
　청솔학원 재수정규반
　한샘여학생기숙학원

저서

다큐 한국사능력검정시험 심화(박문각)
다큐 한국사능력검정시험 기본(박문각)
일등급 사탐 국사, 근현대사(단단북스)
고품격 사탐 국사, 근현대사(단단북스)
하이패스 공무원 절대문항 한국사(디딤돌)

NEW 한국사능력검정 전면 개정

다큐 한국사능력검정시험 심화 (1·2·3급)

초판인쇄 2020년 3월 20일 | **초판발행** 2020년 3월 25일
공편저 윤민혁·정정 | **발행인** 박 용 | **발행처** (주)박문각출판
등록 2015. 4. 29. 제2015-000104호
주소 06654 서울시 서초구 효령로 283 서경빌딩
전화 02-3489-9400 | **팩스** 02-584-2927

저자와의 협의하에 인지생략

정가 15,000원　　ISBN 979-11-6444-535-6